教育部 2018 年度人文社会科学规划基金项目

"应用型本科人才培养新生态模式研究"
（课题批准号 18YJA880056）研究成果

Reasearch on
New Ecological
Training Model of
Applied Universities

应用型本科
新生态培养模式研究

刘 欣 著

江苏大学出版社
JIANGSU UNIVERSITY PRESS

镇 江

图书在版编目(CIP)数据

应用型本科新生态培养模式研究 / 刘欣著. — 镇江：
江苏大学出版社，2021.11
ISBN 978-7-5684-1715-0

Ⅰ.①应… Ⅱ.①刘… Ⅲ.①高等学校－人才培养－
培养模式－研究－中国 Ⅳ.①G649.2

中国版本图书馆 CIP 数据核字(2021)第 213708 号

应用型本科新生态培养模式研究
Yingyongxing Benke Xinshengtai Peiyang Moshi Yanjiu

著　　者/刘　欣
责任编辑/李菊萍
出版发行/江苏大学出版社
地　　址/江苏省镇江市梦溪园巷 30 号(邮编：212003)
电　　话/0511-84446464(传真)
网　　址/http://press.ujs.edu.cn
排　　版/镇江市江东印刷有限责任公司
印　　刷/江苏凤凰数码印务有限公司
开　　本/718 mm×1 000 mm　1/16
印　　张/13.75
字　　数/237 千字
版　　次/2021 年 11 月第 1 版
印　　次/2021 年 11 月第 1 次印刷
书　　号/ISBN 978-7-5684-1715-0
定　　价/56.00 元

如有印装质量问题请与本社营销部联系(电话：0511-84440882)

目　录

第1章

应用型本科新生态培养模式概论

1.1 问题的提出

自教育部 1998 年发文正式界定 "人才培养模式" 内涵以来①，历经 20 余年的探索，CNKI 中库存的相关主题文献现已高达 9.1 万之巨，涉及 "应用型人才培养" 的文献有 34896 篇，2018 年底达到峰值（见图 1.1）。但时至今日，人才供需 "两张皮" 问题仍是困扰高校人才培养的症结所在，校企合作的系统性政策供给还不到位，产教融合协同育人模式尚未形成，面对以数字化、智能化为标志的新工业革命，人才培养模式的新探索和新形态供给尚显不足。

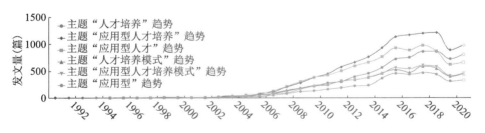

图 1.1　"应用型人才培养" 发文量在 CNKI 中的总体趋势分析

从信息化时代迈向智能化时代，新一轮科技和产业革命蓬勃兴起，大数据、人工智能等新技术正深刻改变着大学教育的传统业态，加速推进大

---

① 教育部高等教育司. 深化教学改革　培养适应 21 世纪需要的高质量人才：第一次全国普通高等学校教学工作会议文件汇编［M］. 北京：高等教育出版社，1998：43.

学教育向智能化、个性化教育新形态新模式转型，以回应人民群众对更高质量、更加公平、更具个性化教育的迫切需求。尤其受"新冠肺炎"疫情、大国竞争等百年未有之大变局的影响，迈向后疫情时期和普及化时代的我国高等教育，需以更高远的历史站位、更宽广的国际视野，引领和支撑我国创新驱动发展战略，有效解决人才培养供需脱节、模式固化等传统症结性问题，促进大学教育高质量发展和个性化发展。

1. 人才培养模式是一个集合性概念，但探索还处于前科学阶段

大学是以人才培养为根本的教育生态系统，"人才培养模式"是该系统中最核心的要素。截至目前，我国学者对"人才培养模式"做过很多种界定，但一般认为，它是"按照什么样子"为实现特定培养目标而对人才培养过程的制度设计与操作样式。在我国，这一概念是一个具有集合性、多样性、生态性与可仿效性的特定概念。学术界最早由文育林于 1983 年提出①，官方正式表述则见于教育部 1998 年发布的文件《关于深化教学改革，培养适应 21 世纪需要的高质量人才的意见》。近几十年来，相关实践探索成果不少，理论研究则相对贫乏，基于生态学等理论视角来研究大学人才培养模式的成果更是寥寥，具有代表性的有杨同毅的《高等学校人才培养质量的生态学解析》、谢凌凌的《新建本科院校"生态位战略"的构建、运行与评价》、张婷婷的《教育生态学视角下高校人才培养模式实证研究》等，但研究总体处于经验性探索的前科学阶段，尚未形成成熟的研究体系。

2. 人才培养模式呈现多样性生态，但个性化探索尚不成熟

不同国家和不同类型的高校，基于培养目标的差异化定位，以人才培养模式改革为核心，主要从目标（为什么培养）、制度（应怎样培养）、过程（如何培养）三个层面推进全方位、全要素、系统性的教育教学改革，呈现出目标模式（如通才型模式、专才型模式、复合型模式等）、制度模式（如"双元制"模式、"三明治"模式、产教合作模式、分流制模式、主辅双修制模式、贯通式模式等）、过程模式（如 CDIO 模式、行动过程模式、"三三制"模式、3+1/3+2 分段式模式等）等多样化生态。但基于应用型高校定位和学生发展需求，建构个性化的培养模式尚不成熟。相关研究兴盛于 2007 年我国人才培养模式创新实验区建设，教育部重点资助一批高等院校开展培养模式改革试点工作，如北京大学的"元培计划"、南京大学的"三三制"模式、华中师范大学的"博雅计划"等。王晓辉的博士论文《一

---

① 文育林. 改革人才培养模式，按学科设置专业 [J]. 高等教育研究，1983 (2)：22—26，17.

流大学个性化人才培养模式研究》，以多元智能、个性发展理论等为理论基础，提出了个性化培养模式的理论框架；邵波的博士论文《我国高等教育大众化进程中的应用型本科教育研究》，则基于高等教育大众化理论，对应用型本科教育特征及其个性化培养模式进行了理性阐释。

3. 人才培养模式须契合现代化发展，但前瞻性研究相对滞后

人才培养模式是一个高度契合社会需求，并不断发展和完善的特定概念。我国高等教育已进入普及化发展阶段，但人才培养理念还停留在精英化阶段，人才培养与社会需求极不适应。2017 年，我国以 2035 年基本实现社会主义现代化为时间节点，编制"中国高等教育现代化 2035 行动计划"，以期到 2035 年整体实现高等教育治理现代化、发展多样化、供给多元化和办学协同化，全面建成与普及化阶段相适应的人才培养体系。2018 年，教育部制定《关于加快建设高水平本科教育全面提高人才培养能力的意见》（即"新时代高教 40 条"），提出"应用型本科高校要把人才培养水平和质量作为评价大学的首要指标，牢牢抓住全面提高人才培养能力这个核心点，加快建设高水平本科教育。"建设高水平应用型本科，必须抓住协同育人能力这个核心，加大人才培养模式的系统性改革和创新。目前，应用型本科已进入模式转型、改革攻坚关键期，其关键指向是促进"供给导向"向"需求导向"转化，核心要义是聚焦人才培养模式转型，重塑学为中心、智慧教育新形态，其根本路径是建立"产教融合"育人体系，健全协同育人长效机制，根本目的是培养更能对接社会需求的应用型高级专门人才。但目前应用型本科人才培养模式系统性变革尚处于起步阶段，前瞻性研究亟须跟进。

4. 人才培养模式须走出同质化误区，但新生态格局尚未形成

人才培养模式走出同质化误区，首要任务是合理确定人才培养生态位。人才培养生态位，是指在特定社会环境和高等教育群落中，以自有资源禀赋为条件，形成相对有利的人才培养空间与比较优势，表现为差异化（生态位错位）、集群化（生态位泛化）、特色化（生态位特化）、品牌化（生态位维护）等特征。生态位理论的核心思想是强调物种的趋异性进化[①]。应用型本科作为不同于学术型和职业型高等教育的教育类型，必须走出"同质化"的发展困境，确立人才培养的独特"生态位"并不断实现生态位的跃迁，探寻与应用型本科人才培养目标相适应的人才培养新生态模式：一

[①] 龚怡祖，谢凌凌. 生态位战略：新建本科院校发展战略新选择 [J]. 高教探索，2011（6）：10-15，26.

是坚持合规律原则，人才培养必须达到本科层次人才培养基本要求；二是坚持差异性原则，人才培养必须具有应用型本科个性特质（见表1.1）；三是坚持多元化原则，人才培养必须满足社会多样化需求和学生个性化发展需求，凸显不同于学术型和职业型教育的新生态模式。但目前应用型人才培养新生态格局尚未形成。

表 1.1　新生态培养模式与传统培养模式的特点比较①

培养模式		传统培养模式特点	新生态培养模式特点
目的性要素	培养理念	专才模式：过度专业化，工具理性为本	通专融合模式：基于通识教育的专业教育，价值理性为本，通专融合贯通，产教协同育人
	培养目标	木雕模式：学科本位，同质化、标准化培养	根雕模式：学生本位，个性化、生态化培养
制度性要素	培养制度	刚性模式：发展单一，通道不畅，关注成才	柔性模式：发展多元，渠道畅通，成人成才
	培养方案	学科化体系：学科主线，程式化，重学轻术	建构性体系：能力主线，模块化，学术兼备
过程性要素	培养过程	潭水模式：产教分离，知行脱节，封闭教育	活水模式：产教融合，知行合一，协同育人
	培养方式	注入模式：教为中心，讲授为主，模式单一	生态模式：学为中心，倡导自主学习、研究性学习、项目化教学、线上线下混合式学习等
	质量评价	应试模式：目标导向，复制知识，评价单一	发展模式：产出导向，持续改进，评价多元

1.2　人才培养模式的转型

教育转型是教育理念、制度、结构、模式等整体性转变的过程，具有全方位、全要素、系统性变革特性。实际的转型过程则因客观条件与认知取向的不同，会有不同侧重，涉及宏观层面教育结构的调整、中观层面办学模式的重构、微观层面培养模式的重塑等。就应用型本科院校而言，在宏观层面向应用型教育转型，决定了学校整体转型的根本方向，但最终通过微观层面应用型人才培养模式的转型得以实现。归根结底，教育转型本

---

① 刘欣，付华军. 生态位视域下应用型本科人才培养新生态模式 [J]. 教育与职业，2019（7）：25-31.

质上是聚焦于人才培养的价值重塑，核心是人才培养模式的转型，这也是形塑我国应用型本科教育的关键所在①。

1.2.1 应用型本科转型发展的应然取向

应用型本科转型源于人才培养同质化的困扰，实质是基于社会发展需求、反思传统模式、探寻新时期高等教育分类发展新模式的时代命题。围绕这一命题，应用型本科从转向到转型，从前期反思性探索到新时期结构性转型，砥砺前行 20 余年，大致走过了三个阶段。

第一阶段，由精英型向大众型分类发展。时至我国高等教育从精英教育向大众化方向迈进时期，其迫切任务是培养数以千万计的专门人才。以国务院批转教育部《面向 21 世纪教育振兴行动计划》为标志，我国 1999 年开始实施高校"大扩招"政策，一批由师专、高职升本的新建本科院校结合自身特点和办学条件，开始自觉反思和探索大众化背景下"内涵升本"的新路径和新模式。从精英教育走向大众化教育，国际通行走势是由单一类型向多样化发展，根本挑战来自理念、模式等质的改变。对新建本科院校而言，主要是需要跳出传统精英教育的老路，重点围绕地方性/行业性服务、面向应用型办学方向、教学型发展定位等，借鉴西方高等专业学院（Fachhochschule，德称 FH，英译为 University of Applied Sciences）的成熟经验，坚持重心朝下、根植地方、依托行业，以培养高素质应用型人才为根本任务，努力寻求一条应用型本科教育的独特路径，实现从精英教育向新型大众化本科教育质的提升。可见，这一时期主要是转型方向的探寻时期，虽认识到同质化发展没有出路，但突破的路径还较模糊。

第二阶段，由学术型向应用型转型发展。我国高等教育大众化步入加速期，推进我国高等教育的结构优化和高质量发展，成为这一时期的重点任务。2002 年，教育部高教司在南京召开的"应用型本科人才培养模式研讨会"中首次提出"应用型本科"的概念；其后十年，"全国应用型本科教育协作组""中国高等教育学会应用型本科院校分会""全国新建本科院校联席会议"等团体、联盟相继成立，一批院校和专家学者依据联合国"国际教育标准分类法"和国际通用的"职业带"理论，以人才类型与教育类型的关系原理为基础，纷纷提出建设应用技术型本科、技术本科、职业本科、行业特色型大学、教学服务型大学、基层特色型大学、创业型大学、城市型大学等多样化的目标定位和发展路径，但殊途同归，实质上它们都

① 刘欣. 人才培养模式转型：应用型本科转型发展的核心聚焦 [J]. 现代教育科学，2017（11）：102-107，112.

是相对于学术型高等教育而细化的应用型教育类型。这一时期的研究成果十分丰硕，基本共识主要有四点：① 应用型本科教育是基于普通教育的专业性教育，应兼有学术性和应用性、通识性和专业性；② 应体现本科层次的教育属性，做到教学与科研结合、理论与实践结合、共性与个性发展结合；③ 应突出"四为主"理念，即以普通本科应用型人才培养为主、以教学型为主、以应用性开发性研究为主、以服务地方或行业为主；④ 应坚持产学研一体化发展观，坚持质量为本的内涵式发展观，变单一的精英教育质量观为大众化教育多样化质量观①。这一时期主要是转型路径的反思时期，理论探索旨趣多样，实践聚焦人才培养，尚无实质性的突破。

第三阶段，由供给型向需求型转型破冰。我国大众化高等教育逐渐向普及化方向迈进，新时期新常态，要求高等教育直面新科技和新工业革命挑战，加大供给侧结构性改革，建立现代化高等教育体系。国务院于 2014 年 2 月做出了"引导部分普通本科高校向应用技术型高校转型"的战略部署；同年 5 月，国务院颁布《关于加快发展现代职业教育的决定》，提出"引导一批普通本科高校向应用技术型高校转型"的战略举措，拉开了我国应用型本科院校新一轮转型发展的大幕。2015 年，经教育部引导和"应用技术大学（学院）联盟"协同发力，教育部等三部委正式发布《关于引导部分地方普通本科高校向应用型转变的指导意见》，各省市相继出台转型试点或示范建设方案；2017 年，国务院发布《国家教育事业发展"十三五"规划》，明确提出"到'十三五'末，建成一批直接为区域发展和产业振兴服务的中国特色高水平应用型高校"；随后，教育部出台《关于"十三五"时期高等学校设置工作的意见》，首次确定"建立以人才培养定位为基础的高等教育分类体系，将我国高等教育从总体上分为研究型、应用型和职业技能型三大类型"。至此，作为顶层制度设计，应用型本科教育正式成为一种与学术型高等教育并存的合法化的教育类型，并作为我国现代高等教育体系建设的重大政策性导向，深刻影响着我国高等教育的现实走向和未来格局。

这一时期主要是转型模式破冰时期，政策引导力度加大，方向、路径更加清晰。人们明显认识到，新一轮转型并非是贴上"应用型"身份标签那么简单，而注定是一场意义深远的制度性创新，是一项长期而艰巨的系统性变革。其更深远的意义在于，此轮转型是高校结构性调整、分类发展

---

① 潘懋元. 我看应用型本科院校定位问题 [J]. 教育发展研究，2007（13）：34-36.

的大布局，是深化教育供给侧结构性改革，满足产业转型升级的总要求；其核心价值是破解人才供需结构性矛盾，引导应用型本科根治传统学科模式痼疾，深化供给导向型向需求导向型转型，促进这类高校更紧密地对接社会发展需求，将人才培养融入科技进步和产业链价值创造过程①，实现教育观念、教育制度、教育模式等更深层次、更系统地自我蜕变和自我完善。转型的立足之本是服务地方及行业发展，根本路径是转变办学方式、建立产教融合协同治理体系，核心是深化协同育人培养模式的系统性改革，根本目的是培养更能对接社会需求的应用型专门人才，目标指向是提升人才培养、应用科研和社会服务的价值创造力，重要标志是建设中国特色高水平应用型大学，形成更加完善的高等教育结构体系②。

1.2.2　应用型本科转型发展的实质聚焦

简要梳理应用型本科转型发展历程，可见，应用型本科转型之路始终伴随着高等教育多样化发展、结构性改革、制度性创新三大命题。但人才培养模式的深入转型相对滞后，单一学术化模式依然统领天下，人才供需结构性矛盾十分突出，转型发展的人才供给根基不牢，所需的制度性改革动力明显不足。结构性问题从来就是整体性问题，在结构性改革整体框架下加大制度性改革力度，其关键指向是由供给导向向需求导向的转型攻坚，核心是人才培养模式转型。

第一，根本性问题聚焦。关于转型的实质问题，有"类型说""课程说"等多种说法，似乎"应用型"类型一经确定，抓住"课程改革的牛鼻子"，其他问题就可以迎刃而解了。事实上，类型特质首先是由人才培养特质决定的，人才培养特质很大程度上决定了不同教育类型的特质。从人才供给端来看，高等学校的根本任务是培养人才，人才培养始终居于教育的基础性、全局性、根本性地位，人才培养的质量取决于人才培养模式整体性改革的实效，人才培养模式的转型更从根本上决定了转型的成效。这是因为，人才培养模式是人才培养系统中最核心的要素，"从根本上规定了人才特征并集中地体现了教育思想和教育观念"③。根据社会需要和人才类型特征细化人才培养定位，整体设计人才培养目标、培养规格、课程体系和

① 陈锋. 关于部分普通本科高校转型发展的若干问题思考 [J]. 中国高等教育，2014（12）：16-20.
② 国务院关于印发国家教育事业发展"十三五"规划的通知（国发〔2017〕4号）[EB/OL]. 中国政府网，2017-01-10.
③ 教育部高等教育司. 深化教学改革　培养适应21世纪需要的高质量人才：第一次全国普通高等学校教学工作会议文件汇编 [M]. 北京：高等教育出版社，1998.

教学内容，实施培养过程和教育评价，促进人才培养各关键要素和重点领域的整体性变革，决定了人才培养的供给质量和未来走向，也才会实质性地体现不同教育类型间的本质差异。"课程改革"的确是人才培养模式改革的重点和难点所在，并能深化和实现人才培养模式改革，但课程改革和人才培养模式改革之间是局部与整体的关系，而非并列关系或谁先谁后的问题。教育转型的实质，是以人才培养模式转型为核心，以课程改革为抓手或落脚点，从人才培养模式的系统性改革入手来加强专业结构、课程体系、培养制度、培养过程等一体化变革，整体提高人才供给水平，也只有如此才不会使局部变革在整体转型中迷失方向。

第二，结构性改革聚焦。应用型本科的结构性改革，实质是人才培养的供给侧结构性改革，核心是人才培养的结构性优化。用"供给侧+结构性+改革"这一公式来简要阐释，即从提高人才供给质量出发，用改革的思路和办法解决人才供需结构性矛盾，减少无效和低端供给，增加人才有效供给，促进单一的学术型人才向多样化的应用型人才培养转型，增强人才供给对接需求变化的灵活性和适应力。可见，结构性改革最基本的问题，是以需求为导向引领人才供给侧结构性优化，促进人才培养模式由供给导向向需求导向转型；最核心的问题，是把促进人的全面发展和适应社会需要作为衡量人才培养水平的根本标准，以人才培养模式改革为核心，提升应用型人才供给的整体水平；主攻方向，是以"供给侧改革"为突破口，加强教育与科技、产业、社会的紧密联系，深化产教融合、协同育人培养模式改革。在经济结构调整、产业转型升级的攻坚期，新一轮科技和产业革命正催生"互联网+"、智能制造等新产业新业态，应用型本科尤其要以深化人才培养结构性改革为重点，建立"产业链+专业链+人才链"环环相扣的新机制，促进专业结构与产业结构对接、培养目标与行业需求对接、培养过程与实践过程对接，着力增强人才供需结构的匹配度，形成紧密对接社会需求的应用型人才培养模式，为经济社会发展提供更有力的人才支撑。

第三，制度性创新聚焦。制度性创新的本质在于，以制度创新突破"碎片化"的局部改革，促进原有制度的价值重构和自我完善，并从根本上支撑人才培养体系。大学制度设计主要有两类，一是大学内部的制度设计，包括大学组织制度、教育制度、运行机制等制度保障体系；二是大学外部的制度设计，包括大学分类管理、资源配置、绩效评估等制度调控体系。由于现代大学被视为传承、应用和发现高深知识的学术性机构和高度社会化的利益相关者组织，大学内部运行机制主要围绕"学科机制"与"科层机制"的建立，这就不可避免地构成了学术化与行政化分权治理下的制度性壁垒，使学校转型面临学科固化和行政僵化的双重掣肘。其制度性创新的关键在于，遵循教育与社会协同发展规律，围绕人才培养根本和学术治理逻辑，建立学校与社会协同育人体系；借助内外制度性变革力量，突破传统组织边界和制度障碍，优化协同发展路径与自主发展机制。应用型本科存在行政运行强化、学术治理弱化与资源配置短缺等多重短板，制度性创新任务更为艰巨。其主要出路在于变革传统制度结构，形成良好制度生态，外借分类发展政策，内塑自主发展机制，主动面向市场，强化产教融合，完善以协同育人模式为核心的治理体系，建立"大学—政府—企业"三螺旋协同发展机制，包括战略合作联盟理事会制度、专业集群建设委员会制度、产业学院"产学研"平台共建机制、工学交替人才培养机制等，着力推进制度运行向更具开放性的"矩阵—平台型"结构模式转型①，使人才培养与行业需求能更紧密地结合，促进自主性制度建构与社会协同发展相得益彰。

上述三大命题汇总到一点，应用型本科转型的"核心要义"是聚焦应用型人才培养模式实质性转型，以培养社会急需的应用型专门人才为核心价值，促进人才培养模式系统性变革、制度性重构和结构性优化，真正走出学术型主导的传统教育模式，实现由供给导向向需求导向、由封闭模式向开放融合模式转型，进而形塑我国应用型本科教育的新生态。

1.3　应用型人才培养的国际视野

从经济发达国家和地区来看，应用型本科教育兴盛于 20 世纪 60 年代。随着经济与科技尤其是新兴产业的快速发展，迫切需要既区别于传统高等教育又与普通高等教育等值的专业型院校来培养大量高层次应用型专门人才，以弥补现有高等教育体系在人才培养和专业分布方面的不足与缺陷，保证人才培养结构的均衡和增强国家竞争力。如德法的高等专业学院、英国的多科技术学院、日本的高等专门学校和技术科学大学等。这些专业型院校大多类属本科层次的应用型普通教育，人才培养强化专业教育，其专业设置依托地方行业，课程设计注重专通结合，培养过程突出专业应用，

---

①　［美］伯顿·R. 克拉克. 高等教育系统：学术组织的跨国研究［M］. 王承绪，等译. 杭州：杭州大学出版社，1994：11-26.

与普通学术型大学并存与互补，共同构成普通高等教育体系的两大支柱，体现了应用型本科教育的独特品位，呈现出高等教育专业化发展的基本走势①。

1.3.1　人才培养的专业性定位

德国高等教育一直继承"洪堡传统"，以培养少数精英人才为主，强调"纯学术"研究。但缘于现代经济与科技的迅速发展而造成的专业性人才短缺问题，德国于 20 世纪 60 年代在工业技术学校和专科学校的基础上创建了高等专业学院（Fachhochschule，简称 FH；德国对外译成英文为 "University of Applied Sciences"，译成中文为"应用科技大学"）。与我国过去常误译 "FH" 为"高等专科学校"不同的是，德国教育界始终认为 FH 是高等教育的重要组成部分，是与普通大学具有同等价值的 4 年制专业性本科教育，毕业生授予高于学士学位的 Diplom（主要授予理、工及多数社会科学和经济学的学生）和 Magister（主要授予艺术、人文科学及部分社会科学的学生)②。德国高等专业学院与普通大学的差异在于，后者培养在科研部门从事研究工作的开发型工程师，而 FH 主要为企业第一线培养既具备宽厚理论知识又具有较强专业水准的应用型中高级工程师，主要从事产品开发、质量检验、核算、设计、生产、装配、管理、营销工作等，其毕业生职业定位为大中型企业专业技术骨干。据统计，全德工商界三分之二的工程师、二分之一的工业经济师，都是由高等专业学院培养的③。高等专业学院与普通综合大学一道，支撑着德国经济和社会发展的"半壁江山"。

与德国高等专业学院不同的是，法国的 Ecole 即"大学校"迄今已有 200 多年的历史。"大学校"招生起点高于大学一个档次，它不是培养狭窄意义上的技术人员，而是培养工程师、建筑师、兽医、农学家、艺术家、军事家等各行业专家型的高级专业人才的重要基地，其专业领域基本为应用学科，如由法国巴黎高等矿业学院、国立路桥学院、巴黎综合理工学院等 8 所巴黎最著名的专业学院所组成的巴黎工程师联合大学。法国具有专业应用特色的大学校是典型的专业精英教育，在法国和欧洲都享有盛誉，位于法国高等教育象牙塔的顶端，其培养出的各种专业人才与法国香水、服

——————————

　　① 　刘欣，喻永庆，等. 国际视野下的专业应用型本科教育发展模式［J］. 荆门职业技术学院学报，2007（10）：32-37.

　　② 　马陆亭. 德国学术性人才和应用性人才并行培养体系的启示［J］. 中国高教研究，2003（3）：72-73.

　　③ 　戴继强. 德国高等专业学院的情况介绍［J］. 世界教育信息，2004（3）：54-55.

装一道，并称为法国的三大品牌①。

相比而言，日本高等专门学校从创建之初就把"教授深厚专门的学艺，培养职业所需要的能力"作为办学的指导思想。此外，日本的《学校教育法》还进一步规定，高等专门学校以专业教育为主，主要开设工科性质的学科专业，具体包括机械、工业化学、土木工学、建筑学、金属工学等优势学科专业，这些学科专业一直作为高等专门学校的强项被社会广泛认可②。随着科技进步的加快，日本于 1976 年设立技术科学大学，以培养具有高度创造性和实践性能力的高级专业人才为目标，担负起现代科技教育与研究的高等专业教育的职能；1991 年又设置了"专业本科制"，大力提倡植根于地方社会的个性化、特色化的高等专业教育，进一步促成高等专业教育体系的建立与发展。

1.3.2　专业设置的行业性定位

事实上，高等专业学院得以迅速发展，其生命力取决于学校专业设置依托地方和行业，服务于地方经济与社会发展。德国的高等专业学院大多设在中小城市及偏远地区，其专业课程设置也与当地的人文、地理、产业结构密切相关。例如，在传统的纺织工业城明兴格拉特巴赫（Moenchengladbach）开设纺织高等专业学院，在大众汽车集团公司总部所在地沃尔夫斯堡（Wolfsburg）开设汽车高等专业学院，在河海港口城市开办航运、船舶制造高等专业学院，在旅游名胜景点开设旅游高等专业学院③。这不仅加深了学科专业建设的行业与地方背景，而且从区域经济和社会发展的规划布局上看，也有利于本地区产业结构和人力资源结构的优化，增强产业性和服务性就业能力，提高国民人均收入，从而进一步拓展学校发展空间。

当今，法国教育界与企业界日趋密切的联系在改革中发挥了至关重要的作用。法国教育界知名人士与工商界代表共同组成了"教育与经济高级委员会"，向政府提供教育改革的建议和举措。1998 年，法国高等教育机构改革委员会向教育部长提交了《构建欧洲高等教育模式》报告，报告提出，"应该保证所有大学生在离开高等教育时都拥有一个具有职业价值的文凭"④。目前，法国有 170 余所大学校被授权颁发科技类工程师文凭，法国

① 张建同. 法国高等教育的特点及其启示 [J]. 高等工程教育研究，2002（6）：64-67.

② 张玉琴，张贵琴. 日本高等专门学校的优势特征分析[J]. 外国教育研究，2006，33（12）：50-53.

③ 戴继强. 德国高等专业学院的情况介绍 [J]. 世界教育信息，2004（3）：54-55.

④ 中华人民共和国教育部国际合作与交流司. 国外高等教育调研报告 [M]. 北京：首都师范大学出版社，2001.

"工程师职称委员会"每年公布一次被授权颁发工程师文凭的学校名单。毕业证书与行业证书挂钩,加强专业教育的行业性,是法国大学校在办学过程中注重与企业界密切联系并得到政府支持的最好写照,也是其办学成功的秘诀。

1.3.3 课程设计的复合性定位

随着现代经济和技术的蓬勃发展,只有单一专业知识的毕业生势必缺乏就业竞争力与持续发展力。为了适应经济界对复合性人才的需求,德国科学咨询委员会在"90年代高等专业学院建议"中提出,高等专业学院应注重基础性教育与专业性教育的有机整合,强调"专通并举",加强课程整合,加深基础理论,将课程体系分为基础课程、专业课程和专长课程。基础课程为各专业方向的学生开设相同的理论课,如数学、物理等;专业课程根据不同的专业各有侧重;专长课程是在各个专业基础上开设的进行专业加深的专门化课程,主要进行专业深化和拓宽专业面的教学。而且强调,只有通过基础课程阶段的中期考试(Zwischenpruefung)后,学生才能进入专业课程学习阶段,以保证学生具备较宽厚的基础理论知识。同时,高等专业学院必须注重教学的实践应用性,强调培养学生解决实际问题的专业能力。因此,在课程设置上,实验室练习课(Labor-uebung)和专业实习(Das fachbezogene Praktikum)环节的比重较大,要求毕业设计及毕业论文必须能够解决某一生产实际问题。

法国的大学校在注重专业性教育的同时,尤为注重基础性教育。大学校的第一年是基础理论教育,旨在为学生掌握深厚的专业知识奠定基础;第二年课程是专业课、实验课和实习课;第三年是毕业设计和生产实习。除了让学生掌握本专业的最新知识外,大学校还注重拓宽学生的专业知识面,增强学生就业的适应能力。大学校以其独特的专业理论课和实践课,把培养学生的理论修养、专业能力和实践才能较好地结合起来,并促使校内课程与政府、企业等部门的实际需要密切结合,形成了独特的专业教育特色。许多学生毕业时,除了获得毕业证书外,还能获得权威机构颁发的专业资格证书。这也是大学校毕业生比较抢手的一个重要原因。

1.3.4 培养过程的应用性定位

高等专业学院的建立与发展,是德国高等教育借鉴"双元制"教育的成功经验,注重培养过程的应用性特色的结果。政府立法保障,校企密切结合,强化实践应用,由企业主导整个实践教学过程,并由企业提供实践教学经费,评价考核实践教学成果,是FH培养模式的精髓。FH学制共

4 年 8 个学期，其间安排 2 个完整学期的实习，实践教学占总教学时数的近 1/2；第一个实习学期安排在专业学习和专长学习之间，即第 3 学期，旨在使学生掌握本专业的基础工程技能，了解企业生产和管理的过程；第二个实习学期安排在第 7 或第 8 学期进行，要求学生到企业从事本专业工程技术人员的工作，由经验丰富的专业人员或经营管理者采用"应用性项目教学法"，指导学生完成一定的工程设计任务，解决实践中的真实课题，最后完成毕业设计和论文。这是一个解决实际问题的过程，相当于完成一种科研项目或课题。

事实上，注重培养过程的应用性特色，是经济发达国家和地区高等专业教育的基本特点。例如，日本高等专门学校根据 1983 年日本政府创建的共同研究制度、委托研究制度、委托研究员制度以及奖学金捐赠制度等相关规定，开展了多种形式的"产学官"协作活动。产学官协作活动打破了部门之间、区域之间的界限，集中了产、学、官多方面力量，发挥了地区、部门之间的整合育人和研发优势，充分显示出日本专业应用型教育与研究的优势和特点。

1.4　我国应用型本科的培养模式

1.4.1　关于"人才培养模式"

模式，通常是指"事物的标准形式或标准样式"，是再现现实的一种理论性的简约形式。"人才培养模式"的提法国外比较少见，一般表述为"教育模式"。迄今为止，我国学者就"人才培养模式"的内涵，分别从人才培养的"结构程序和活动方式"①、培养过程的"理论模型与操作样式"②、教学活动的"构造样式与运行方式"③、"组织样式和运行方式"④、"组织形式及运行机制"⑤ 等方面作过很多种诠释；就"人才培养模式"的构成要素，分别提出了"三要素论"（涵盖培养目标的目的性要素、培养制

① 刘智运.改革人才培养模式，培养创新型人才 [J].教学研究，2010，33（6）：1-6，17.
② 董泽芳.高校人才培养模式的概念界定与要素解析 [J].大学教育科学，2012（3）：30-36.
③ 龚怡祖.略论大学培养模式 [J].高等教育研究，1998（1）：86-87.
④ 杨杏芳.高校人才培养模式的多样化及其最优化 [J].教育与现代化，2000（3）：18-23.
⑤ 阴天榜，张建华.论培养模式 [J].中国高教研究，1998（4）：46-47.

度的计划性要素和培养过程的实施性要素)①、"四要素论"（主要有三种表述：教育理念、培养过程、培养制度、质量评价；培养目标、培养规格、培养过程、教育评价；培养目标、培养过程、培养制度、培养评价)②、"八要素论"（包括人才培养理念、专业设置模式、课程设置方式、教学制度体系、教学组织形式、教学管理模式、隐性课程形式、教学评价方式)③、"三层次四维度论"（涵盖"观念、制度、操作"三层次静态结构及"理念、目标、过程、效果"四维度动态过程）等④。但一般认为，人才培养模式是"人才培养"的下位概念，是人才培养体系中最活跃、最重要的核心要素。人才培养模式不同于"人才培养内容"，也不等同于"培养方式方法"，而是对人才培养全过程的整体设计与建构样式。归根到底，人才培养模式需要回答"培养什么人"和"怎么培养人"两大问题，它主要由目的性要素（教育理念与培养目标）、制度性要素（培养方案与课程建设）、过程性要素（培养过程与条件保障等）三大要素有机组成⑤。其中，教育理念是灵魂，培养目标是核心；培养方案是纲领，课程建设是关键；培养过程是重点，条件保障是支撑。总体而言，人才培养模式是基于教育理念和培养目标而对人才培养过程的制度性设计与操作性样式，是由目的性要素、制度性要素、过程性要素等有机组成的整合性系统，它既包含人才培养"构造样式"的静态模型与制度设计，也包括人才培养"实施过程"的实践建构和动态管理，是一个具有系统性、简约性、动态性和可操作性的特定概念，也是人才培养从理念向实践制度性转化的结晶。

1.4.2　我国应用型本科培养模式的走向

1. 需求导向的培养模式系统性变革

人才培养模式主要是针对人才培养过程的设计与建构，具有明显的系统

①　林玲. 高等院校"人才培养模式"研究述论［J］. 四川师范大学学报（社会科学版），2008，35（4）：110-117.

②　郑群. 关于人才培养模式的概念与构成［J］. 河南师范大学学报（哲学社会科学版），2004，31（1）：187-188.

③　董泽芳. 高校人才培养模式的概念界定与要素解析［J］. 大学教育科学，2012（3）：30-36.

④　毛锦茹，杨高峰，李淑敏. 试论人才培养模式的"三个层次"与"四个维度"［J］. 教学研究，2011，34（2）：11-15.

⑤　刘欣. 人才培养模式转型：应用型本科转型发展的核心聚焦［J］. 现代教育科学，2017（11）：102-107，112.

性与范型性①。社会需求是人才培养模式价值生成的先决条件，也是评价人才培养适应度的客观标尺；社会化的竞争机制与供求机制，是人才培养模式转型的根本选择。培养模式总是基于特定的社会需求，按照一定的教育思想和教育理念而设计，反映了经济社会发展对人才培养目标的定位与质量规格的总要求，这些要求是制订培养目标、优化培养方案、实施培养过程的客观依据，并贯穿于人才培养过程的始终。应用型本科主要是通过培养社会急需的应用型专门人才来实现教育价值的，因此，必须在人才培养全过程中系统性地贯穿需求导向，整体设计需求导向的人才培养体系，建构供需耦合、产教融合的应用型人才培养模式②。

基于需求导向进行人才培养模式系统性变革，是应用型本科转型发展需要解决的首要问题，所以，应着重把握供需耦合性、产教融合性、整体发展性等主要特性。

（1）供需耦合性。相对于供给导向，需求导向的人才培养模式更为注重面向职场、放眼未来，分析行业走势和职业发展特征，把握人才需求结构与质量内涵的变化，尤其是聚焦当前急需状况和未来发展方向，瞄准新产业新业态的中高端人才需求，主动靠前布局专业结构，对接需求重构课程体系，贴近职场优化培养过程，超前培养社会急需人才。

（2）产教融合性。建构需求导向的培养模式，其根本路径是产教融合，重要保证是协同育人，主要方式是共建产业学院、实践教学基地等平台机制，以应用型人才培养为根本，以应用学科、科技服务为两翼，通过合作、联办、共建、创办实体等多种形式构建产学研共同体，校企共同开展学科专业建设，共同制订培养方案，共同建设课程体系，共同实施培养过程，共同改革培养方式，共同评价培养质量，实现由封闭发展转向开放发展，由单一模式转向多元拓展，形成区域性集约办学、共享共赢的发展优势。

（3）整体发展性。需求导向的人才培养模式，在凸显社会发展需求时，应当涵盖主体发展需求，注重人本导向的价值合理性，整体协调社会本位与个体本位的关系，不能唯社会本位是举而遮蔽主体发展价值，失去教育发展价值的完整性。大学教育归根到底是"存在的教育"，而不单纯是"生

---

① 董泽芳. 高校人才培养模式的概念界定与要素解析 [J]. 大学教育科学，2012（3）：30-36.
② 刘欣. 人才培养模式转型：应用型本科转型发展的核心聚焦 [J]. 现代教育科学，2017（11）：102-107，112.

存的教育"，其逻辑起点是对接社会需求，培养合格的专门人才，着力将外适价值转化为主体内适发展价值，将职业发展要求内化于产学合一的培养过程中，终极目的是回归"培养人"的教育本体价值，促进个体社会性与人本价值性的全面提升。

2. 以生为本的培养模式制度性重构

制度建设是培养模式价值生成的保障环节。人才培养模式转型需要制度性支撑，这种支撑在宏观层面上离不开国家层面分类发展的政策引导；在中观层面需激活大学制度创新的内在动力，构建以协同育人为核心的"平台型"治理体系；而在微观层面，还需通过培养制度的科学设计，完成培养目标向培养过程的现实转换。培养制度是实现培养目标的重要中间环节，是保证培养过程规范有效运行的调控机制和激励机制。培养制度包括与培养过程紧密相关的学分制、选课制、导师制等基本制度，也涉及分流制度、双学位制、主辅修制等组合性制度。培养模式的制度性重构，不是舍弃已有制度的合理性，而是基于培养目标定位与学生自主发展理念，侧重制度形态的价值重塑和制度变迁，实现从管理者本位向学生本位、从外控性模式向自主性建构模式转变，其根本指向是突破自主性缺失的制度瓶颈，按照"以生为本"的教育价值观，科学制订具有实施性的人才培养方案，完善自主性学习阶段、课程平台和学习过程的制度性设计，促进应用型人才培养目标模式、发展模式、培养模式的系统性整合和制度性重构。

着眼微观层面建构自主性培养制度，是应用型本科转型需着力解决的制度瓶颈问题，应着重健全异质性目标模式、个性化发展模式、自主性培养模式等制度模式。

（1）异质性目标模式。应用型本科教育本质上是基于普通教育并适应专门化职业领域的专业性教育，相对学术型教育，它更强调实践应用性，是突出应用特质的专业性教育；相对职业型教育，它更强调基础厚实性，是理论基础扎实的专业性教育；相对基础性教育，它更强调大学专门教育特性，兼容专业性与通识性、应用性与学术性、科学性与人文性等教育属性，着力为学生适应社会和终身发展奠定坚实基础。由此形成的培养制度，既不趋从宽口径的通才型（A型）学科教育模式，也不采取窄口径的专才型（I型）职业教育模式，而是选择T型通专融合的教育模式，按照"宽口径（重贯通）、重基础（重慧识）、强能力（重专精）、展个性（重特长）"原则，重构"大类培养、专业培养、分流培养"三学段培养制度，实施基于通专融合的应用型专业教育。

（2）个性化发展模式。应用型本科虽以培养应用型专门人才为主体，但这并不排除基于人才类型非本质扩展特征的多样化培养制度安排，以更好地适应社会需求多样性、就业市场多变性及学生个体发展的差异性。为此，应用型本科院校应为学生自由发展拓展更合理的空间，注重构建"3M"（多方向、多通道、多模块）人才培养体系，重构"通识教育+专业教育+个性发展"三大课程学习平台，搭建工程技术类、应用技术类、复合交叉类、创新创业类等多种成长成才通道，尽可能扩大学生的专业选择权，鼓励学有余力的学生修读辅修课程和双学位课程，满足学生个性化学习和自主发展需求，促进共性发展与个性发展的有机结合。

（3）自主性培养模式。推进学年制向学分制转变，是一项以强化自主培养过程为取向的系统性培养制度变革。学分制的核心机制是选课制，基本保障是导师制，显著特征是尊重学生的自主选择权，保障学生自主发展，进而提高人才培养质量。学分制以主辅修制、重修制、免修制、学分绩点制及弹性学习制度为有机组成部分，要求将人文素质教育、创新创业教育贯穿于人才培养的始终，优化课程结构，完善培养方案，加大选修课开设比例，设置辅修专业和第二课堂学分，健全创新创业实践、社会实践活动、专业实践活动、在线课程学习等的学分认定制度，统筹自主发展与协同培养过程，深化"以生为本"的项目化、研讨式教学与考核方式改革，不断完善自主性人才培养机制，促进由"教为中心"向"学为中心"的根本性转变。

3. 应用为主的培养模式结构性优化

结构优化是培养模式价值生成的必然要求。人才培养结构是指人才培养构成体系各要素间的内在联系与比例关系。这种结构关系，宏观上由社会结构、经济结构、科技结构与产业结构所决定，要求人才供给结构与人才需求结构相匹配；微观上由人才培养类型结构、层次结构、科类结构、内容结构等要素构成，要求人才供给结构满足人才需求结构的变化。应用型本科是"定向于行业、定型于应用、定位于教学、定格于实践"的大学教育[①]，应以"供给侧结构性改革"为突破口，基于产业革命新要求，应对科技革命新挑战，优化人才供给新结构，探索人才培养新模式，着力解决人才培养供需失衡的突出问题，促进人才培养模式由学科导向向应用导向转型，为地方经济社会发展提供强有力的人才和智力支撑。

---

① 刘欣. 我国应用型本科教育学科建构的基本理论探讨 [J]. 理工高教研究，2010，29（4）：8-14.

应用型人才培养的结构性优化，是应用型本科转型发展需要解决的关键问题，应传承"应用为主"的育人理念，着重从专业结构、课程结构、能力结构等方面深化转型。

（1）对接产业需求，优化专业结构。新一轮科技革命加速了产业革命的进程，其所带来的变化，不仅是产业结构和生产方式的变革，也使人才需求结构和培养模式发生了很大变化，传统的学科化专业结构及培养模式已难以为继。面对新的挑战，应用型本科必须以产业需求与自身条件为现实依据，突出专业结构的应用取向，找准产教融合的结合点，瞄准智能制造、物联网、"互联网+"等新产业、新业态和新模式，深度对接地方经济产业结构，建立专业集群与产业集群对接机制，主动改造传统专业，重组相关专业，布局新的专业生态群，着重培育战略性新兴主干专业、复合专业，大力发展新型工科和应用型文科专业集群，灵活设置供需对接的专业方向，建设需求相对稳定、比较优势明显的重点与特色专业群，引导专业设置向服务区域产业转型升级的方向发展，着力培养未来社会发展的急需人才。

（2）突出应用取向，优化课程结构。课程改革是人才培养模式系统性变革的重中之重。其重点是课程理念的更新，难点是课程结构的重构。应用型本科应树立全周期工程教育理念、系统化工作过程理念、产出导向专业认证理念①，着力突破传统学科体系框架，重构应用取向的课程结构体系；否则，仅就操作层面修修补补，而不从培养模式系统性变革层面来改革课程体系，必将导致人才培养的根基不牢。课程结构的重构，应根据培养目标，本着社会适应性、整体相关性、动态开放性原则，建构"通识教育+专业教育+个性发展"课程实质结构和必修、选修课程调节系统，重构线上线下融合的智能化、个性化新型课程生态，重组具有"宽、专、交"特点的T型"平台+模块"课程结构体系。平台课程侧重"稳住一头"，体现通识性、基础性、复合性等专业共性标准和培养规格；模块课程侧重"放开一片"，体现专业性、实践性、灵活性等专业培养方向和个性特质，要求对接社会需求和行业标准，以专业能力培养为主线，构建项目化、网络化课程结构群，开发与认证课程标准，重塑人才培养流程，分级分类提高课程建设水平，形成以平台化课程为基础、项目化课程为重点、网络化课程为纽带、精品共享课程为示范的应用型课程体系，凸显课程结构体系

① 吴爱华，侯永峰，杨秋波，等. 加快发展和建设新工科 主动适应和引领新经济［J］. 高等工程教育研究，2017（1）：1-9.

的应用性特质和开放性建构特征。

（3）加强实践育人，优化能力结构。能力结构是指一个人所具备的能力类型及各类能力的有机组合，通常包括智力能力和操作能力、一般能力和特殊能力、关键能力和专业能力等。应用型人才不是以探索客观事物的本质和规律为主要任务，而是将科学原理应用于社会实践，能为社会直接创造物质财富的专门人才。他们应具备从事专门领域职业活动和社会实践的专业能力（含专业实践能力、知识应用能力）、关键能力（含工具性能力、社会性能力、人格性特质）和素质拓展能力（含创新创业能力、终身学习能力、生涯发展能力）等完整性能力结构。为此，应用型本科院校应着力面向职场和未来发展，整合三大能力，把关键能力和拓展能力融入以专业能力培养为主的人才培养全过程，健全实践育人体系，加强紧密对接生产和工作实际的实践教学体系建设，强化教学过程的实践性、开放性和创新性，探索产教融合、科教融合新途径，构建产学研一体的实践教学平台，深化 CDIO 工程教育、项目化教学等教学模式改革，推进实践教学质量评估和工程教育专业认证，着力增强学生的综合实践能力和核心素养。

1.5　研究框架与研究思路

1.5.1　研究框架

2017 年，国务院办公厅发布的《关于深化产教融合的若干意见》强调："大力支持应用型本科和行业特色类高校建设，紧密围绕产业需求，强化实践教学，完善以应用型人才培养为主的培养体系。"

应用型本科新生态培养模式研究框架如图 1.2 所示。

本研究重点聚焦"应用型本科新生态培养模式"，前三章通过文献研究和比较研究，基于生态位理论、主体性教育、领域性学科建设等理论视域，紧扣应用型本科进入"模式转型破冰期"的根本性问题，明确应用型本科新生态发展战略定位、人才培养的特征和走向，突出新生态发展理论和发展战略等学理创新价值，以破解人才供需结构性矛盾，促进人才培养模式系统性变革、制度性重构和结构性优化，为形塑我国应用型本科新生态培养模式提供前瞻性研究和方法论支撑，体现理论创新价值；后四章加强实证研究与理论研究的结合、"实然"与"应然"的统一，以应用型本科新生态培养模式改革创新为实践样本，从应用型本科个性化人才培养、新生态课程体系、建构性学习模式、质量文化建设四个主要方面，建构应用型本科从标准化走向个性化的新生态培养模式实践模型，并深入研究应用型本科新生态质量文化建设的生态意蕴、核心理念、保障体系、评价模式和质量提升策略，旨在凸显实践指导价值，推进应用型本科新生态培养模式实践探索。

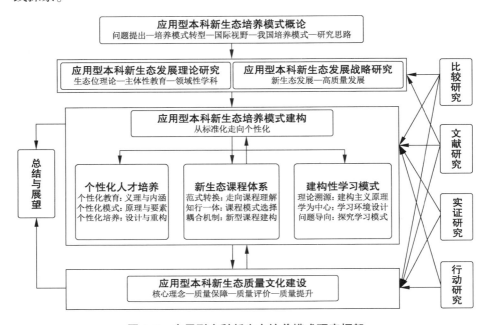

图 1.2　应用型本科新生态培养模式研究框架

1.5.2　研究思路

1. 人才培养新生态理念：实现应用型本科人才培养观念的生态化

在人才培养模式三大要素中（目的性要素、制度性要素、过程性要素），人才培养理念属目的性要素范畴，是学校教育教学思想观念和价值取向的集中体现，居于模式建构的先导地位，对整个人才培养过程具有十分重要的指导作用。生态位视域中的应用型本科人才培养理念更加注重对学校生态环境、战略定位、发展使命的认识和把握，以尽可能在生态位错位竞争中厘定人才培养目标、优化人才培养过程、实现人才培养价值。由培养理念到培养目标和过程实施，既是一个从生态发展需求到价值引导逐渐明晰化的认识过程，也是一个从设计体系转为实施体系的生态化达成过程，因此，人才培养理念是培养模式建构的根本出发点，它不仅具有理论性品质，同时还具有实践性品格，这是人才培养理念生态化的应有之义。就实践性品格而言，应用型本科要完成人才培养模式的顶层设计，就应对接新时代科技与产业革命的需求，走出传统培养模式过度学科化、专业化的误区，着重树立"学生中心、产出导向、持续改进"的核心理念，进而促进人才培养由传统模式向新生态模式的根本转型。

2. 培养体系新生态设计：实现应用型本科人才培养体系的生态化

培养模式设计是一个基于培养理念、优化培养过程和达成培养目标的系统化设计蓝图。它的完整设计过程，由目的性设计、制度性设计、过程性设计等要素组成（见图 1.3）。

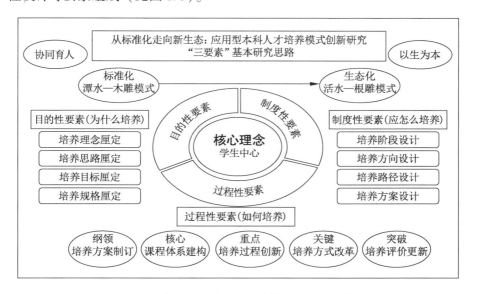

图 1.3　应用型本科新生态培养模式"三要素"

应用型本科培养模式设计，从价值取向看，应从学科中心设计转向学生中心设计，从学校教育转向与社会教育相结合，强调以学生为中心，着眼社会需求和学习者需求，构建学为本位、产出导向的应用型课程体系和建构性教学体系；从培养目标看，应立足高素质应用型专门人才培养，体现通识教育与专业教育、全面发展与个性发展、应用性与学术性、信息技术与教育教学的四个融合；从制度设计看，突出应用型人才培养主体，但不排除基于人才类型非本质扩展特征的多样化培养制度安排，搭建多种人才成长通道，为学生自由发展拓展更加合理的空间，同时推进学分制改革和配套制度建设，实施双学位制、主辅修制和分级教学体系，扩展学生自主选择专业、选择课程和教师的权利，满足学生个性化发展需求；从体系建构看，主要以课程建设为重心，健全通识教育基础平台课程、专业教育项目化主干课程、个性发展模块化拓展课程、智慧教育在线开放精品课程等应用型课程体系，构建需求导向的通专融合培养体系、以生为本的个性化培养体系、产出导向的质量认证体系、深度学习的智慧教育体系、创新创业教育与专业教育融合的应用型本科新生态培养体系。

3. 培养过程新生态模式：实现应用型本科人才培养过程的生态化

目前，大多数应用型本科尚处于转型升级的成长期，传统学科化单一模式依然统领天下，人才供需结构矛盾依旧突出。面对新一轮科技革命和产业革命，尤其需要以"供给侧结构性改革"为突破口，加强教育与科技、产业、社会的紧密联系，深化产教融合、协同育人培养模式改革，建立"产业行业链→学科专业链→人才培养链"环环相扣的新机制，促进学科专业结构与产业结构对接，培养目标与行业需求对接，培养过程与实践过程对接，着力增强人才供需结构的耦合度，形成紧密对接社会需求的应用型人才培养新生态模式。

（1）针对供需脱节问题，建构产出导向的专业认证生态化模式。注重融入专业认证理念，加强课程模式、专业培养模式与新经济、新产业、新业态运行模式的有效融合，构建以"学生中心—产出导向—持续改进"为核心理念的专业认证体系，按照"反向设计—正向实施"的原则，反向设计课程体系，正向组织教学活动，持续改进目标以达成质量，促进供给导向转向需求导向、学科本位转向学生本位、静态课程转向境域课程、封闭模式转向开放融合，真正走出学术型主导的传统教育模式，培养更能对接社会需求的应用型高级专门人才。

（2）针对同质培养问题，建构具有应用型教育特质的个性化模式。相对普适性培养而言，应用型个性化培养模式重在把握产教融合教育特质与新的质量内涵，充分尊重学生个性差异和多样化发展需求，主动靠前布局新工科专业，共建产业学院实体机制，校企共同制订培养方案，统筹自主培养与协同培养过程，不断完善协同育人个性化培养机制，对接需求重构课程体系，贴近职场优化培养过程，推进学业评价方式改革，健全学分银行认定制度，超前培养社会急需的多样化人才，促进科学教育、人文教育与新工科教育范式的有效融合，建立更具个性化的通专融合应用型培养模式，为学生适应社会和终身发展奠定坚实基础。

（3）针对模式固化问题，建构"互联网+"智慧教育新生态模式。应用型本科重在重构智慧课程体系和新型培养模式。一是破解模式单一问题，构建以学习者为中心的智慧学习环境，深化线上线下学习融合（OTO），促进学科化模式向智能化模式转变，推进教学形态与学习方式根本性变革，使自主学习、交互学习、深度学习、项目化学习、研究性学习等成为常态；二是破解模式固化难题，面向未来社会"互联网+"融合发展需求，构建"互联网+产教融合"多主体协同育人模式、"互联网+多学科"交叉融合培养模式、"互联网+项目驱动+系统集成"双学位制培养模式等，探索"互联网+"跨界融合的复合型智能化人才培养路径，创建面向未来的多元化智慧教育新生态模式。

　　香港科技大学原校长吴家玮曾经强调："一所好的大学在一个区域，等于一条鱼在水缸里，拿出来就会干死。"从生态位视角来审视应用型本科人才培养模式及其能力建设，就是要站在生命主体的立场，贴近大学与人的生命发展的本质意义，基于生态学视域来建构应用型本科新生态培养模式，而这种模式的建构需要整合理性逻辑与实践逻辑两种力量——既要遵从大学生命周期特定阶段的生态位趋优原理，完成人才培养模式的科学性建构，又要遵从特定类型高校人才培养模式生态位演化的内在逻辑，完成人才培养模式的实践性建构，这对身处模式转型攻坚期、力图走出一条新型大学发展道路的应用型本科来说，无疑具有理论和实践建构的双重价值。毕竟，从一定意义上说，聚焦全面提升人才培养能力这一核心，获取大学核心竞争优势或更优的生态位，始终是大学应然的使命。

第 2 章

应用型本科新生态发展理论研究

2.1 生态位发展理论：品牌建构价值取向

2.1.1 基于特定生态位的发展原理

"生态位"（Niche）属生态学理论范畴，在揭示生态个体、种群和物种生存与竞争的普遍规律方面有着重要的作用和意义。1910 年，美国学者约翰逊（Johnson）最早提出"生态位"的概念；1966 年，英国学者阿什比（E. Ashby）提出"高等教育生态学"的概念，开始运用生态学的原理和方法研究高等教育；1976 年，美国哥伦比亚大学师范学院院长劳伦斯·克雷明（L. A. Gremin）在《公共教育》一书中用生态学的方法来研究教育与环境的关系，正式提出"教育生态学"概念。"生态位"主要指物种在生物群落或生态系统中的独特功能地位及其关系，其核心思想是强调物种的趋异性进化。按照生态位原理，世界上不存在生态位完全相同的两个物种，每一个生物物种及其个体都有其独特的定位，都有其存在的合法基础，并努力在整个生态系统中寻找最适宜自我生存和趋异进化的优势生态位。

大学生态位是生态位理论在大学发展战略研究领域中的应用，"是指某类（所）大学在整个社会环境和整个高等教育群落中，以自有的资源禀赋为条件，通过办学过程能动地与社会环境以及其他高等教育群落相互作用所形成的相对有利的生存发展空间及相对竞争优势"[1]。着眼生态位原理，

---

① 龚怡祖，谢凌凌. 生态位战略：新建本科院校发展战略新选择 [J]. 高教探索，2011（6）：11-15，26.

"任何类型的大学都是遗传与环境的产物"①，须随着环境的变化不断实现自身在教育生态系统中生态位的趋异优化，遗传与变异为大学生态优化的基本向度。如图 2.1 所示，外部环境（机会与挑战）与内部能力（优势与劣势）构成大学生态位变化的基本维度，大学通常会基于自有禀赋和生命周期的演变规律，选择趋异性生态位战略及相应的发展模式，在与外部环境的物质与能量交换中，不断提升自我生存力（生态位占有能力）、发展力（生态位适应能力）、竞争力和创新力（生态位提升能力）。

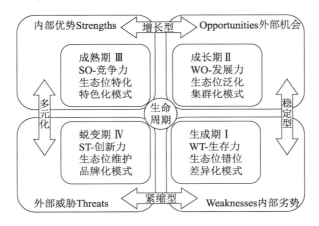

图 2.1　基于生命周期的应用型本科生态位发展取向②

1. 生态位错位：生成期应用型本科的差异化发展

生成期的应用型本科，处于生态位转型探索阶段。面临内部劣势（W）和外部威胁（T）双向叠压，这类学校整体实力偏弱，财政投入不足，资源利用有限，生存空间狭窄，其最大动力来自突破传统大学生态圈，寻求错位发展空间，主要症结是难以跳出传统学科化重叠模式。这一时期的迫切任务主要有二：一是认清自我，基于生态位错位原理，设计学校使命与愿景，根据"地方性、应用型、教学型"等基本定位，找准人才培养定位，强化通专融合，遵循"基础扎实、口径适中、强化应用、突出个性"原则，实施基于通识教育的应用型专业教育；二是认清面向，在"立地"上下足功夫，坚定服务导向，调整优化结构，通过"产业对接"升级传统专业，

①　［英］阿什比. 科技发达时代的大学教育［M］. 滕大春，滕大生，译. 北京：人民教育出版社，1983：7.
②　刘欣，付华军. 生态位视域下应用型本科人才培养新生态模式［J］. 教育与职业，2019（7）：25-31.

建立"产业链主导→专业链对接←学科链支撑"的产学研贯通机制，形成产教融合、错位竞争、特色分明的应用型学科专业集群，进而培育差异化的应用型培养模式。

2. 生态位泛化：成长期应用型本科的集群化发展

成长期的应用型本科，大多处于生态位转型升级阶段。学校内部劣势（W）与外部机会（O）并存，办学条件日益改善，学科专业布局大体形成，治理水平相应提高，但仍面临"缺人才、缺经费、缺资源"三大瓶颈，"依附—边缘"处境尤显突出，人才竞争短板明显，资源获取能力有限，路径依赖程度不断加深，容易陷入同位重叠竞争的胶着境地。这一时期的迫切任务主要有二：一是认清方向，提升站位，树立集群化经营理念，主动进行生态位泛化，即坚定应用型办学方向，坚守战略定力，把握服务面向，寻求集群化发展，积极拓展可用资源增量，坚持对接需求谋发展，对接行业创特色，对接服务上水平，促进人才培养理念更新、体系重构、模式创新及高质量发展；二是认清路径，搭好平台，实施生态位共生战略，即搭建产教实质融合平台，创新集群共生、协同育人模式，促进优质资源和核心能力的互补融合，提升人才培养要素匹配和模式升级能力，努力探索新型应用型大学协同育人之路。

3. 生态位特化：成熟期应用型本科的特色化发展

历经几十年的发展，应用型本科步入成熟期，走向生态位特化阶段，即新型大学建设成型阶段。环顾左右，内部优势（S）与外部机会（O）耦合，学科专业特色逐步形成，培养模式基本成熟并保持稳定，质量文化底蕴变得厚实，学校经营能力与治理水平有了较大提升，逐步占据高等教育更加有利的生态位；但千帆竞发，水涨船高，同类院校竞争优势丝毫不减，资源获取能力同步提升。这一时期的迫切任务主要有二：一是认清导向，创新机制，以产教深入融合为重点，在"特色"上下足功夫，促进"平台"与"学院"整合，形成以产业学院为主体、适应新经济发展的产科教协同育人平台新模式，打造"省校共建+校地合作+国际合作"大平台，开创合作共建大格局，促进产教融合机制走向成熟；二是认准重点，创建一流，以专业认证和智慧教育为抓手，在"内涵"上下足功夫，加强教育与产业对接、信息与教育融合，促进"学生中心—产出导向—持续改进"专业认证模式示范性建设，创建智慧教育新生态模式，凝练应用型本科人才培养特色化模式，全力打造新型大学核心竞争优势。

4. 生态位维护：蜕变期应用型本科的品牌化发展

随着生命周期步入蜕变期，应用型本科走向内部优势（S）与外部威胁（T）并存的生态位维护阶段，知识产出能力与社会需求不相适应的矛盾开始凸显，新老人才梯队显现断层，学科交叉融合难以跟进，组织权变能力出现退化，优质稀缺资源渐趋流失等，都会使学校面临蜕变期的巨大挑战，迫切需要学校全力打造品牌化模式，主动调整组织结构，重组资源与创新要素，在巩固原有优势的基础上不断提升学校特色、专长或核心竞争力，提高学校生态位的创新力，实现自身发展新的突破。这一时期的迫切任务主要有二：一是洞察环境，扬长补短，有效把握环境变化走向，注重吸收外部环境新的资源因子，进而化解负面影响阻力，凭借人才培养特色或学科专业专长来获取协同发展优势，在"资源优化"中拓展生态发展空间，夯实可持续竞争力和发展力；二是综合施策、激发活力，注重学校内部结构与外部环境耦合，实施多角度、多层面、多形式的创优发展战略，在巩固生态位中全方位提升"产业—科技—人才"一体化创新发展力，并在"资源增值"中彰显学校"最优生态位"的品牌价值。

着眼生态位视域来审视应用型本科发展模式及其能力建设，其实质是从大学生态系统及其生命周期的整体性出发，通过不断促进环境优化与资源增值，实现学校生态位的跃迁并最终促进人的发展，这无疑为我们建构应用型本科新生态培养模式提供了一种新的分析框架和方法论支撑，使人才培养模式及其能力建设更贴近其本质意义——人的生命成长的内在价值与学校生态化发展价值的同步提升。

2.1.2　基于品牌建构的特色发展取向

1. 应用型本科的独特品位：差异性品牌建构

学校品牌应是一所学校在长期的教育实践过程中逐步形成和凝结在其名称中、具有特定价值底蕴的识别符号，并得以跨越时空、为公众认可的一种无形资产。从显性层面来看，应用型本科的品牌建构应确立差异性品位，体现品牌价值属性在生态系统中表现出来的专有显性能力和比较能力，能在比较中显现出竞争的优劣、强弱及不可替代的差异性。差异性是品牌建构的根本属性。应用型本科品牌建构的根本标志就是在所属教育类型中彰显个性、突出优势，凝练区别于其他类型教育的个性价值；个性价值越强，越具有不可替代性，越能形成品牌优势。对于我国尚处于发展转型期的应用型本科来说，关键是从建设有中国特色的应用型本科的方向性问题入手，准确把握教育类型特征，凸显个性差异，培育显著特色，形成竞争优势，以真正超越学术型或职业型教育的应用型专业教育模式，引领学校

"错位发展"，建立起决定全局的持久的品牌地位①。

2. 应用型本科的核心品质：整合性品牌建构

从隐性层面来看，应用型本科在确立应用型教育独特品位的同时，还应确立品牌建构的异质性品质，显示其他教育类型所不具备的个性特色与核心竞争能力。这是对于身处同等竞争环境下，同一层次与类型的学校却存在竞争性差异的比较合理的解释。核心竞争力是学校品牌建构的基础性力量，是根植于学校内部的能力系统与外部市场环境实行能量交换的原动力，其价值隐含在学校卓越的办学理念、优良的校园文化、规范的组织管理、高水平的学科建设、优质的人才培养等系统要素匹配整合的内生系统之中。将整合性作为塑造应用型本科品牌的内在属性，旨在表明应用型本科应在特定的教育类型上发挥出系统的整合功能，凝聚处于核心地位的竞争能力，体现异质性创造价值和品牌优势，赢得社会公众的广泛认同和赞誉，实现品牌价值的社会满意度最大化、品牌忠诚度最大化和办学效益最大化，进而赢得强势品牌地位。正是从这一意义上讲，应用型本科的品牌建构是学校内在品质和办学品位的综合反映，是社会认同感与学校核心竞争力的完美结合。

3. 应用型本科的延伸品效：延伸性品牌建构

从外延层面来看，应用型本科的品牌建构应确立延伸性品效，体现品牌扩张属性在竞争中表现出来的外向拓展能力。应用型本科的品牌建构，重在面向地方、面向行业、面向基层，从扩大规模的线性发展转向形成品位的立体发展，注重内涵提升和外延发展的统一，强化显性能力与隐性能力的整合，最大限度地吸纳社会资源，突出外向拓展功能，发掘核心竞争优势，着力创新人才培养模式，扩展特色办学更为广阔的发展空间，增强多功能拓展、多元化延伸、互动式发展的综合实力，形成区域化、集约化、产学研办学的独特优势，使办学效益和竞争地位得以加强和巩固，特色内涵更加丰富，综合实力逐步增强，品牌优势日益彰显。

所谓区域化延伸，即在目标层面上，反映出学校办学理念的区域指向性和发展价值性；在结构层面上，反映出办学的区域服务性质、本科教育层次与应用型教育类型特质；在机制层面上，反映出学校个性特色定位与区域互动发展的运行机制。侧重以应用型专门人才培养为核心，以应用研究、科技转化为两翼，切实依靠地方、行业和企业的深度参与，通过合作、

① 刘欣. 地方本科院校品牌建构的文化价值取向 [J]. 高教探索，2010（1）：42-46.

合资、联办、共建等多种互动形式，整合社会力量和优势资源，实现由学校本位转向社会本位，由封闭发展转向开放发展，由单一模式转向多元拓展，最终由"无差别增长"转向"有机增长"，形成与区域发展良性互动的优选路径和运行模式，呈现出双生共赢的发展优势和可持续发展价值。

所谓集约化延伸，是借用经济学上的概念，通过要素结构的重组、要素投入的集成以及要素利用的效率，来实现由粗放型经营向集约型经营的转变，获得经营质量、规模和效益的最大化。应用型本科实施集约化延伸战略，旨在突破学校本位的单一办学模式，通过行业参与、校企互动、校校联合，寻求内部资源与外部资源的延伸互补，构建最优化的教育资源平台，增强规模化、集约化的办学实力。其主要特点是，探求实质意义上的办学与经营理念的一致，以及体制上的融合、机制上的依存、资源上的互补、利益上的双赢，确保发展需求与资源配置最大程度的适应性，推进学校做大、做强、做优。

所谓产学研延伸，旨在打破封闭性办学的模式，面向区域经济和社会发展，置身经济建设主战场，参与经济发展大循环，开展全方位、深层次的产学研合作，凝聚外延扩展和内涵充实的办学实力，营造校企结合、产学一体的发展优势，开拓产业性与教育性并举的办学新思路，尤其是贴近企业技术改造、农业产业化的实际需要，发挥应用研究与技术开发功能，提供形式多样的应用研究和技术服务，增强对区域经济增长的辐射力和贡献率，从而为应用型本科整合社会力量和资源，为自身资源扩展、基地建设、人才就业和可持续发展赢得勃勃生机与活力。

2.1.3 基于和合共生的文化价值取向

应用型本科在强化应用型教育类型特色的过程中，不能只重视专业应用价值而忽略文化发展价值。从整体价值层面上，应用型本科的品牌建构应坚守和谐发展理念，追求专业教育人文化、人文教育专业化，体现专业应用价值和文化发展价值的双重价值属性。

1. 应用型本科的价值偏离趋向

（1）价值目标的功利化趋向：关注工具理性，忽视价值理性。"专业教育"并非现代概念。早在中世纪大学建立时，就有为社会培养官员、医生、律师和牧师的专业性应用教育；在中国，尽管"重道轻艺"曾为主流价值观，但"工欲善其事，必先利其器"的"器善观"仍随着"六艺之学""畴人之学"及师徒传承的"艺徒制"而延续千古。到近现代，无论是以斯宾塞、布鲁纳为代表的科学教育哲学，还是以严复、陶行知为代表的科学教育思想，均主张教育的科学化和专业化。以科学主义为基础的教育哲学认为，为公众服务和为国家服务是大学的显性职能，大学教育就是要通过专业训练，培养对社会和国家有用的科技人才。因此，专业应用型教育的存在既是合理的，也是必需的。若不适宜地放大专业应用教育的功利性，过于突出专业应用教育的工具理性价值，则将导致大学成为仅仅生产文凭和知识的物化工具，使教育活动成为纯粹知性的活动，忽视和排斥教育理性价值及人的生命价值，势必削弱现代教育的批判创新功能，凸显人文价值危机。

（2）价值内涵的狭窄化趋向：注重科学价值，忽略人文价值。现代知识观是建立在现代工业文明基础上的关于知识传播、生产和应用并为人们所接受的知识范式，具备科学主义、工具主义和客观主义的特征。这一知识观直接影响着大学科学教育的发展轨迹，使追求学术高深性的"洪堡模式"和追求专业应用性的"威斯康星模式"成为大学教育的基本延续逻辑。但现代知识观使教育价值内涵窄化为科学教育的同时，势必导致大学人文价值的缺失，使大学要么成为独立于社会之外的象牙塔，要么成为被动适应社会的教育工厂。受后现代主义思潮影响，人们对现代知识观进行不断反思，认为知识同样具有社会性和价值性，不存在绝对客观和普遍适用的纯粹知识，知识的生成是理性与非理性交织的复杂的社会劳动过程，知识的增长是批判性检验的整体化、综合化过程。因此，应用型本科教育理应重塑科学教育的价值，强调人的主体性与创造性，注重发挥人文教育对人格塑造、心灵净化的作用；应用型大学不仅是知识生产和创新的基地，而且必须是人类崇高精神的瞭望塔。

（3）价值功能的单一化趋向：追求生存价值，淡化存在价值。联合国教科文组织在《学会生存：教育世界的今天和明天》中强调："人的生存是一个无止境的完善过程和学习过程"，"教育应包括培养和发展一个人全部潜能的教养过程"①。应用型本科教育归根到底是"存在的教育"，而不单纯是"生存的教育"。"为生计"固然是应用型本科教育的基本价值功能，但"为人生"才是应用型本科教育的核心价值追求。应用型本科教育如果仅仅强化人的生存能力，而忽略人的存在价值，则将丧失教育的灵魂，其结果将使"目的的人"异化为"工具的人"，最终导致培养对象人格的肢解和生命的残缺。因此，应用型本科教育不应单纯追求工具和手段的合理性，

---

① 联合国教科文组织国际教育发展委员会．学会生存：教育世界的今天和明天［M］．华东师范大学比较研究所，译．北京：教育科学出版社，1996：154．

而忽视了目的本身的合理性，其终极价值在于促进教育与人的价值的全面提升。

2. 应用型本科的文化价值取向

（1）和而不同：错位发展价值取向。和谐是社会运行的一种理想状态和价值取向，其内容包括多元统一、兼容共生和文化共享等方面。"以和为贵"是中国文化的基本价值取向，"和而不同"正是对"和"这一理念的具体阐发。从哲学意义上讲，"和而不同"是追求事物内在的和谐统一，而不是外在的一致，是对多样性统一的价值肯定。正是从这一意义上讲，应用型本科教育的发展必须以和而不同、错位发展为前提，兼容普通教育与专业教育。一方面，正如永恒主义教育的代表人物赫钦斯所言，"没有普通教育，就没有大学。普通教育应该成为大学各高深学术或专业研究的共同基础"①；另一方面，"走向文化的大路必须通过专精之门，由专精通达博文"②。应用型本科教育模式应是基于普通教育的应用型专业教育，应强调厚基础、宽专业、强能力、人本位。按照我国学者季诚钧的观点，大学教育领域的专业是指按学科或职业组合而成的专门化领域；专业因其学术性而成为大学中"学问高深的专业"，没有学问的专业是不存在的，只能是职业③。专业教育与普通教育应同时作为现代高等教育的一对范畴来考察。就其价值取向看，普通教育以人文主义、理性主义和存在主义为取向，专业教育以科学主义、实用主义和工具主义为取向；就其内容取向看，普通教育强调基础性、广博性、普适性和非职业性，专业教育则强调专门性、行业性、适应性和实践性。而在大学中，学术性是它们共有的特征，这也是专业教育区别于职业教育的重要特征④。因此，应用型本科教育的和谐发展是建立在错位发展基础上的，它所建构的品牌应是专业应用型的普通教育发展模式。

（2）和合兼容：和合发展价值取向。和合兼容是中国文化人文精神的精髓和被普遍认同的生命智慧。由和而合，中国传统文化叫"和合文化"，这正体现了中国文化兼容并包、融合共生的精神与精粹。剑桥大学的施诺爵士在 20 世纪中叶指出，学术文化已形成两个壁垒森严的世界，一个是人

---

① 胡建华. 高等教育价值观视野下的高等教育质量 [J]. 高等教育研究，2005，26（11）：5-9.

② 金耀基. 大学之理念 [M]. 北京：生活·读书·新知三联书店，2001：59.

③ 徐辉，季诚钧，等. 大学教学概论 [M]. 杭州：浙江大学出版社，2004：12.

④ 唐琼一. 高等教育哲学视野下的普通教育与专业教育 [J]. 复旦教育论坛，2007，5（3）：22-25，30.

文的，一个是科学的。由于普通教育秉承自由教育和人文主义教育的传统，因而被视为人文教育的范畴；由于专业教育是科学知识迅猛发展和学科知识不断专业化和细化的产物，因而被视为科学教育的范畴。这在高等教育领域中就演变成人文教育与科学教育的对立①。应当看到，科学精神为人文精神奠定理性自觉，人文精神为科学精神提供价值理想，科学教育与人文教育是人类社会进步不可或缺的双翼。跨越两种文化的鸿沟，促进两种教育文化价值的融合，才能摆脱教育价值内涵窄化的趋向，增进人类社会的相互理解与宽容。因此，应用型本科教育的品牌价值体现在：以科学的人文主义引导专业教育与人文教育的渗透与融合，把专业教育从单纯"为谋生而教育""为就业而教育"转变成"为人生而教育、为人类而教育、为发展而教育"，强调专业教育人文化、人文教育专业化，在强化科学价值的同时，更加注重人文教育的深化和专业文化价值的提升。

（3）内外合一：特色发展价值取向。内外合一、主客交融是和谐文化发展的深层境界。在更高层面上，应用型本科应在办学过程中凭借其个性化的教育实践活动，结合区域特点和行业要求，整合社会力量和优质资源，来确立满足社会特定需求的品牌发展战略，逐渐形成比较稳定持久的特色发展模式和被社会公认的、独特的、优良的办学价值。在品牌建构过程中，要充分体现地域经济、文化优势，并在与地域经济、文化相融合的过程中，确定学校的发展目标、建设重点，彰显学校独特的个性魅力，凝练服务社会的"内功"，集聚服务社会的"资本"，成为地方经济社会和文化建设的引航标和"孵化器"，真正办出应用型大学的区位特色和文化特色，增强自身核心竞争力和办学影响力；在教育实践中，应用型本科不是沿着学术导向的传统本科教育的惯性运行，而是着眼价值理性和特色创建的战略层面，坚持以特色求生存、以品牌求发展，创新人才培养模式，创建精品专业和课程，探索普及化高等教育的新范式，形成关键性的持续竞争优势，最终凸显应用型大学教育类型的鲜明特色。

2.2 主体性教育思想：主体价值及其意义

"主体性教育"是在吸收西方人本主义教育思想的基础上，反思我国"工具理性"支配下违背人本主义教育目的的种种弊端，而形成的教育价值

---

① 唐琼一. 高等教育哲学视野下的普通教育与专业教育［J］. 复旦教育论坛，2007，5（3）：22-25，30.

观和教育改革思潮。20 世纪 80 年代以来，"主体性教育"成为我国教育研究的一个热点和前沿问题，并逐渐演化成我国教育改革与实践的主导思想。其理论探索经历了 20 世纪 80 年代的"教学主体"研究、90 年代的"教育主体性"研究、21 世纪初叶的"教育主体间性"研究及 10—20 年代的"类主体教育"研究四个主要阶段①，并通过"主体性发展实验""主体素质构建实验""愉快教育、和谐教育、成功教育、创新教育"等一系列主体性教育研究与实践，促进着中国教育思想和实践由传统向现代转型②。

2.2.1 主体性教育思想的哲学范畴

在"主体性教育思想"的发展演变过程中，"主体—主体性—主体间性"构成三大基本范畴。弄清这三大基本范畴的哲学内涵，是理解和把握"主体性教育思想"价值走向的基础。

从本体论层面看主体。主体，不等于主观。主观是相对于客观存在的非物质本体，主体则是物质和意识、客观与主观的统一体。哲学上的主体，是指对客体有认识和实践能力的人，具有自主性和能动性。与主体相对应，客体，也不等于客观。客体是指进入主体对象性活动领域，成为人的实践活动对象的事物，包括自然客体、社会客体和精神客体。客体的三种类型表明，以人作为主体的活动不但指向外部世界，而且也以自身活动为对象，即人在改造外部世界的同时，也要进行自我改造。主体与客体作为一对关系范畴，它们只在相互关联中才具有自己的本质规定性。

从价值论层面看主体性。基于主客体关系的规定性，主体性是指人作为主体在同客体的对象性活动关系中表现出来的价值属性。因而，主体性也不等于主观性。主观性往往脱离了客观对象和实际活动，属于主观唯心主义范畴；而主体性则是主体在实践活动中能动地作用于客体的自主性、预见性和创造性，属于实践唯物主义范畴，体现了主体认识和客体存在相一致的价值性，认识活动与实践活动相统一的能动性。"主体性与主观性有着本质的不同，把主体性等同于主观性，是完全不正确的。"③

从实践论层面看主体性与主体间性。实践性是主体性最根本的特性，社会实践过程中的主体性集中表现为对象性活动中合规律性（真）与合目的

---

① 冯建军. 主体教育研究 40 年：中国特色教育学建设的案例与经验 [J]. 中国教育科学（中英文），2021，4（4）：8-19.

② 刘凤华，刘欣. 主体性教育思想的价值走向及其意义 [J]. 教学与管理，2013（06）：11-14.

③ 朱宝信，肖新生. 简论主体性与主观性的三个区别 [J]. 广东社会科学，1994（2）：48-52.

性（善）的统一。人的主体性是指作为社会实践主体的人，在能动地把握自然、社会和自身的过程中，所表现出来的内化与外化同一性的能力，这种主体性是内化结构和外化结构的有机统一。所谓内化结构，是指主体对自身内在属性和内化能力的自觉意识，表现为自我认知、自我评价、自我控制、自我超越，是一种"心理—意识"结构；所谓外化结构，是指主体在实践对象化活动和认识过程中所呈现出来的自主性、预见性和创造性，表现为对客体的外向认识和评价、创造和超越，是一种"实践—意识"结构。前者是自我意识，后者是对象性意识。主体性表现为自我意识和对象性意识的统一，合规律性（真）与合目的性（善）的统一。离开了实践性谈论主体性就会陷入唯心主义的抽象人性。马克思主义哲学基于实践唯物主义立场，积极扬弃唯心主义的抽象主体性和旧唯物主义的机械受动性，在哲学史上划时代地确立了实践主体性思想，实现了主体能动性与受动性的辩证统一，划清了主体性问题的两重界限。

随着对主体性问题研究的深化，人们进一步把研究的视野从"主体—客体"关系延伸到"主体—主体"价值关系，提出了与主体性内涵不同的"主体间性"的概念。作为现代西方哲学的概念，"主体间性"（intersubjectivity）实际上是作为主体间关系的规定，特指"主体—主体"间的"交互主体性"，是人的主体性在主体间的延伸，是融合了"主体—客体"关系而形成的"主体—客体—主体"新型关系结构，其实质仍然是主体性。人与人之间的交互主体性发展，同人的主体性发展，在实践意义上和历史逻辑上是基本一致的。"交互主体性"的表述包含了"主体性"的基本涵义，同时强调了主体"交互"的特征，即"主体—主体"之间在实践交往中相互依存、相互沟通、相互影响的特性。"把交互主体性理解为一种特定的主体性，应该说是没有问题的。换言之，对于人来说，存在着主体性问题；而对于人与人之间来说，存在着交互主体性问题"，"作为主体的人在交往中表现出来的主体间性，实际上是一种交互主体性，这是一种内含着交互主体性的人的主体性"①。正如马克思在《关于费尔巴哈的提纲》中所指出的："人的本质并不是单个人所固有的抽象物。在其现实性上，它是一切社会关系的总和。"②

由此可见，"主体性"是居于"主体性教育思想"核心地位的概念范

---

① 郭湛. 论主体间性或交互主体性［J］. 中国人民大学学报，2001（3）：32-38.
② 中共中央马克思恩格斯列宁斯大林著作编译局. 马克思恩格斯选集：第1卷［M］. 北京：人民出版社，1972：18.

畴。我国近 30 余年来关于"主体性教育思想"的探索，从"主体"到"主体性"再到"主体间性"及现在的"类主体"，其内涵的不断丰富和发展，并不是一种简单的线性替代，而是一种在扬弃与兼容中的深化探索过程。

2.2.2　主体性教育思想的价值生成

教育史上围绕"教师与学生""知识与经验""课堂与活动"三者在教育过程中的地位和关系，存在着三大基本价值取向：一是科技理性的学科本位取向，二是实践理性的经验本位取向，三是主体理性的学生本位取向。这三大价值取向此消彼长，反复碰撞，但究其本质，不外乎客体与主体的二元对峙，各执一端，因而都不免失之偏狭。

科技理性的学科本位取向，源于客观主义知识本体论。客观主义强调知识是由客观"实在"（reality）决定的，课程则是按知识逻辑的标准化设计的，教师就是知识的象征、权威的化身，教学过程即是"传递—接受"学科知识的特殊认识过程。受客观知识论影响，逻辑化、体系化和标准化知识的地位和作用被置于无以复加的高度，教学过程成为对客体知识"特殊的认识过程"，成为以教师为中心的目标控制和程式化教学过程。由此，教师、教材、课堂"三中心"，成为学科本位课程与教学论的必然选择。学科本位的教育取向实质上肇源于德国教育家赫尔巴特"知识中心"的传统教育理论，经英国教育家斯宾塞（H. Spencer）倡导"科学知识最有价值"，美国"现代课程理论之父"泰勒（R. W. Tyler）形成"学科本位"目标控制的经典模式——"泰勒原理"，直至美国认知心理学派的代表人物布鲁纳（J. S. Bruner）推行"学科结构运动"，将科学化教育理论推向了顶峰。我国则因历史原因，一度移植和盛行苏联凯洛夫的学科化教育理论，更是固化了学科理性的教育价值观，以致影响至今。

实践理性的经验本位取向，源于经验主义知识本体论。经验主义认为人类知识起源于感知经验，一切科学知识都必须建立在经验实证的基础上，理论的真理性必须由实验来验证，离开经验实证就无法获得普遍适用的确凿知识。在这种知识观的影响下，经验及其生成成为课程与教学的唯一基础。由此，学生、经验、活动"新三中心"成为以学生为中心的现代课程与教学论的必然选择。经验本位的教育取向源自美国经验主义教育家杜威（J. Dewey）。杜威提出"教育即经验的改造或改组""学校即社会""教育即生活""教育即生长"四大经典命题，强调学校教育应从"知识中心"转移到"学生中心"的知识与经验一体化活动上来，力求在儿童经验、社会、知识三个维度间建立关联性，寻求平衡点，使之成为完整而和谐的整体。

尽管杜威经验本位的价值取向存在忽视学科知识系统学习的局限性，但它促进了教育思想由赫尔巴特的"知识中心"时代转向"学生中心"的现代教育新时代，被称为完成了一次"哥白尼式的革命"，并对世界各国的教育产生了极大影响。另一主要贡献者是美国著名课程论专家施瓦布（J. J. Schwab）。施瓦布基于对"泰勒原理"和学科结构课程遭遇挫折后的深刻反思，倡导建立实践理性课程。他认为，课程与教学过程是由"教师—学生—内容—环境"四要素构成的协调平衡的"生态系统"，是教师与学生共同参与的实践过程，而不是基于泰勒"目标模式"的控制过程，它超越了"科技理性"，本质是"实践理性"。施瓦布实践性课程论，从重视课程研究转向重视课程开发实践，并非常重视实践教育情境中教师和学生的主体地位，更加贴近课程教学的社会实际需要和学生实际发展。这一教育理念，也为依然深陷于"学科理性"背景下的当今我国教育，提供了发人深思的参照。

主体理性的学生本位取向，源于人文主义知识本体论。人文主义教育源于 20 世纪 50 年代中期以后对"科技理性"教育的批判，是盛行于欧美的一种现代教育思潮，主要以存在主义、教育现象学、后现代主义教育哲学及人本主义心理学为理论基础，并在 80 年代后经建构主义教育理论的进一步推动，对当代教育产生了广泛、深刻而复杂的影响。人文主义教育在本体论上主张以人性为本，强调教育的本质和根本目的是培育完善的人性，彰显主体价值理性，而非工具理性或科技理性，把"全人教育""全面和谐发展"作为教育的终极价值取向；在认识论上反对"主客二分"和"理性独断"的思维方式，强调知识是基于主体经验以内化外部世界，进行意义体认与建构的结果，科学知识是相对于主体建构而言的价值性存在；在方法论上强调"学为中心"的有意义学习过程，其教学过程是"情境—协作—会话—意义建构"四大要素的协同活动过程，强调"问题情境"对意义建构的导向作用、"协作学习"对意义建构的关键作用，其最终目的是完成知识与主体发展双向意义建构。由此，情境、协作、会话、意义建构，成为以学习者为中心的人本课程与教学论的必然选择。

反思科技理性、实践理性和主体理性三大价值取向的演变历程，不难发现，无论是"实然"倾向的科技理性价值观，还是"应然"倾向的主体理性价值观，都不免陷入主客分离、二元对峙的教育理念困境。唯有把握"主体性教育"的核心价值理念，进行多元理论的整合创新与实践，方能消解理性与经验、科学与人文、客观与建构的二元对峙，在扬弃与超越中引领教育研究和发展的未来走向，促进科学理性与主体价值的完整融合。

2.2.3 主体性教育思想的独到价值

主体性教育思想可以追溯到古希腊时期推崇的"人的自由和谐发展"的"博雅教育"，文艺复兴时期"重人性、反神权"的古典人文主义思潮，以及德国古典唯心主义创始人康德（I. Kant）的主体性价值的哲学思想。但从严格意义上说，主体性教育思想是近代理性启蒙的产物。法国哲学家笛卡尔（R. Descartes）的"我思故我在"确立了近代唯理性主体哲学范式，奠定了西方现代工业文明的主导价值理性。伴随着科技理性的盛行、人文价值的危机，德国唯意志论哲学家尼采（F. W. Nietzsche）惊呼"上帝死了"，提出警世格言"成为你自己"，开启了后现代唯主体意志的非理性主义思潮；继而，法国哲学家、后现代主义大师福柯（M. Foucault）发出"人死了"这一惊世骇俗的呼声，呼唤"创造你自己"，主张再造人的主体性。这些理论观点，尽管具有超越异化现实、张扬主体价值的进步性，但仍难免陷入主客对峙的历史困境。这一境况到了哈贝马斯时期有了比较大的改变。

西方"新马克思主义—法兰克福学派"第二代旗手、德国哲学家哈贝马斯（J. Habermas）认为，问题的症结不在于现代性和理性化本身，而是破碎的现代性和片面的理性化，进而提出把现代人从悲观主义中解放出来的现实出路和终极目标，即融合三种世界、基于三大原则——客观世界的真实原则（工具理性）、社会世界的正确原则（规范理性）、主观世界的真诚原则（自由理性），在平等对话的基础上建立共同价值规范，重建合理原则的生活世界——交往理性，这就是著名的"交往行为理论"。

"交往理性"实质上是为了消除工业社会长期存在的"主客二分""理性独断"的价值异化问题，回归主客一体、主体和谐的"生活世界"，彰显人的主体性价值。哈贝马斯的"生活世界"以文化、社会、个性为内在结构，并建立在与客观世界、社会世界和主观世界的交往对话基础之上，实现了从主体中心范式到交往理性范式的转换，从而为丰富马克思主义的交往实践理论提供了可资借鉴的内容。马克思早在《1844年经济学哲学手稿》中就集中论述了人的主体性、实践主体性和精神主体性三个方面的内容。马克思主义认为，社会生活在本质上是实践的，作为人活动于其中的生活世界是人化的世界，生活世界的生成与人的主体性生成是同步进行的，其生成的根源在于人的社会实践活动的交往性与不断发展性①。

---

① 中共中央马克思恩格斯列宁斯大林著作编译局. 马克思恩格斯选集：第1卷［M］. 北京：人民出版社，1972：60-68.

从教育发展的现实性看，教育要挣脱长期以来"科技理性至上"的樊篱，就必然要回归主体和谐的"生活世界"，培育和促进以学习者主体性发展为旨归的师生交往实践活动，在交往实践的教育过程中，促进意义生成而不是知识堆砌，促进科学与人文双向发展而非畸形异化，实现"主体性教育"的两大目标：一是基于学生学习活动与教学内容之间的"主体—客体"对象性关系，发展学生的主体性；二是基于教学内容中介的教师主导性主体和学生发展性主体的"主体—主体"交互性关系，发展学生的主体间性，重在创设真实的教育情境和交往对话形式，促进主体生活世界与客体科学世界、学习者主体性与主体间性的双重统一。

可见，主体性教育是以尊重和确认学习者主体地位为前提，通过教育者主导性主体和受教育者发展性主体的"双主体"协同交互活动，以促进受教育者主体性全面和谐发展为目标和价值取向的教育。此即"主体性教育"的基本内涵。

"主体性教育"的独到价值在于：

1. 通过建构"主—客"对象性关系，把握"主体性教育"的认识论价值

"主客"对象性关系不是传统认识论意义上的"主客"对立关系，而是一种意义建构关系。这种意义建构有两个基本前提：一是主体运用已有知识和经验对客体对象即教学内容进行同化或顺应的个体性建构，以生成新的意义和经验；二是主体在情境创设和"学习共同体"的交往活动过程中通过对话与交流进行的社会性建构，以体认和分享意义生成经验。不论哪种意义建构，学习过程都是主客体的交互作用，以获取知识意义而不是知识堆砌，并确认主体性价值的过程。在这一过程中，教学世界虽然借助于科学世界，具有客体性，但如果剥离了主体生活世界及其所体现的意义，教学世界就不再是对象化认识的科学世界，而成为主客分离的异化世界，成为"工具理性"独断的世界。可见，教育理应回归"生活世界"。这种"生活世界"并非杜威"教育即生活"的翻版，杜威的"生活"概念是教育教学的基础，但不包括生活的全部。"回归生活世界"是使生活世界与科学世界统一于"教学世界"，实质上表明了教育促进主体发展的理想性与科学性、目的性与工具性统一的人本价值诉求，是对"主客二分"知识本体论的超越，更是对主体性价值的呼唤与回归，在一定程度上奠定了教育教学的生命价值观，促进了现代教育教学的人本价值转向。

2. 通过建构"主—主"交互性关系，把握"主体性教育"的实践性价值

学生意义建构的过程并非自发产生的，它受到教师教育行为的引导和

调节，这就产生了主体间性的交互关系。主体性教育是通过教育者主导性主体的作用，引导、培育和发展学习者发展性主体的实践活动。教学活动既是一种促进学生主体性发展的认识活动，也是学生主体性和主体间性相统一的实践活动。正如德国生命哲学家狄尔泰（W. Dilthey）所说，教育从本质上讲，是一种完美地理解生命意义的精神活动，是通过心灵体验而达到的人的心灵的相通、精神的相遇。在精神的相遇中，双方都把对方当作知己，充分地理解对方，也理解了自我。教育通过对他人与自我的真正理解，达到了对生存意义的领悟①。从根本上来说，人的主体性是在交往活动中生成和发展的，只有通过交往活动，主体和客体、主观和客观才能得到统一，主体性才能获得发展。主体间性教育理论把师生关系理解为双主体协同交互关系，把教育过程理解为师生间的交互实践和交往活动过程，也在本质上使教育成为一种完整的主体性教育，其根本目的是促进学生主体性和主体间性的全面和谐发展。

3. 应用型本科教育的主体性教育价值

为构建符合应用型专门人才培养要求的课程与教学体系，我国正在推进的一流课程建设蕴涵着丰富的主体性教育理念，倡导从知识本位、教师本位转向以学生发展为本位，体现了对主体生命存在及其发展的整体关怀；核心任务是以弘扬人的主体性为宗旨，以"学生中心、产出导向、持续改进"为核心理念，以促进人的可持续性发展为目的，建立自主性、探究性、合作性的学习方式；以主体性发展为重心的"持续改进"教学评价观，实质上是面向全体、促进学生全面发展的素质教育理念的核心体现。

客观来看，应用型本科课程改革推进是基于"学生中心、产出导向、持续改进"的专业教育理念，旨在克服我国大学教育偏重学科化及主体性缺失的弊端，试图消解主体与客体、主体性与主体间性的二元对峙，在扬弃与超越中引领大学教育发展的未来走向，促进教育思想和实践范式的重要转型。其合理价值在于，提供一种超越"主客二分"传统思维、进行主体性价值重构的深层次探索与发展平台。它"是一种时代的哲学，是本体的、价值的和实践的，促进着中国教育思想和实践由传统向现代转型"②。

---

① 冯建军. 主体教育理论：从主体性到主体间性［J］. 华中师范大学学报（人文社会科学版），2006，45（1）：115-121.

② 黄崴. 主体性教育理论：时代的教育哲学［J］. 教育研究，2002，23（4）：74-77.

2.3 领域性学科建设：内涵、目标与路径

2.3.1 意义阐释：领域性学科建设的内涵

大学是以学科为主要平台培养人才的学术性机构，学科建设是大学发展的永恒主题。但应用型本科的学科建设不能盲目趋同学科知识形态而缺失社会应用功能，不能脱离行业需求、社会需要而偏离人才培养的根本方向，也不能本末倒置地竞相追逐高层次、高水平的学科建设目标，而应坚持应用为主、聚焦特色、创新机制、错位发展，重视和加强领域性学科建设①。

1. 领域性学科建设的实质：大学知识生产方式的转型

大学历来被认为是遗世独立的"象牙塔"，大学由"象牙塔"走向产学研协同发展之路，经历了"两次学术革命"或重大转型②。始于19世纪初的"洪堡改革"引发了自中世纪以来的"第一次学术革命"，大学开始从纯粹传授知识的教学型机构转变为教学与科研并重的研究型机构；20世纪以来，历经"威斯康星式"服务型大学和"斯坦福式"创业型大学，大学完成了"第二次学术革命"，由知识传承中心走向知识生产与应用中心，成为"产学研一体化"发展的社会轴心机构。"两次学术革命"实质上昭示了大学知识生产方式的重大转型。按照美国学者吉本斯（Gibbons，1994）的观点，知识生产方式存在两种不同的模式。"模式1"建立在单一学科架构之上，是基于"学科导向"的纯科学研究的知识生产模式；"模式2"研究的问题并不局限于任何单一学科，是基于"问题导向"的以应用为目的的跨组织、跨学科、跨领域的知识生产模式③。"模式2"揭示了"大学、产业、研究机构"三者之间协同创新的本质特性，对传统的知识生产模式提出了根本性挑战。实现"模式1"向"模式2"的跨越，大学事实上会成为知识传承（学）、知识生产（研）和知识应用（产）"三位一体"、多样而开放的专门化社会组织。正是在这种一体化变革的过程中，大学知识生产的学术属性具有了鲜明的社会特性，成为社会化的学术创新活动，大学之学科

① 刘欣. 地方大学领域性学科建设：内涵、路径与模式［J］. 大学（学术版），2014（1）：21-28.

② ［美］亨利·埃兹科维茨，［荷］劳伊特·雷德斯多夫. 大学与全球知识经济［M］. 夏道源，等译. 南昌：江西教育出版社，1999：225.

③ Michael Gibbons, et al. The New Production of Knowledge：The dynamics of science and research in contemporary societies［M］. London：Sage Publications，1994：1-16.

呈现出由学术性学科向领域性学科的分化与变革走势，一体化地成为"产学研协同创新体系"中不可替代的核心要素。

在知识生产方式的变革中，传统的基础学科向基础和应用学科相结合的领域性学科方向转型，构成"由应用引起的基础研究"这一新的科学研究类型。这类被美国科技政策专家司托克斯称为"巴斯德象限"中的科学研究，试图用一种"非线性的交互模式"来破解"二战"后布什在《科学——无止境的前沿》报告中所提出的线性模型，即基础研究位居科学前沿，是技术创新的源泉，只有基础研究才能引起应用研究与开发。司托克斯在《基础科学与技术创新：巴斯德象限》一书中对"布什线性模型"提出了批判，指出在玻尔象限（第一象限，代表好奇心驱动的"纯基础研究"）和爱迪生象限（第二象限，代表实践性驱动的"纯应用研究"）之外，还存在一种新的研究类型——巴斯德象限（第三象限，代表"由应用引起的基础研究"）①。相比"布什线性模型"，"巴斯德象限"无疑能更准确地反映科学研究的实际情况：基础研究与应用研究并非简单的线性关系，两者之间的界限并不分明；科学研究进程同时受认识和应用双重目标的影响。在知识经济社会，大量的新知识更多地产生于应用情景，"由应用引起的基础研究"在知识生产过程中占据越来越重要的地位，已然成为科学发展的一个重要走势。英国学者齐曼在《真科学》一书中进一步认识到了这一走势。齐曼认为，"科学是一种有组织的社会活动"，科学正从"学院科学"走向"后学院科学"时代②。"后学院科学"与"学院科学"最大的区别在于，它是学院科学向产业领域的延伸，是基于"应用语境""问题导向"的一种新的"知识生产模式"，这一模式逐步演变为超越传统学科界限的新的学科类型——基于问题领域和应用目的的"领域性学科"。

2. 领域性学科建设的内涵："后学院科学"时代新的学科类型

作为主要学术形态和办学水平的重要标志，学术性学科历来受到大学的尊崇，领域性学科却常常被遮蔽或忽略。在知识运行步入"应用语境"下的"后学院科学"时代，领域性学科发展为一种全新的"知识生产形态"或学科类型。

领域性学科有别于传统学术性学科，它是以问题领域为导向、以应用

---

① ［美］D. E. 司托克斯. 基础科学与技术创新：巴斯德象限［M］. 周春彦，谷春立，译. 北京：科学出版社，1999：62-63.

② ［英］约翰·齐曼. 真科学：它是什么，它指什么［M］. 曾国屏，匡辉，张成岗，译. 上海：上海科技教育出版社，2002：85.

为目的、以协同创新为核心的跨学科知识生产形态。它"所包含的知识、理论与方法，很难简单地归结为某一个知识性学科，也不是以某一个学科为主吸收其他学科而形成，而是以某一个现实领域为基础而形成的学科"①。领域性学科与学术性学科尽管源头上都离不开学科知识分类，但两者特性不同，导向各异。学术性学科为基础宽厚的"A"型结构，其特点是各学科自成一体，纵深链接，呈现出广域型、系统性、封闭性特征；领域性学科则为应用取向的"Y"型结构，其特点是各学科集成汇聚，横向聚焦，呈现出集约型、交叉性、开放性特征。其成因与学科导向密切相关。学术性学科定向学术研究，强化学术属性，因而其学科形态异质化，各类学科在特定学术领域分向发展，形成相对独立、枝繁叶茂的树状效应；领域性学科则定向问题领域，强化应用属性，因而其学科形态近质化，相关学科在特定社会和行业领域交叉聚合，形成开放融合、协同发展的网状效应。

　　"领域性学科"建设观认为，大学既是具有学术属性的人才培养机构，也是具有社会属性的"培养人的社会活动"②。现代大学已变成"沟通生活各界、身兼多种功能的超级复合社会组织"③，"社会性"是大学内在于学科的基本属性，是基于学术又超越学术的学科运行的固有属性。大学之"学科"不单纯是基于知识分类的独立学术形态，还是与社会专门化领域密切联系，并最终服务于社会的知识运行的创新体系；"学科"已不仅仅是学术的主要载体，也是学术活动社会化的组织平台，是学术资源和社会资源集成化的新型领域。"学科"不能外在于社会属性而孤立存在，它必须跳出传统学术性学科建设思路，彰显依存于社会领域的特色发展价值，融入与社会协同发展的"创新体系"之中，从国家和地方"创新体系"建设的战略性领域中寻找学科建设的主攻方向，在领域性学科发展层面上努力培育特色交叉学科，打造特色学科平台，形成异峰崛起的领域性学科专业群，从而突出行业背景，彰显应用特色。于是，侧重"面向地方经济社会发展战略领域，以应用研究和应用型人才培养为重点"的领域性学科建设，成为衡量应用型本科学科发展水平的真正标志。

――――――――――

　　① 谢维和. 谈学科的道理［J］. 中国大学教学，2012（7）：4-6.
　　② 潘懋元. 关于现代教育与教育现代化问题［J］. 高等工程教育研究，1987（4）：1-10.
　　③ ［美］德里克·博克. 走出象牙塔：现代大学的社会责任［M］. 徐小洲，陈军，译. 杭州：浙江教育出版社，2001.

2.3.2 建设思路：领域性学科建设的路径

1. 领域性学科建设目标

坚持"立足地方、依托行业、突出特色、创新驱动"的原则，按照领域性学科建设新思路，探索建立理事会机制下的产学研协同创新平台，"一体化"地将社会优质教育资源整合到以人才培养体系建设为根本任务的领域性学科专业平台上来，以特色产业学院建设为基础，共建合作教育平台、创业创新示范基地及科技创业园区，培育交叉学科，发展特色学科，形成学科高地，构建对接地方支柱行业、优势产业的学科专业群，增强多学科集成发展优势。

2. 领域性学科建设路径

（1）坚持行业导向性。应用型本科在学科建设方向上理应独辟蹊径，着眼行业需求，结合地方社会行业特点，发展领域性学科，并据以培育独特优势，形成特色学科，使之成为重点优势学科，"率先在自己的优势学科上培养一批有特色、高素质的复合型应用人才，产生一批国家和社会需要的科技成果，从而加强自己的特色"①。其学科发展定位是为地方社会特定行业培养高素质应用型专门人才，走出一条以人才培养为根本任务的高水平领域性学科发展之路；其学科结构定位应始终围绕地方社会行业特色，培育优势学科和特色专业，办成行业背景深厚的集约型领域性学科；其服务功能定位是为地方社会相关行业的生产、建设、管理、服务等提供人才和科技服务，凸显专业提升、人才塑造和产业支撑、行业引领功能等，形成与社会良性互动的学科发展路径和核心能力，在"一体化"强化特色学科、特色平台、特色团队、特色培养体系的建设与发展方面，显示较强的学科建设引领示范功能。

（2）坚持学科生态性。大学是一个由基础学科与应用学科、主干学科与支撑学科等组成的学科生态系统，学科或学科群的生态位直接影响大学系统的特性。领域性学科置身于与社会协同发展的"创新体系"，更应在学科生态系统中，寻求合理的学科生态位。为此，应实施学科生态位分化策略、拓展策略与协同策略②。

所谓生态位分化策略，是指在学科类型上避免与学术性学科的生态位相类趋同，片面追求基础学科和应用学科的齐头并进，而是切合社会发展

---

① 潘懋元，车如山. 特色型大学在高等教育中的地位与作用 [J]. 大学教育科学，2008（2）：11-14.

② 颜悦南. 大学学科建设现状的生态位思考 [J]. 环球市场信息导报，2011（6）：16-17.

需求与自身实际条件，坚持"应用为主、高峰引领、高原支撑、协调发展"的学科建设理念，优先建设和发展领域性应用学科；在学科层次上避免学科生态位重叠高移，盲目建构学科"金字塔"，而是充分考虑学校发展定位，找准自身在学科系统中的合理生态位，从地方社会"创新体系"建设的战略性领域中寻找学科建设的主攻方向，致力于"新型工业化、信息化、城镇化、农业现代化"建设及和谐社会的构建，形成面向地方社会行业特点的领域性学科发展的优选路径。

所谓生态位拓展策略，是指强化学科"边缘效应"，在传承和发展传统特色学科或本体研究方向的基础上，围绕领域性学科的平台建设，扶持和拓展地方社会和经济发展急需的特色学科和前沿方向，努力通过学科的交叉整合，培育新的学科生长点，建设好特色交叉学科并使之成为优势学科，形成异峰崛起的领域性学科群。

所谓生态位协同策略，是指将学科生态系统视为一个开放性的资源整合系统，增强资源整合功能，放大集成发展效应，建立产学研协同创新平台，不断加强学科与学科之间、学科与社会环境之间的能量与信息交换和整合，构建产学研一体化学科协同发展生态环境，使学科生态系统始终保持动态平衡和与社会协同发展的良好态势。

（3）坚持非均衡发展。非均衡发展理论认为，产业结构乃至教育结构更新是区域竞争力向高梯度发展的根本动力；技术创新及模式创新会直接打破区域平衡，成为强化区域整体竞争力的新增长极，进而带动区域经济的均衡发展。在学科发展路径上，非均衡发展理论带给我们三点启示：一是强化学科发展领域性。应用型本科在学科建设方向上应表现出较强的领域指向性，寻求与地方经济社会协同发展的领域性学科建设模式，体现明显的领域性学科发展特色。二是强化学科发展示范性。非均衡发展旨在按照分层推进、重点突破的原则，依循"有所为，有所不为""有所先为，有所后为"的方针，尽可能采取非常规发展方式，通过"一枝独秀"引来"满园春色"，即集中有限资源实现特色学科重点发展，形成示范效应，使之成为增长极，并最终建构开放融合、结构优化的学科群，引领和带动学科专业群一体化发展。三是强化学科发展协同性。应用型本科应在学科科类和层次上发挥重点引领和示范功能，形成与地方经济社会相匹配的领域性学科群建设优势和产学研一体化发展优势，以增强地方产业集约化程度，提高对地方块状经济的服务功能，成为提升地方竞争力的新动力源，形成与地方经济"相生共舞"的品牌效应。这种情况说明，与地方经济社会协调发展对于应用型本科领域性学科发展来说是决定性的。只有与地方经济社会并行匹配与互动发展，应用型本科领域性学科才可能成为影响地方创新体系建设的内生变量，成为强化地方乃至区域整体竞争力的新增长极，进而赢得学科持续竞争优势和更大的发展空间。

（4）坚持一体化发展。应用型本科必须紧密结合国家和地方创新发展的战略需求，基于学校发展目标定位开展学科专业一体化建设，以领域性学科建设和发展为龙头，以人才培养体系改革为根本任务，以服务专业建设和人才培养为基本出发点，以产学研平台建设与机制建设为突破口，树立学科重点方向的"领先意识"和"特色意识"，按照"精心规划、汇聚队伍、打造平台、创新机制"的工作思路开展学科专业建设，凝练特色学科方向，打造特色学科梯队，开展特色学科研究，培育交叉学科优势，构筑新兴学科高地，建立学科建设支撑体系，建设一批现代产业学院，推动"以应用研究和应用型人才培养为重点"的领域性高水平学科专业平台建设，"一体化"地将社会优质教育资源整合到以人才培养体系建设为根本任务的领域性学科专业平台上来，"一体化"地促进特色学科、特色平台、特色团队、特色培养体系与模式建设，切实提升人才培养质量与领域性学科特色专业群建设水平，凸显应用型本科特色学科建设、专门人才培养、行业特殊贡献、多学科协调发展的鲜明特征。

第3章

应用型本科新生态发展战略研究

3.1 新生态发展：分类视域与战略定位

"十四五"时期，我国迈向全面建设社会主义现代化国家新征程，高等教育进入普及化和现代化建设新阶段。在此背景下，应用型本科如何基于"分类—定位"生态体系，准确研判与高等教育普及化阶段相适应的战略生态定位，并在区域创新版图和创新格局中合理提升战略站位，绘制高质量发展的愿景蓝图，成为应用型本科不能不面对的重要课题。

3.1.1 应用型本科新生态发展的应然前提："分类—定位"视域

高等教育分类是长期以来备受争议，被学界公认的一道"世界性难题"，但在现实意义上，却是治理层面发挥结构调控功能，分类引导高校错位发展，推动高校治理走向现代化的政策工具；又是战略规划层面体现理论先导作用，引领高校走向生态化发展的价值杠杆。

1. 高等教育分类的政策导向

从政策维度审视，高等教育分类指导政策与事实上的分层管理，看似边界清晰，实则纠缠不清。如按管理体制，有部属、省属、市（州）属高校之分；按设置标准，有综合性大学、普通本科院校和高职高专之分；按水平层次，有研究型大学、教学研究型与教学型院校之分；按授予学位，有博士、硕士、学士学位授予院校之分；按高考志愿，有一本、二本和高职高专类院校之分，等等。这种划分实质为"圈层式"分层体系，自20世纪中期我国第一次"院系调整"以来被沿袭至今，并没有随着高等教育从精英教育走向大众化及普及化阶段而发生根本改变。在我国推进"双一流"建设的新时期，有些省域主管部门出于竞争排序或政绩考量，更是将分层管理作为资源配置的政策依据，进而强化了高等学校"三六九等"的层级划分，在体制层面加大了高等教育的同质化发展，在实践层面刺激了高等学校的层级追求，导致高等教育"类型弱化、层次趋同、同质发展"的问题，至今难以彻底破解。在这一过程中，政府加大以分类为主的引导性政策落地，并统筹"强优"与"扶需"，优化资源配置导向，同时，探索与建立更加合理、更高质量、更可持续的高等教育"分类—定位"生态架构，也显得更为紧迫。

2. 高等教育分类的研究取向

从研究层面来看，我国高等教育分类研究起步于 20 世纪 80 年代，虽经 30 余年探索，但迄今尚未建立公认的高等教育分类系统，理论研究与政策引导之间存在位差，理论指导和制度支撑依然滞后。概括起来，这种分类研究主要有两种类型和两种范式，即类型层面的描述性分类（学者模式）与规定性分类（官方模式）、范式层面的分类学范式和类型学范式①。

类型层面的描述性分类，是从认识论或价值论层面分析高等教育类型体系和属性归属，属于典型的逻辑分类，这种分类体系多对高等学校类型进行"价值有设"的逻辑归纳和定性描述，主要探寻"办什么大学"的价值标准和分类属性。规定性分类则从政治论或工具性层面试图建立"价值无设"的操作性分层体系，借助分类管理和资源配置手段，实现高等学校有序治理和政策引导目标。

范式层面的分类学范式，通常是通过数量统计和聚类分析等量化研究方法，力求对现实高等学校类型与层次进行精确的分类描述，为政府分类管理提供政策依据。类型学范式则侧重运用思辨性或质性研究方法，探索大学本质属性，提出高校的教育类型，阐释不同类型高校间的关系，描绘出高等教育发展的理想类型，进而预测高等教育结构的调整方向。

概览可见，现有分类体系实质为价值论取向的横向逻辑分类、工具性取向的纵向实用分层两种。尽管两者都依循国际上通行的分类标准，或为政策规范导向，或为大学排名的依据，对高校的影响不可小觑。但无论哪种划分，均存在分类与分层割裂、科研与教学对立、理想与现实背离的弊端，能被业界公认还言时尚早。对此，从表 3.1 的归类中可略见一斑。

---

① 潘懋元，陈厚丰. 高等教育分类的方法论问题 [J]. 高等教育研究，2006，27（3）：8-13.

表 3.1　高等教育分类分层体系概览

分类方式	分类依据	分类方法	分类分层情况	代表
类型学范式（侧重横向逻辑分类）	国际教育标准分类（ISCED1997-2011）	分类分层	1997 版原 5A 层面高等教育，在 2011 版调为学术型（原 5A1）与专业型（原 5A2）两大类型，本科—硕士—博士生培养层次分别对应 6—7—8 级；原 5B 层面高等教育调为第 5 级普通型与职业型	联合国教科文组织
	基于国际教育标准	分类	5A1 层面学术型大学（综合性大学或研究型大学）、5A2 层面应用型本科（多科性大学或单科性学院）、5B 层面职业技术学院	潘懋元等
	基于学科门类	分类	综合性大学、多科性大学、单科性（特色性）大学	周光礼等
	基于学校能级	分类分层	横向：学术型大学—应用型大学 纵向：研究型大学—教学型学院	马陆亭等
			横向：研究型—专业型—应用型大学 纵向：（世界—中国—区域）高水平大学——流大学—知名大学	中国校友会排行榜
	基于人才培养基础	分类	研究型大学、应用型大学、职业技能型院校	教育部高校设置
			学术研究型、应用研究型、应用技术型、应用技能型	上海高教
			学术型大学、应用型大学、技能型大学	安徽高教
分类学范式（侧重纵向实用分层）	基于卡内基分类标准	分层	博士学位授予/研究型大学、硕士学位授予/综合型大学和学院、学士学位授予/本科型大学和学院、副学士学位授予/专科和高等职业院校等	刘少雪、刘念才等
	基于大学职能	分层	研究型大学、教学研究型大学、教学服务型大学、教学型院校（本科院校、专科学校和高职学校）	刘献君等
			研究型大学、研究教学型大学、教学研究型大学、教学型院校（本科、专科）	武书连、胡建华等
			研究型、教学科研型、教学型、应用型	陈厚丰等
			研究为主型、教学研究型、教学为主型	浙江教育
	基于教育阶段	分层	精英大学、大众化大学、精英—大众共存型大学……	陈敏等

3. 高等教育"分类—定位"视域

事实上，高等教育"分类"与"分层"是两个不同属性的概念。"分类"是对事物类型的横向归类，更为注重类型特征和种类归属，以侧重引导高等教育类型化发展；"分层"则是对事物层次的纵向划分，主要体现品质属性和层级差异，以侧重引导高等教育高水平发展。同时，"分类"是纵向分层的前提，"分层"则是基于类型的层级细分，两者都是依据事物的特征或属性进行归类的方法。高等教育分类是高等学校特色定位、错位发展的首要依据，分层则是同一类型高校层级定位、品质提升的价值考量，两个维度有序结合而不混淆，成为高校合理定位的双重标尺，也是政府调控高等教育结构的政策手段。

（1）高等教育分类的类型维度。高等教育分类首先必须横向考察类型维度，确认分类的逻辑起点。逻辑起点是任何一个研究领域最基本、最普遍、最抽象的本质规定和起始范畴，一般具备两个基本特征：一是逻辑起点具有客观规定性，是与研究对象及其历史起点保持一致性的起始范畴；二是逻辑起点具有本质规定性，能够作为整个研究体系赖以形成的普适性的核心范畴，从根本上厘清研究体系的基本脉络。逻辑起点范畴的形成，表征了人们对客体认识更深刻的理论水平，也是高等教育分类体系建构的基础和趋于成熟的标志[①]。

高等教育分类属于高等教育学的问题领域。因此，高等教育分类的起点范畴是基于"高等教育"最本质规定性。众所周知，高等教育是以高深知识传承、生产和应用为特征的培养各种专门人才的专业性教育[②]，"知识是大学的核心材料，大学及其成员的核心工作就是开展知识生产、传播与应用等活动"[③]。围绕高深知识开展教育与学术活动，构成了大学职能的基本内涵，也成为知识经济时代教育转型的内在动力——教学活动传承知识，科学研究创新知识，社会服务应用知识，文化传承传播知识，高等教育的基本职能都与知识活动有着内在的逻辑联系。因此，"高深的专门知识是研究高等教育一切问题、一切现象的逻辑起点"[④]。不论现代大学如何向知识创新或知识应用转型，各类大学的知识生产方式会有何种侧重，"知识"都

① 薛天祥. 科学方法论与《高等教育学》理论体系［J］. 江苏高教，2002（2）：8-12.

② 潘懋元. 新编高等教育学［M］. 北京：北京师范大学出版社，1996：5.

③ ［美］伯顿·R. 克拉克. 高等教育系统：学术组织的跨国研究［M］. 王承绪，等译. 杭州：杭州大学出版社，1994：13.

④ ［美］约翰·S. 布鲁贝克. 高等教育哲学［M］. 王承绪，等译. 杭州：浙江教育出版社，2001：12.

是构成高等教育的核心范畴，也理所当然成为高等教育分类的逻辑起点。

着眼"知识"这一逻辑起点，不论哪种类型的高校都必然秉承知识传承、生产和应用等基本职能。知识的传承、生产与应用是不可分割的，但何者占主导必然会标明不同的教育形态。知识维度下的高等教育分类属性是类型结构，根据知识生产方式的不同侧重，可将高等教育分为"学术型""应用型""职业型"三种类型。学术型大学侧重创新知识，应用型大学侧重应用知识，职业型大学侧重实用知识。依据联合国教科文组织1997年修订的《国际教育标准分类法》，学术型高校类属5A1型，一般按学科分设专业；应用型高校类属5A2型，一般按行业分设专业；职业型高校类属5B型，一般按职业分设专业，三者分别以培养适应社会需要的学术型、应用型、职业型专门人才为根本。不同类型高校相对分工，各安其位，各尽其能，不仅遵循着大学的价值理性和内在逻辑，而且体现着社会分工的外在要求，融入国家及区域人才发展战略。基于知识维度分类对不同类型高校的基本定位的区分性表述见表3.2。

表3.2　基于知识维度分类对不同类型高校的基本定位的区分性表述①

特征	学术型高校	应用型高校	职业型高校
知识维度	侧重知识生产或科技创新的学术研究型高等教育机构	侧重知识应用或技术应用的应用型高等教育机构	侧重知识适用或职业技能的职业型高等教育机构
教育类型	定向于学科或工程研究领域，侧重体现学术倾向性的学术型高等教育	定向于工程技术领域，侧重体现行业适应性的应用型高等教育	定向于职业技术领域，侧重体现职业针对性的职业型高等教育
人才类型	主要培养学术研究型或工程研究型人才，以研究生教育为主或教学科研并重	主要培养工程技术型或应用技术型人才，目前以本科教育为主，同时从事专业研究生教育	主要培养一线技术技能型或高技能人才，目前以专科教育为主，同时发展职业本科
科类结构	基础学科为主，大多为综合性学科，偏重科教融合	应用学科为主，主要为多科性学科，偏重产教融合	技术学科为主，主要为职业性学科，偏重理实结合

---

① 刘欣. 新时期高校战略规划研制：分类视域与定位研判［J］. 现代教育科学，2021（6）：1-7，14.

特征	学术型高校	应用型高校	职业型高校
专业特性	侧重学科与专业方向的树状联系，以学术能力培养为主线，突出专业设置的学科基础性、人才培养普适性、教学过程研究性	侧重专业与行业布局的网状联系，以专业能力培养为主线，突出专业设置的行业适应性、人才培养专门性、教学过程实践性	侧重专业与职业群岗位的点状联系，以职业能力培养为主线，突出专业设置的职业针对性、人才培养接口性、教学过程的工作过程性
服务面向	服务国家、区域或行业重大战略发展需求	服务区域或地方行业战略发展需求	服务地方行业或职业岗位（群）发展需求

（2）高等教育分类的层次维度。分类必须同时考察纵向层次维度，确认分类的层级定位。高等教育分类的层级定位主要考量高校水平提升的成长周期或发展阶段。依据组织生命周期理论，大学一般要经过初创期、成长期、成熟期、优化期等持续增进的发展阶段，方能臻至一流大学水平；与之相对应，人们习惯上着眼于知识生产水平或教育职能的效能发挥，将高等教育分为教学型、教学研究型与研究型三个逐次提升的基本层次。但在实际运用中，人们常常把层次与类型混用，把教学与科研对立起来，甚至不顾自身发展阶段和类型特征，偏离类型定位方向，盲目追求层次攀升，舍己之长，扬其所短，陷入大学同质化发展的误区。

事实上，紧扣人才培养从事教学（知识传承）、科研（知识生产）、服务（知识应用），是所有类型大学的基本职能，区别仅在于不同类型高校的发展效能与成长阶段不同。人们过去普遍认为，研究型大学以科研为主，教学研究型大学教学科研并重，教学型院校以教学为主，这种静态划分看似合理，实际上似是而非，误将"层次"等同于"类型"，存在将教学与科研分离的较大弊端。如前所述，分层是基于同一类型的层级细分，不同类型高校都可以基于特定的类型定位方向，在知识创新与应用水平、社会服务面向和能力等方面，各取所长、各有侧重，并经过长期艰苦卓绝的努力，从教学型院校发展为研究型大学，而不是只有学术型高校才能达到研究型层级。关于这一点，现已跻身世界一流研究型大学的英国沃里克大学、美国威斯康星大学、卡内基梅隆大学等曾经的地方服务性大学皆足以证明。

分层之所以必要，对管理者而言，目的在于优化高等教育层次结构，促进不同类型高校错位发展、高水平发展；对办学者而言，目的在于在坚定类型定位方向的前提下，更加明晰水平提升路径，从品质提升层面明确学校发展的层级定位和战略目标，形成特定的发展优势乃至品牌效应。由于受经典大学理念的影响，以知识创新为主的学术型大学占据高等教育的塔顶高地，成为传统意义上的研究型精英大学；但在知识经济时代和普及化的高等教育阶段，学术型大学并非唯一的知识生产者，应用型大学在知识应用过程中同样进行着知识再生产，并不断呈现创新力和竞争力，逐渐发展至应用研究型精英教育阶段。精英教育不仅仅是学术型大学的专利，同样成为其他类型大学高水平发展的重要标志。"这是一种范围更为广泛的精英，重点从塑造个性转向培养更为专门的技术精英。"① 说到底，精英教育并非外在身份或层次，而是一种内在品质②，能为国家和社会培养心智健全、专业精通等不同类型的精英人才，提供更加优质的人力和智力支撑，这才是各类大学得以存在的永恒价值。

（3）高等教育分类的定位维度。高等教育分类属于广义分类学的研究领域。不论是价值论层面的横向逻辑分类，还是工具性层面的纵向实用分层，其最终指向高等教育的结构优化和高等学校的分类发展，以实现高等教育系统效能最大化为目的，而不是单纯地确定某种理想类型。从这个意义上讲，高等教育分类既是手段也是目的，纯粹的价值取向或工具取向的分类，既不可取也不能被广泛接受。科学合理的分类主要应基于高等教育分类的逻辑起点，完善高等教育"类型为主＋层级提升"的"分类—定位"生态架构，实现理性价值和效用价值的有机融合，最终有效引导高校各安其位、各司其职、各展所长，促进高等教育错位发展和协调发展。

由此，结合类型与层次特点，着眼知识维度和高校品质提升的成长周期，对不同类型高等教育的层级特征进行价值考量，可见高等教育分类发展横纵相生、错位有序、自成一体。表3.3表明，着眼知识维度，高等教育横向分类有学术型、应用型、职业型三种基本类型；着眼成长周期，高等教育纵向分层有教学型、教学研究型与研究型三个基本层级；结合"类型—层次"两维分析，高等教育每种类型均有三个发展层级，共有九种类别。

① ［美］马丁·特罗. 从精英向大众高等教育转变中的问题［J］. 外国高等教育资料，1999（1）：4.

② 王建华. 大学理想与精英教育［J］. 清华大学教育研究，2010，3（4）：1-7.

表 3.3　基于知识维度和成长周期的高校"分类—定位"生态架构

成长周期	知识维度		
	学术型高校	应用型高校	职业型高校
研究型 (高水平大学)	高水平学术型大学或一流研究型大学，以现有"双一流"大学为主体；以基础学科和国家重大科技创新为主，学位授予层次全面覆盖，且研究生培养占比较大	高水平应用研究型大学或一流行业性大学，以高水平应用型大学为主体；以应用学科为主，学科聚焦区域和行业发展，主要从事本科及以上层次应用型人才培养	高水平职业研究型大学或一流职业型大学，以"双高"高职为主体；以技术学科为主，学科专业聚焦职业发展，主要从事本科及以上层次职业技术型人才培养
教学研究型 (成熟性大学)	成熟性学术型大学，以地方重点大学为主体；基础学科和应用学科并重，学科覆盖面较宽，优势学科拥有一级学科博士学位授予权，研究生与本科生之比较高	成熟性应用型大学，以行业特色院校、高水平应用型本科为主体；以应用学科为主，学科覆盖面充分适应地方和行业需求，优势学科拥有一级学科博士学位授予权	成熟性职业型大学，以地方"双高"高职为主体；以技术学科为主，所覆盖的学科门类适应职业需求，主要从事本科及以上层次职业技术型教育
教学型 (成长性大学)	以成长性学术型本科院校为主体；基础学科与应用学科并重，所覆盖的学科门类较多，学位授予层次主要为本科，具有硕士学位授予权，可授予专业硕士	以成长性应用型本科院校为主体；以应用学科为主，所覆盖的学科门类对接地方和行业需求，学位授予层次主要为本科，部分有硕士学位授予权，可授予专业硕士	以成长性职业型高职高专为主体；以技术学科为主，所覆盖学科门类对接职业需求，或具副学士学位授予权，主要从事专科及以上层次职业技术型教育

3.1.2　应用型本科新生态发展的关键所在：战略定位研判

从共时性考量，应用型本科新生态发展重在定位研判，旨在基于大学分类图谱和内外环境的动态观照，定位战略目标，确定发展方向。未来五年是我国高等教育迈向普及化和现代化发展新阶段的开局性五年，也是以教育现代化支撑现代化强国梦的奠基性五年。这五年，新一轮科技革命和产业变革大潮及后疫情时代"逆全球化"趋势，将进一步改写全球创新版图和产业布局；我国高等教育质量革命进入攻坚阶段，扎根中国大地办大学，提升服务国家创新战略和区域发展能力，成为强国兴教的必由之路。新的形势要求我们以服务国家和区域创新战略为使命，在全球创新版图和区位产业格局中，抓住具有根本性、全局性、战略性影响的关键问题，将高质量发展作为推进高等教育现代化的战略性任务，系统研究并找准高校未来五年的战略发展定位、战略目标定位、战略行动定位、战略实施定位。

1. 应用型本科战略发展定位：区位格局和价值引领

（1）要注重"战略协同"定位。美国学者亨利·埃茨科威兹和罗伊特·雷德斯多夫教授在20世纪90年代提出"三螺旋模型"，用螺旋型创新模型区别于传统的基础研究主导下的线性模型，强调政府、企业、大学三要素的战略协同作用，建立和完善了以重大使命为导向的产学研融通的协同创新体系，为应用型本科新时期战略定位提供了适切思路。应用型本科作为区域协同创新共同体的有机整体，要从"象牙塔"式封闭发展转向协同发展大格局，立足区位条件和资源禀赋，从国家和区域战略发展大格局和现代化建设的整体布局之中，从创新驱动战略实施和创新生态体系建设层面上，从应对新一轮科技革命和产业变局的走势中，打造"产业链—科教链—创新链"一体化协同创新平台，促进全社会创新资源高度集成和高效利用，推动传统单一的办学模式融入发展多极化、校地协同化、治理现代化的区域协同创新体系，以教育现代化引领和支撑国家现代化建设和区域发展战略。

（2）强化"错位发展"定位。不同类型和成长阶段的高校，在区域战略中的地位和使命各不相同，"存在着先导发展、伴生发展和跟随发展等不同的关系"①。先导发展类高校原始创新能力强，创新要素集成度高，对区域战略起着核心引领作用，如京津冀经济圈、长江经济带、长三角等区域的学术研究型大学；伴生发展类高校科技创新能力强，社会资源集聚度高，对区域战略起着重点支撑作用，如粤港澳大湾区、珠三角地区、东北老工业基地等区域的应用研究型大学；跟随发展类高校应用转化能力强，产教融合集群度高，对区域战略起着服务提升作用，如中西部走廊、新兴生态经济圈等区域的教学应用型大学。立足区域战略格局，明确高校战略定位，并非固化高校定位标签，而是避免重陷同质化建设老路，走好分类协同、功能互补的高质量发展新路，在更高水平上实现与国家区域战略的整体融合与战略同构，建设有"战略格局"的大学，能"融入社会"的大学。

（3）凸显"集群优化"定位。应用型本科与区域战略协同发展，其根本走向是整合区域集群发展优势，建立创新型集群共生关系，走跨界联动、分工合理、集群优化的新路。一是着眼学科专业集群与产业集群的结构布局与实质融通，加强关键共性技术、前沿引领技术、数字经济等颠覆性技

---

① 吴岩，刘永武，李政，等．建构中国高等教育区域发展新理论［J］．中国高教研究，2010（2）：1-5.

术领域的协同攻关，构建"政产学研用"深度融合的平台化、网络化、全链条、开放式集群创新体系①；二是基于"产业链主导→专业链对接←学科链支撑"的新集约思维和新生态逻辑，构建社会资本融通、创新要素流动、价值资源增值与利益共享机制，强化集群资源和核心能力的互补融合、社会资本与人力资本的要素集成，形成创新要素集成所带来的集聚效应、溢出效应和倍增效应；三是促进"政产学研用"集群生态系统的优化与升级，致力于构建中国式"硅谷""光谷""智谷""农谷"等集成化品牌及创业型大学，打造具有全球影响力和区域竞争力的新型增长极，实现我国产科教整体水平从跟跑向并跑、领跑的战略性转变。

2. 应用型本科战略目标定位：进位坐标和特色优势

（1）高起点，确定"有坐标"的高水平发展进位。所谓"高水平"，是一个同类比较的相对性概念，也是一个比照标杆的发展性概念。标杆管理又称"基准管理"，是通过同类对标查找差距，确立标杆持续改进，以获取相对竞争优势的战略管理工具。相对于较为宏观粗放的 SWOT 战略分析法，标杆管理更为微观精准地指向目标明确的进位坐标，它往往选择有比较性的同类翘楚或同行标杆作为基准，所定目标或是基于诱致性原则，自主选择立标对象，如华中科技大学以"外学麻省，内赶清华"为同型标杆；或是基于政策性导向，对标确定战略目标，如东莞理工学院、佛山科技学院作为广东"冲一流、补短板、强特色"中"特色高校提升计划"建设单位（2021 年已列入广东省"高水平大学建设计划重点学科建设高校"），目标定位是"建设新型高水平理工科大学→应用研究型大学"。事实上，应用型本科高水平发展更深层的"坐标"定位，是坚持需求导向和价值理性，努力成为服务区域战略标杆、新型大学建设的典范，如东莞理工学院、佛山科技学院确立建设应用研究型大学的目标定位，主要对标粤港澳大湾区和高端制造大产业需求，如果偏离需求，闭门造车，没有"为天地立心，为生民立命"的境界和担当，"高水平"便失去了实质性坐标和灵魂。

（2）创一流，明确"有特色"的高质量发展定位。习近平总书记在全国教育大会上指出，"不能把高校人为地分为三六九等，而是要鼓励高校办出特色，在不同学科不同方面争创一流。"未来五年，是我国高等教育质量革命全面进入攻坚阶段的五年，也理应是有坐标、有方向、有特色的一流本科高质量建设持续发力的五年。不同类型大学尤应基于内外发展需求，

① 刘国瑞. 国家重大战略转换期高等教育现代化的定位与思路 [J]. 高等教育研究，2020，41（5）：1-9.

坚持产业为先、育人为本、专精为魂，办学定位突出区位导向，学科专业突出需求导向，科学研究突出应用导向，以扎根中国大地为定位之本，以融合发展为强型之路，以创新发展为铸型之魂，凝练学科专业特色，强化协同育人特色，突出服务社会特色，彰显地域文化特色，围绕自身特色优势争创一流，在融通产业链、科教链与创新链等方面达到较高水准，在实施"六卓越一拔尖"计划 2.0 及"双万专业""双万课程"建设中争创一流，着力形塑中国特色新型大学多样化发展新生态，才是整体提升中国高等教育现代化水平的应有之义。

（3）超常规，追求"有优势"的高水准发展品位。战略规划重在谋全局、谋重点、谋未来，"是针对大学发展的关键问题设计的发展思路和建设路径"，"是为大学谋求超越常规性发展而做出的创新性设计"[1]。其关键是基于高校类型和品质提升的成长周期，对学校新的发展阶段的目标任务进行愿景设计，明确阶段性发展应找准的方位和重点任务，凸显战略优先支点，研制关键性问题的解决方案。尤为重要的是，坚持融入区域主导产业体系，破解供需结构性短板问题，聚焦学科专业"高峰""高原"建设，突破性发展新兴特色学科专业，做大做强优势学科专业集群，并深化治理体系与治理能力现代化建设，构建"以区域为节点、以行业为支点""产业链—科教链—创新链"融合发展新生态，绘制跨越现阶段的新型大学"特色+优势"建设时间表和路线图，聚力打造高水准产科教协同育人重镇和协同创新高地。

3. 应用型本科战略行动定位：战略支点和项目支撑

（1）聚焦战略支点，针对关键问题设计行动方案。战略发展方案是解决发展关键问题的创新设计和行动纲领，必须坚持战略定位和问题导向相统一。不同类型高校在办学过程中需要解决的重大问题涉及学科专业、人才培养、队伍建设、办学条件和治理体系等诸多方面，即使同类高校在不同成长周期或发展阶段，所要解决的重大问题也各有不同。从问题性质看，有些是学科专业结构性调整问题，有些是产科教融合性发展问题，有些是治理体系改革创新性问题，但最应解决的关键性问题或瓶颈性问题，则是影响高校达成战略发展目标、最具全局性和根本性的战略支点问题。华中科技大学确立"应用领先、基础突破、协调发展"的学科优先发展战略，卡内基梅隆大学以计算机和机器人技术崛起于世，加州理工学院以应用物

① 别敦荣. 大学战略规划的若干基本问题［J］. 河北师范大学学报（教育科学版），2020，22（1）：1-11.

理翘楚天下，伯克利加州大学则以生物原子工程享誉世界，沃里克大学以创立"企业家式创业型大学"后来居上。这些大学皆以战略支点撬动发展全局，成就卓越声望。

（2）破解发展难题，通过项目运作支撑行动计划。没有行动的规划只是空话。行动计划是以落实战略目标为导向、破解发展难题的一揽子行动方案，也是按照"整体规划、分步实施、项目推进、示范引领"的原则，通过项目化运作厚植发展优势的可实施方案。例如，针对立德树人这个根本点问题，以"质量强本固根基"为遵循，实施"一流本科教育强本计划"，启动新型产业学院产科教融合协同共建项目、一流专业建设认证与培养模式创新项目、一流精品课程与智慧学习资源建设项目、一流双创体系与实践育人基地建设等项目；针对学科专业结构性痛点问题，以"优化结构补短板"为原则，实施"一流学科专业共建计划"，对接主导产业集群，做强、做优、做精、做特学科专业群项目等；针对产科教融合性难点问题，以"协同共建强特色"为理念，实施"卓越校地协同创新计划"，启动协同创新引领项目、科技成果转化平台建设项目、文化品牌传承创新行动等项目；针对大学治理创新性难点问题，以"厚植能力扬优势"为思路，实施"卓越治理能力提升计划、卓越人才强校行动计划、卓越教育条件保障计划"，启动学校治理结构与治理能力现代化建设项目、高层次领军人才为先导的引育并举项目、校园基本建设与服务能力提升等项目。由此架构"双一流四卓越"重大项目实施计划，并以项目强内涵，以特色创优势，精准发力，重点突破，高质量发展。

（3）增强发展活力，通过治理创新厚植发展优势。大学是由学科和事业单位组成的矩阵结构。后疫情时代，应用型本科治理能力现代化建设，应开创行政治理与学术治理互补、学校治理与社会治理共治的格局，以建立知识共享平台为突破，优化大学知识管理结构，加强大学管理专业化职业化队伍建设，凸显学术本位的治理理念和价值引领，突出学术权力在学校治理中的基础地位，深化"重心下沉、底盘厚重"的校院两级管理体制改革，落实基层学术组织自治权，优化学术主导的学院制管理，健全开放融合平台化管理机制，建立多学科融合、多团队协同、多技术集成的产学研一体化共享平台，创新"政产学研用"融合发展的技术转移形态，构建多元主体协同共治格局，推进大学治理向更具开放性的"集群—平台化"模式转型，以应对后疫情时代内外环境的不确定挑战，增强大学自组织性和协同共生能力，形成大学人才培养和学术产出的核心竞争力，充分释放大学治理能力现代化建设的生命活力。

3.2 高质量发展：类型逻辑与生态走向

3.2.1 高等教育高质量发展的学理辨析

教育质量关乎经济社会发展乃至人类发展质量。联合国《教育 2030 行动框架》将"确保全纳、公平的优质教育"作为全球可持续发展的优先目标；党的十九大提出"我国经济已由高速增长阶段转向高质量发展阶段"。作为我国高等教育体系的一种主要类型，应用型本科如何突出"高质量发展"主题，突破传统路径依赖，在服务和融入我国经济社会高质量发展中走出新路子并重塑新样态，成为我国应用型本科院校亟待破题的重要课题。

十九届五中全会提出，"高质量发展"是"十四五"乃至更长时期我国经济社会发展的时代主题，是对经济社会发展方方面面的总要求。高质量发展是"创新成为第一动力、协调成为内生特点、绿色成为普遍形态、开放成为必由之路、共享成为根本目的的发展"①，其核心要义是体现新发展理念更加全面、充分、优质地发展。高等教育的高质量发展，是支撑经济社会高质量发展的应有之义，也是高等教育内涵式发展、高水平发展的内在要求。为此，有必要从质量内涵、发展水平、发展方式等多层面，厘清高等教育"高质量发展"与"内涵式发展""高水平发展"三者之间的关系，以明晰高等教育高质量发展的特定内涵与发展理路。

1. 高等教育内涵式发展与高质量发展：质量内涵的"四个维度"

高等教育内涵式发展与高质量发展内在关系紧密，均为不同发展阶段有中国特色的政策性表述。内涵式发展先于高质量发展提出，且是蕴涵高质量发展本质内涵的概念范畴，是长期主导我国高等教育发展的核心理念和政策导向。从 1993 年《中国教育改革和发展纲要》提出高等教育"要坚持走内涵发展为主的道路"，到 2012 年《教育部关于全面提高高等教育质量的若干意见》首次提出高等教育要"走以质量提升为核心的内涵式发展道路"，从党的十八大提出"推动高等教育内涵式发展"，到十九大确定"实现高等教育内涵式发展"的重大方略，历经不同时期、不同发展阶段，"内涵式发展"内涵更加丰富，已从相对于外延式发展的内生

---

① 汪晓东，周小苑，钱一彬. 必须把发展质量问题摆在更为突出的位置——习近平总书记关于推动高质量发展重要论述综述［N］. 人民日报，2020-12-17.

发展方式，扩展为以提高质量为核心的质量、结构、规模、速度、效益、安全全面协调统一的高质量发展观，提升到党和国家顶层设计层面的大政方针，成为新时代我国高等教育整体质量提升的核心理念和根本遵循。可见，"高质量发展"是高等教育内涵式发展在新发展阶段的延续与升级，体现着高等教育未来发展的根本走向，两者关联紧密但并非同一概念。可从如下"四个维度"来深入理解"高等教育高质量发展"新的时代内涵。

（1）理念维度。高等教育"高质量发展"是全面体现"创新、协调、绿色、开放、共享"新发展理念的教育质量观，是高等教育发展理念、发展方式、质量标准的全面升级；是将传统的知识质量观转变为包括知识、能力在内的素质质量观，将单一的精英教育质量观转变为包含精英教育在内的从大众化到普及化教育阶段的多样化、系统化的全面质量观①。满足人民群众日益增长的更高水平、更加优质、更多样化的教育需求，是其根本时代要求。

（2）价值维度。"高等教育质量是一个包括高等教育所有主要功能与活动的多层面的概念"②，是以"一组固有特性满足要求的程度"③，要求回归人才培养本体及根本质量，以人才培养为核心全面提升教学、科研、社会服务、文化传承与创新等功能和质量，体现个适质量观（学生中心）—外适质量观（产出导向）—内适质量观（质量改进）的高度统一。能更持续地满足学生个性全面发展、知识创新发展与社会高质量发展需求，是其根本价值取向。

（3）目标维度。高等教育"高质量发展"在宏观层面是高等教育体系优化与整体质量提升的"大质量"概念，在微观层面是不同类型高校"教育水平高低和效果优劣的程度，最终体现在培养对象的质量上"④。更高水平地落实教育目的及立德树人根本任务（根本质量要求），达成各级各类高校人才培养目标与质量标准（具体质量要求），是其根本评价标准。

---

① 潘懋元.新时期中国高等教育的质量战略［J］.中国大学教学，2004（1）：4-8.
② 赵中建.全球教育发展的研究热点：90 年代来自联合国教科文组织的报告（修订版）［M］.北京：教育科学出版社，2003：120.
③ 龚益鸣.现代质量管理学［M］.北京：清华大学出版社，2007：21.
④ 顾明远.教育大辞典：第 12 卷［M］.上海：上海教育出版社，1992：798.

（4）路径维度。高等教育"高质量发展"要求坚持扎根中国大地办大学，坚持创新在我国现代化建设全局中的核心地位，切实转变发展方式，深化供给侧结构性改革，推动质量变革、效率变革、动力变革。将高等教育作为新发展格局的内生变量，建立以人才培养质量为核心的质量保障体系，在更高水平上实现供给和需求的动态平衡，促进"产业链—教育链—创新链"更高水平的融合。推动高等教育与区域经济社会融合发展，是其根本发展路径。

综上，从新时代质量内涵层面来理解高质量发展，可见，理念是先导，价值是根基，目标是导向，路径是保障。高质量发展是高等教育内涵式发展质的提升，是高等教育发展理念、价值、目标及路径的统一体和内在规定性。高等教育内涵式发展的核心要义是高质量发展。

2. 高等教育的高水平发展与高质量发展：发展水平的"四类样态"

从发展水平层面来理解高质量发展，高水平发展则是高等教育"高质量发展"的质量效益体现或"内涵式发展"的具化样态。高质量发展乃根本价值属性，高水平发展为结果性样态或外显标志，两者有着相关性但并非等同的关系。因两者价值取向、动力机制与发展方式不同，一般呈现为四种样态。

（1）外生样态。根据制度变迁原理，高水平发展往往体现为一种自上而下由政策主导或外部驱动的外生发展方式，主要遵从"政治论的高等教育哲学"[1]，表现出较强的制度依赖和外在价值取向。如教育部等部委2015年正式出台文件，引导部分地方普通本科高校向应用型转变，2017年国务院办公厅出台《关于深化产教融合的若干意见》，进一步提出实施产教融合发展工程，开展高水平应用型本科高校建设试点。目前，建设产教融合、特色鲜明的"高水平应用型大学"虽已成为我国大多地方本科院校的普遍追求，但部分高校则陷入与传统大学的模仿性同构和"高水平"升格陷阱，呈现出偏离高质量发展本质的功利性样态。

（2）内生样态。内生样态的高水平发展与高质量发展呈正相关。尽管有着自上而下的政策引导，但发展方式则是以内在价值主导或是以自主驱动为主的内生发展，主要遵从"认识论的高等教育哲学"[2]，体现为较强的质量文化和内在价值取向。如早期的"985""211"高校及如今的"双一

① ［美］约翰·S. 布鲁贝克. 高等教育哲学［M］. 王承绪，等译. 杭州：浙江教育出版社，2001：13-14.

② 同①.

流"大学,这类大学以"中国特色""世界一流"为标杆,既体现高水平大学的高质量文化内核,又呈现高质量发展的高水平样态,两者互为表里,有着内在相关性。

(3)竞争样态。"高水平"本身是一个同类比较的参照性概念。最初的高水平大学是对标世界一流大学的,但从大学生态系统角度看,不同类型的大学往往按照生态优先原则,找准自我发展的独特生态位,凝练和放大自身竞争优势,在同位竞争中彰显个性特色,在同类大学或特定范围内以特色创一流。这种高水平发展实质上是遵循内在价值或错位发展战略驱动的高质量发展方式,呈现出高水平发展与高质量发展并举的多样化、特色化生态。

(4)共生样态。从生态共生原理来看,竞争共生与协同共生是对立统一的关系,同属于"共生"关系范畴。但"过度竞争"势必加剧系统生态失衡,协同共生则有利于提升系统整体竞争力与可持续发展能力。大学的协同共生可以是同类大学间优势互补型的同质共生,也可以是校地校企间资源共享型的异质共生,以在更高水平上创新发展方式和发展格局,促进供给和需求的动态平衡,开辟与区域经济社会协调发展的新境界,进而达到增强自身竞争力和获取新的竞争优势的目的,促进"特色更强和质量更优的高水平发展"①,实现更加开放、更有效率、更高质量的发展。可见,共生样态是高水平发展与高质量发展高度统一的理想范式。

3. 高等教育高质量发展的基本走向:发展方式的"四种向度"

如上,"高质量发展"是高等教育内涵式发展的系统升级和高水平发展的根本属性。高等教育高质量发展的宏观层面,是以新发展理念为统领、多样化发展为取向,指向结构更优、质量更高、竞争力更强的高等教育体系优化与整体质量提升;微观层面,是不同类型高校以达成人才培养目标为核心,以全面提升质量为目标,更高水平、更多样化、更持续地满足学生个性全面发展、知识创新发展与社会高质量发展需求的根本发展理念、价值追求和发展方式。着眼微观层面和质量内涵属性,并结合"类型特性—发展方式"两维要素进一步审视,高等教育高质量发展大体呈现四种基本向度,如图3.1所示。

---

① 钟晓敏. 新时代高等教育高质量发展论析 [J]. 中国高教研究,2020(5):90-94.

图 3.1　高等教育"高质量发展"的基本向度

Ⅰ 学术性外生发展。遵从学术资本逻辑，强化学术创业合法性，以学术资本作为大学知识生产最重要的固有资本①，以追求高深知识的应用价值为导向，不断提升知识创新与应用能力，致力于研究和解决全球性或区域性重大问题，实现学术资本转化与价值增值，并以卓越社会贡献和一流学术声望作为高质量发展的主要评价依据。如建立在研究型大学基础之上的新型高等教育组织——以麻省理工与斯坦福大学为代表的创业型大学②。

Ⅱ 应用性外生发展。遵从市场需求逻辑，强化学术要素合用性，以"内涵式扩张"作为大学高质量发展新模式③，突破传统学术路径依赖，构建需求导向、协同共生的嵌入式网络化办学机制，着力"把内涵外化为经济社会发展能力，把外部要素内化为人才培养和科技创新资源"④，以"基于内涵的外延扩张能力"作为高质量发展的主要评价依据。如东莞理工学院明确提出"融入深圳先行示范区、粤港澳大湾区、高端制造大产业"，建设新型高水平理工科大学→应用研究型大学。

Ⅲ 应用性内生发展。遵从应用理性逻辑，强化学术应用合适性，以充实内涵和提升质量为内在价值追求，遵循教育的内外部关系规律，注重学术价值与应用价值的协调平衡，并在教学、科研、社会服务等职能中侧重知识应用能力的提升，强化应用型人才与应用性学科专业发展特色，以产学研合作服务地方经济社会发展作为高质量发展的主要评价依据。如常熟理工学院以"建设品牌大学，服务区域发展"为行动纲领，旨在建成特色鲜明、以质量著称的应用型品牌大学。

---

①　胡钦晓. 何谓学术资本：一个多视角的分析［J］. 教育研究，2017，38（3）：67–74.

②　张应强，姜远谋. 创业型大学兴起与现代大学制度建设［J］. 教育研究，2021，42（4）：103–117.

③　胡文龙，李忠红. 论新时代高校高质量发展的"内涵扩张型"模式［J］. 高等工程教育研究，2019（4）：133–138.

④　同③.

Ⅳ 学术性内生发展。遵从学术理性逻辑，强化学术研究合理性，以学术性和教育性为大学高质量发展的内在基因，以追求高深知识的创新价值为导向，聚焦世界科技前沿、经济主战场、国家重大需求，重点培养高精尖人才，增强服务国家战略并走向世界的国际竞争力，以"培养一流人才、产出一流成果、追求卓越品质"作为高质量发展的主要评价依据。如南方科技大学明确将学校建设成为聚集一流师资、培养拔尖创新人才、创造国际一流学术成果并推动科技应用的国际化高水平研究型大学。

上述四种向度只是不同类型大学基于自身禀赋条件和发展使命的高质量发展基本走向。不同类型大学因办学定位与价值取向不同，发展方式或发展路径会各有差异，但各类大学都应遵循大学固有的禀赋特性，坚持把人才培养质量放在核心位置，贯穿融合新发展理念的高质量发展主题，并注重学术理性与应用理性、学术资本与市场需求逻辑的内在统一，加强"学术性与应用性、内生式与外生式"统合共生机制创新，各有侧重地促进高深知识传承、生产和应用的一体化发展，促进"产业链—教育链—创新链"更高水平的链接，推动高等教育与区域经济社会的融合发展，着力提升服务新发展格局、引领高质量发展的能力和水平，实现高等教育"高质量发展"理念、价值、目标、路径及质量效益的高度统一。

3.2.2 应用型本科高质量发展的类型逻辑

区分教育类型是各类教育高质量发展的应然前提。应用型本科高质量发展向度与路径选择，取决于对其类型取向与特性的理性认知。"应用型"能否作为一种独立的高等教育类型，其与学术型、职业型教育的分野何在，与职业本科是否为同一类型大学，对其类型身份的质疑一直存在①。不争的事实是，全国教育事业统计结果表明，截至 2020 年 8 月，我国 2738 所普通高校中有普通本科院校 1270 所（含"双一流"大学 137所、本科层次职业院校 30 所），其中，一大批地方本科院校定位为"应用型大学"，"应用型大学"已成为我国高等教育高质量体系建设的主体部分，成为大多省市分类引导地方本科院校高水平发展的基本定位。教育部 2017 年发布的《关于"十三五"时期高等学校设置工作的意见》，正式明确"我国高等教育总体上可分为研究型、应用型和职业技能型三大类型"的制度框架②，确认了"应用型"教育类型的合法性地位。为了引导

---

① 胡天佑. 建设"应用型大学"的逻辑与问题［J］. 中国高教研究，2013（5）：26-31.
② 教育部关于"十三五"时期高等学校设置工作的意见（教发〔2017〕3 号）［EB/OL］.
［2017-02-04］. http：//www. moe. gov. cn/srcsite/A03/s181/201702/t20170217_296529. html.

不同类型高校在各自赛道上高质量发展，教育部 2021 年印发《普通高等学校本科教育教学审核评估实施方案（2021—2025 年）》，首次将应用型人才培养为主的普通本科高校和首次参加审核评估的应用型本科院校，作为新一轮审核评估第二大类的第二、第三种，从顶层制度层面进一步规划了我国普通本科院校类型化发展的"施工蓝图"，成为我国高等教育从分类管理走向分类评价的第一部政策性文件。但从建制合法化到类型化建构还存有认知和现实的距离，受学术性路径依赖和制度性同构的影响，应用型本科依然"在学术主导与市场取向之间摇摆不定"①，陷入类型身份模糊、"不学无术"、夹缝求生的尴尬境地，相对处于高等教育体系的"中部塌陷"位置②，亟需明晰其教育类型取向、特性及其高质量发展的独特路径。

　　1. 应用型本科的类型取向：从知识生产逻辑到知识应用逻辑

　　教育类型的区分基于不同类型教育的逻辑起点及理性认知，高等教育的类型区分源于"高等教育"的最本质规定性。如前所述，"高深的专门知识是研究高等教育一切问题、一切现象的逻辑起点"③，"发展和利用知识是教育的终极目标"④。着眼这一逻辑起点，任何类型大学都必然围绕"高深知识"开展人才培养与学术活动，此为大学共性或普遍规定性所在；而从知识生产方式考察，大学本质上又是有着不同类型取向、不同知识生产逻辑的教育与学术机构，此为大学个性或特殊规定性所在。受社会转型和知识转型双重因素影响，基于学术导向的知识生产方式 I 逐步向应用情境主导的方式 II 普及，"知识不再局限于智力活动，而是进入了生产过程，并且在应用的过程中不断再创造"⑤，知识生产的学术逻辑不再是大学合法性存在的唯一基础，知识"传承—生产—应用"一体化发展成为大学基本样态，不论哪种大学都须秉承知识传承、生产和应用等基本职能。在三大职能活动中，各类高校实施单一职能活动不太可能，但何

　　①　刘振天. 学术主导还是取法市场：应用型高校建设中的进退与摇摆［J］. 高等教育研究，2019，40（10）：21-28.

　　②　史秋衡，康敏. 精准寻位与创新推进：应用型高校的中坚之路［J］. 高等工程教育研究，2018（5）：96-101.

　　③　［美］约翰·S. 布鲁贝克. 高等教育哲学［M］. 王承绪，等译. 杭州：浙江教育出版社，2001：12.

　　④　联合国教科文组织. 反思教育：向"全球共同利益"的理念转变？［M］. 联合国教科文组织总部中文科，译. 北京：教育科学出版社，2017：79.

　　⑤　［英］杰勒德·德兰迪. 知识社会中的大学［M］. 黄建如，译. 北京：北京大学出版社，2019：146.

者占据主导地位或作为核心价值取向，势必构成不同类型教育的特殊规定性。按照知识生产方式的逻辑取向，知识维度下的教育分类，主要基于学术理性、应用理性、职业理性等不同的价值取向。学术型大学侧重学术理性主导，主要遵从知识生产逻辑；应用型本科侧重应用理性主导，主要遵从知识应用逻辑；职业型院校侧重职业理性主导，主要遵从知识适用逻辑。由此，可在学理上认同高等教育"学术型、应用型、职业型"三大基本类型分类，并确认"应用型本科"作为一种独立教育类型的发展逻辑取向。

2. 应用型本科的类型特征：从大学共性逻辑到特定类型逻辑

教育类型还是基于特定类型教育特性认知的范式建构。从类型建构机理进一步分析，大学类型分类不仅要遵循大学价值理性和内在逻辑，而且要基于理想类型范式，厘清不同类型大学的边界，归纳大学类型的本质属性，描绘出大学分类发展的基本类型。国际上较有代表性的分类是联合国教科文组织的《国际教育标准分类法》（见图 3.2)①，该分类的 2011 年修订版是基于国家间可比较数据的收集和分析，以教育性质和课程组织为分类参考，对高等教育典型类型作出了更为明细的区分，将原 1997 版"实用型" 5B 层面的职业型和"理论型" 5A 层面的 5A1 学术型、5A2 专业型教育，调整为第 5 级普通型（General）与职业型（Vocational）、第 6 级学术型（Academic）与专业型（Professional）两种基本类型。修订后的分类，淡化了"理论型—实用型"的二元对峙，强化了类型特性及其参照关系，体现了"普通教育与职业教育""学术教育与专业教育"并行而又相通的核心理念，应用型大学作为"专业型"教育的类型属性更加清晰，培养层次的上升空间也更加明朗。结合国际教育标准分类和我国高等学校设置的制度框架，比较明确的是，中学后的"学术型、应用型、职业型"教育属于不同类型的高等教育；现阶段我国"应用型本科"本质上是建立在普通教育基础上并与"学术型"教育并行等值、以本科层次专业性教育为主的独立类型的高等教育。

---

① 联合国教科文组织统计研究所. 国际教育标准分类法（2011 版）［R］. 2011：11-15.

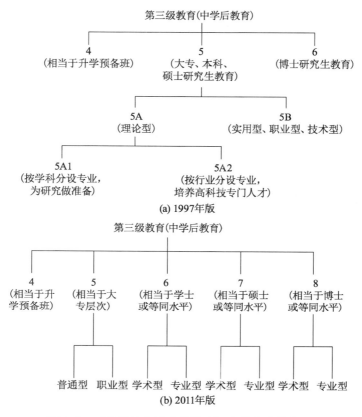

图 3.2 《国际教育标准分类法》大学分类的发展

由此，是否足以断定"专业性"就是应用型教育类型的特有属性呢？众所周知，"高等教育是建立在普通教育基础上的专业性教育，以培养各种专门人才为目标"①。所以，"专业性"是不同类型高等教育的共有属性，并非应用型本科教育的特有属性。因此，有必要进一步区分相关类型专业性教育的特性，明晰应用型教育类型的特有属性。如前所述，应用型本科教育区别于学术型或职业型专业教育的"本质规定性"，在于这类教育结合学科和行业分设专业，更加突出"应用性"特征，具体体现为五个方面，即定"向"在行业，定"性"在专业，定"型"在应用，定"位"在教学，定"格"在实践，本质上是建立在普通教育基础上的本科层次的专业性应

---

① 潘懋元. 新编高等教育学 ［M］. 北京：北京师范大学出版社，1996：5.

用型教育①。比较而言，学术型高等教育定向于科学研究或工程研究领域，更加体现学术倾向性，突出学科理论的基础性、广博性、普适性和非职业性；职业型高等教育定向于职业岗位或职业领域，更加体现职业针对性，突出职业岗位的接口性和就业的针对性；应用型高等教育定向于工程应用或技术应用领域，更加体现行业适应性、突出专业教育的行业性、适应性、专门性和实践性。如表 3.2 所示，与侧重"学术性""职业性"的专业性教育类型不同，应用型高等教育最根本的逻辑遵循在于"应用性"。

同样易受质疑的是，"应用性"是否为应用型本科的特有属性？如果单纯从"应用"来看，没有什么教育是"无用"的，"知识正日益适应于运用而不再是以知识为目的"②，"应用"是所有类型教育的应有之义，但"应用性"未必是其他类型教育存在或发生质变的本质规定性或根本逻辑，而"对于应用型高等教育而言，应用既不是手段也不是目的，而是一种终极的理念"③。围绕"应用性"特性，应用型本科专业教育定位侧重行业应用性，科类结构定位侧重学科应用性，人才类型定位侧重技术应用性，培养目标定位侧重知识应用性，培养过程定位侧重实践应用性，并日益深化与工业界或商业界更紧密的结合，使"政府—企业—大学"知识生产与应用的"三重螺旋组合"成为可能，"应用性"构成应用型本科教育识别度显著的典型特质和根本逻辑遵循。尽管大学合法性存在的根基为"学术性"，但侧重"用知识生产知识"④而非"为知识而知识"的应用性学术成为应用型本科的根本属性，并从根本上决定了应用型本科教育类型的发展逻辑。从博耶对"探究的学术、整合的学术、应用的学术、教学的学术"⑤的全新界定进一步审视，学术型大学以科教融合的探究性学术为根本特性，职业型院校以理实结合的职业性学术为根本特性，应用型本科则以产教融合的应用性学术为根本特性。因此，相较于"学术性"教育属性，追求"应用性"教育质量与价值的最大化，才是应用型本科的特定逻辑。从属种关系辨析，

① 刘欣. 我国应用型本科教育学科建构的基本理论探讨 [J]. 理工高教研究，2010，29（4）：8-14.
② ［英］杰勒德·德兰迪. 知识社会中的大学 [M]. 黄建如，译. 北京：北京大学出版社，2019：151.
③ 王建华. 高等教育的应用性 [J]. 教育研究，2013（4）：51-57.
④ ［英］杰勒德·德兰迪. 知识社会中的大学 [M]. 黄建如，译. 北京：北京大学出版社，2019：213.
⑤ ［美］欧内斯特·L. 博耶. 关于美国教育改革的演讲 [M]. 涂艳国，方彤，译. 北京：教育科学出版社，2002：74-78.

学术性、专业性皆属高等教育的上位属性或共有属性，"应用性"则是应用型本科教育的特有属性，"地方性、行业性、开放性、服务性、实践性"等，均为派生属性，它们共同构成应用型本科教育类型的完整属性链。可见，应用型本科教育以"应用性"为特定类型逻辑，兼具大学教育共性和个性发展逻辑。

综上，应用型本科重在确认自我类型定位与身份认同，以应用理性为价值主导，以应用性教育为类型特质，既遵从大学教育高质量发展共性逻辑，更应凸显应用型教育特色发展类型逻辑，寻求"共性+个性"高质量发展特有路径，着力形塑应用型本科教育类型特色。

3.2.3　应用型本科高质量发展的生态走向

应用型本科如何实现高质量发展，并在发展过程中规避类似英国多科技术大学"学术漂移"问题，或力避跌入新的"同质竞争"导致的生态失衡陷阱？宏观层面上，应加大国家分类发展顶层设计、政策支持与评估引领。更重要的是，应用型本科"群落"应充分彰显教育类型特质，明确在我国高等教育生态体系中的"独特生态位"，探寻多样化、生态化发展新机制和新模式，着力在更高水平上推进教育生态优化，实现高质量发展"理念—价值—目标—路径—质量"的高度统一，进而呈现具有中国特色的应用型本科高质量发展新样态。

1. 内生走向与样态：形塑应用型品牌大学

从全球范围来看，欧盟的应用科技大学、美国的州立大学、英国的多科技术学院、日本的技术科学大学、中国港澳台的科技大学等，都不乏应用型本科品牌建构的成功范例。现阶段，我国应用型本科大多处于从新建期外延式发展到转型期高质量发展升级阶段，突破学术性路径与制度性依赖举步维艰，资源短缺、结构不优、队伍不强、协同不力等掣肘性短板依然突出，尚未形成自己的核心竞争力，尤其"受行政管理导向的强制性同构、英才教育情结的模仿性同构和绩效筛选指标的规范性同构影响"①，极易产生"低位高攀"或"学术漂移"等生态位出位与重叠问题。在此背景下，一些应用型本科为避免出现新一轮的同质化竞争，以打造质量品牌为内在价值追求，试图走出一条"在特色发展中树品牌"的独特发展路径。如广东金融学院作为华南地区唯一一所、全国仅有的三所金融高校之一，秉持"金融为根、育人为本、应用为先、创新为范"的办学理念，志在

---

① 蔡文伯，赵志强."学术漂移"对应用型本科院校的影响机理与路径选择 [J]. 江苏高教，2021（5）：34-40.

"咬定金融不放松",立足金融业强特色,建成国内知名的应用型金融品牌大学①;南京晓庄学院始终秉承陶行知先生倡导的"教学做合一"的育人理念、"教人求真、学做真人"的校风,以新师范为主体,致力于打造教师教育特色,铸就基础教育品牌大学;常熟理工学院以建设"特色鲜明、质量著称的应用型品牌大学"为战略目标,强化从"注重学理、亲近业界"到"注重通识、融入业界"的发展理念,推进与业界共建行业学院,凸显对接产业链"以链建群"、围绕主干学科"以核建群"等学科专业集群化建设特色②。这些应用型本科的共同特点在于,注重品牌建构的应用型特色定位、理念引领和品质打造,寻求"理念—价值—目标—路径—质量"的内在统一。

学校品牌不是企业品牌的简单移植,而是一所学校在整个社会环境和高等教育生态谱系中,历经长期教育实践过程形成的、优于其他高校并被社会广泛认可的独特品质、竞争优势和信誉标志。目前,处于转型升级期的应用型本科,建成公众认可的形神兼备的品牌大学还为时尚早,但按照生态位特化原理,确立生态位品牌战略、特色化办学理念和独特目标愿景,不失为应用型本科获取生态位跃升和错位竞争优势的高质量发展取向。其关键是在生态发展环境层面确立差异性品位,如广东金融学院建设"金融品牌大学"的定位;在生态发展能力层面形成核心性品质,如南京晓庄学院铸就基础教育品牌大学;在生态发展态势层面扩展延伸性品效,如常熟理工学院打造"产业链主导→专业链对接←学科链支撑"的集群建设链式品牌。应用型本科品牌建构的根本标志就是在所属教育类型中凸显个性差异,根本路径是转变办学方式,持之以恒地实施"品牌强校"战略,倾力打磨应用型教育内在品质,培育应用型学科专业品牌竞争力,凝练区别于其他类型教育的品牌价值,形成中国应用型大学教育的独特类型品牌。

2. 外生走向与样态:创建应用型创业大学

20 世纪后期,随着新公共管理运动和学术资本主义思潮的兴起与发展,大学经由教学型向研究型大学的转变,走向知识应用为主要特征的第二次学术革命,一种被伯顿·克拉克和亨利·埃兹科维茨称之为"创业型大学"——"教学、科研与创业组成完整职能"的新大学形态应运而生。亨利·埃茨科威兹认为,创业型大学是建立在研究型大学基础之上的新型组

---

① 对标一流金融教育　建应用型品牌大学［N］. 南方日报,2018-06-24（A05）.
② 江作军. 应用型大学在特色发展中树品牌［N］. 中国教育报,2017-12-11（5）.

织；伯顿·克拉克则认为，凡是具有变革精神的大学都可以成为创业型大学，包括麻省理工学院、斯坦福大学、密歇根大学、加州大学洛杉矶分校、北卡罗来纳州立大学等不同层次和类型的大学①。我国学者认为，创业型大学是具有追求卓越、从守成到创新、引领社会变革精神气质的新型大学②；创业型大学在中国的实践须经历三个阶段，即由转型期的进取型大学走向成长期的创新型大学，最终走向成熟期以学术创业为特征的创业型大学，其独特使命是通过"学术创业即学术资本转化"，实现知识传承、知识创造与知识应用的完整统一③。

　　为积极应对生态发展空间狭窄与资源不足的竞争压力，寻找和获取生存与发展的新动能，我国一些非"双一流"地方高校另辟蹊径，自主选择适合国情、区情、校情的创业型大学发展之路。如浙江农林大学以强农兴农为己任，提出建设国内知名的生态性创业型大学；南京工业大学坚持"扎根大地、贡献社会"的发展理念，致力于建成国内一流、国际知名的创业型大学；浙江财经大学秉承"进德修业、与时偕行"的校训，提出建设国内一流、国际知名、特色鲜明的创新创业型财经大学，等等。但从零散化个例到成为生态化"群落"，创业型大学尚未成为我国应用型本科的自觉选择和发展主流。究其原因，一是目前尚无创业型大学的明确政策支持；二是处于成长期的应用型本科学术创业能力与服务社会能力还比较有限；三是创业型大学还未得到普遍认同；四是在现有分类指导、评价体系及资源配置中的"生态位"相对不利。事实上，无论是最初默默无闻的英国沃里克大学，还是从"乡村大学"起步的美国斯坦福大学，无一不是将"学术与创业"相结合的理念熔铸于办学思想之中，以学术创业的卓绝贡献，最终脱胎换骨为创业型大学的"旗舰"和研究型大学的翘楚；我国则有清华同方、浙大中控、华工激光、华中数控等诸多大学学术创业的成功范例。从借鉴意义上说，应用型本科以"融入社会"为使命，经由创业型大学臻至高质量发展的卓越境界，是合乎大学之道的正确方向和必然选择。关键问题在于，应用型本科能否由学科逻辑转向应用逻辑，兼顾知识内在价值和应用价值，从传统学院式治理走向知识应用意义上的创业型治理，建立

　　① ［美］伯顿·克拉克. 建立创业型大学：组织上转型的途径［M］. 王承绪，译. 北京：人民教育出版社，2003：2.

　　② 张应强，姜远谋. 创业型大学兴起与现代大学制度建设［J］. 教育研究，2021，42（4）：103-117.

　　③ 付八军，王佳桐. 论创业型大学在中国实践的三个阶段［J］. 现代教育管理，2020（12）：49-55.

"强有力的驾驭核心、完善的发展外围、多元的筹资渠道、激活的学术心脏地带和整合的创业文化"①，提升自己在大学—产业—政府"三螺旋"生态体系中的主体性地位，以创新创业与服务性使命变革引领学校组织结构与运行机制变革，以"产业—学科—专业"紧密连接的跨领域、跨学科平台作为大学新的组织形态，真正实现由生存适应型组织向创新创业型组织转型，成为地方高质量发展的重要引擎。正如有学者所言："'创新创业'肯定代表了大学转型发展的方向""面向未来，'创新创业'绝不只是大学的一项新职能，而是现代高等教育系统中的颠覆性力量，大学只有以'创新创业'作为新范式，才可能成为创新驱动发展的引擎，并实现自身的转型发展"②。

3. 共生走向与样态：走向多样化新型大学

生态位共生，是指通过异质共生、融合共生、要素共生等集群共生发展方式，来实现资源互补和获取比较竞争优势。从高等教育系统的生态多样性来看，单一物种或一枝独秀，难以体现大学群体生态共生特性，多样性是高等教育从大众化走向普及化的基本样态，也是应用型本科"群落"寻求个性化发展、特色化发展、高质量发展的应然走向。从办学主体多样性来看，历史维度上，有新建本科院校，也有老牌本科院校（如湖北文理学院、辽宁科技大学等）；类型维度上，有应用技术大学（上海第二工业大学）、技术本科（上海电机学院）、职业本科（天津职业技术师范大学）等知识应用的不同取向；层次维度上，有教学应用型（大多新建本科院校）、教学研究型（杭州电子科技大学、哈尔滨商业大学）、应用研究型（东莞理工学院、上海电力大学、湖北汽车工业学院）等成长周期的层级差异；服务面向上，有行业型大学、服务型大学、城市型大学乃至亲产业大学（厦门理工学院）、平民大学（吉首大学）等各类使命导向的特色定位。应当看到，每所大学基于自身禀赋、办学理念、使命认知、成长周期及其所处地域特征、地方政策导向、管理体制等不同特点，必然体现独特、多样的生态位定位，但大多是以"应用型"为类型特质的细化类型，呈现出应用型本科多样化发展的立体长廊。关键问题在于，这类大学能否形神兼备地转型为具有"应用型"特质的"新型大学"，即充分体现"服务地方发展的新历史使命、以参与式建设为特征的新大学精神、以社会性标准为主导的新

---

① ［美］伯顿·克拉克. 建立创业型大学：组织上转型的途径［M］. 王承绪，译. 北京：人民教育出版社，2003：2.

② 王建华. 大学的范式危机与转变：创新创业的视角［J］. 中国高教研究，2020（1）：70-77.

质量标准、以产学研合作为核心的新教育模式"等内在特质①，又具有"地方性、行业性、开放性、创业性、国际化、品牌化"等多样性特征的中国新型大学。

与19世纪伴随新工业革命兴起的英国"新大学"（如伦敦大学）不同，我国应用型本科的崛起，有着根植于两个世纪之交的中国经济社会转型升级，高等教育从精英教育向大众化、普及化方向发展的鲜明时代背景，也与现代高等教育体系建设、高校转型发展、产教融合战略、高水平应用型大学建设等国家政策导向有着深刻渊源，更肩负着由学术型向应用型的类型转型、由供给型向需求型的价值转向、由新建期外延式发展向成长期高质量发展新阶段转变的重要历史使命。如何应对新工业革命的全新挑战，以产教融合、协同育人为根本路径，增强新发展格局背景下"政产学研用"的跨界融合和协同共生能力，提升应用型本科人才培养和知识应用的核心竞争力，是应用型本科必须解决的大问题。

一是确立生态位特化战略，促进产教异质共生，打造产教融合新生态。应用型本科应以扎根地方为定位之本，以融合发展为强型之路，强化"政产学研用"体系化设计，聚力打造融人才培养、科研攻关、技术创新、企业服务、学生创新创业等功能于一体的学科专业集群，打造高水准产教协同育人高地，在融通产业链、人才链与创新链等方面达到较高水准，着力形塑"接地气""本土化"的中国应用型本科协同发展新生态。如铜仁学院"依托梵净、扎根山区"，探索"引社会服务之水，灌人才培养之田"产教融合发展模式，就是很好的案例。

二是确立生态位共生战略，强化校地融合共生，开创战略协同新路径。强化开放活校、校地合作，制定"校地融合发展战略行动计划"，构建校地产科教融合联盟，同步规划校地融合发展支持方式、重大项目和政策措施，协同实施特色学科专业共建计划、现代产业学院共建计划、产业研究院共建计划等，全面提升校地产科教融合能力。如宁波工程学院很早就出台《全面融入地方经济社会行动纲要》文件，全面推进校地、校企与产业园区协同发展，重点打造"产教科教双融合"园区特色品牌，成为国家首批产教融合发展工程建设高校。

三是确立生态位拓展战略，强化要素集成共生，同构优质发展新引擎。以人才培养和学术资本为核心要素，聚焦区域战略重点、主导产业链和关

---

① 顾永安. 中国新型大学的新特质与新样态 ［J］. 中国高等教育评论, 2018（1）：129-143.

键技术，共建"学校+"跨界融合、要素集成、协同共享等集团化联盟、跨学科高端平台和科教园区，建立战略协同、资本融通、科技攻关、成果转化等平台组织再造机制、创新要素集聚与利益共享机制，打造服务地方人才培养高地、科技创新高地、人文创新高地，协同构建引领和支撑地方经济社会高质量发展的新引擎。如东莞理工学院主动参与"湾区都市、品质东莞"建设，打造多主体集成创新新引擎，探索出"学校+龙头企业+名校+大平台（产业学院与产业研究院平台）"湾区共建模式，走出了一条与区域高质量发展共荣共生的新型道路。

综上所述，高质量发展决定着高等教育未来发展的根本走向，促进高深知识"传承—生产—应用"一体化、多样化发展，为新时代高等教育高质量发展的基本样态。应用型本科尤应凸显知识应用逻辑和教育类型特质，以内生发展为品质追求，以外生发展为变革取向，以共生发展为理想范式，更高水平、更多样化、更优质持续地彰显"内生发展、外生发展与共生发展"相统一的发展生态，着力通过协同共生提升服务新发展格局的核心竞争力和整体优势，凝练区别于其他类型教育的品牌价值，实现高质量发展"理念—价值—目标—路径—质量"的高度统一，进而前瞻性地形塑具有中国应用型大学特质的"新型大学"①。

---

① 刘欣. 应用型大学的高质量发展：类型逻辑与生态走向［J］. 国家教育行政学院学报，2021，285（9）：67-77.

第4章

应用型本科个性化人才培养研究

4.1 个性化教育：义理与内涵

4.1.1 个性化教育的义理

1. 个性化教育是当代国际教育思想变革的基本宗旨

个性化教育思想由来已久。两千多年前，孔子就提出了"有教无类""因材施教"的教育思想，古希腊"自由教育"将个性和谐发展视为教育终极目的；文艺复兴时期，欧洲大学力推以"个性解放"为标志的人文主义教育，18世纪柏林洪堡大学倡导"教学科研相结合而达至个性修养"，至20世纪进步主义、人本主义、后现代主义等掀起"儿童中心主义"教育思潮，个性化教育成为传承至今的教育思想。在个性化教育思想的引领下，以促进人的个性全面发展为旨归，把个性化教育贯穿于学科建设与专业教育的全过程，"成为世界一流大学和一流学科建设的典型特质"①。今天，"个性化教育"作为"去同质化教育"的主流思想，日益成为国际教育思想变革的普遍共识。早在1972年，联合国教科文组织发表的《学会生存——教育世界的今天和明天》报告中，就把"教育的目的在使人成为他自己"作为当代教育的基本宗旨，同时指出，"教育的任务是培养一个人的个性并为他们进入现实世界开辟道路"②。1996年，联合国教科文组织的报告《教育：财富蕴藏其中》坚决地重申了一个基本原则：教育应当促进每个人全

---

① 周进. 世界一流大学个性化教育行动要素及其启示 [J]. 高等工程教育研究, 2017 (5): 96−101, 124.

② 联合国教科文组织国际教育发展委员会. 学会生存：教育世界的今天和明天 [M]. 华东师范大学比较研究所, 译. 北京：教育科学出版社, 1996: 16.

面发展，并认为"不论在什么情况下，教育的主要目的都是使人作为社会的人得到充分的发展"，强调"尊重个人的多样性和特性是一个根本原则，这一原则应导致摈弃任何标准化了的教学形式"，"发展的目的在于使人日臻完善，使他的人格丰富多彩，表达方式复杂多样；使他作为一个人，作为一个家庭和社会的成员，作为一个公民和生产者、技术发明者和有创造性的理想家，来承担各种不同的责任。"[①] 2015 年，联合国教科文组织发布的《教育 2030 行动框架》提出教育 2030 行动的总原则：把"教育作为一项基本人权和适应性权利，为了实现这一权利，国家必须确保普及全纳、公平的优质教育和学习。教育应以人类个性的全面发展，促进相互理解、宽容、友谊与和平为目标。"

2. 个性化培养是我国人才培养模式改革的政策导向

近十年来，我国对个性化教育思想与培养模式的关注不断加强，中共中央、国务院及国家有关部委相继出台了有关加强个性化人才培养的一系列政策文件，这些政策文件清晰地呈现了引导大学教育从模式化教育向个性化教育回归、从体系化建设向制度性重构的发展轨迹，为我国高等教育深化个性化教育模式探索奠定了政策基础，指明了发展方向[②]。

（1）观念更新期：从模式化教育向个性化教育的回归。2010 年，中共中央、国务院颁布的《国家中长期教育改革和发展规划纲要（2010-2020年）》第二条明确提出个性化教育的"工作方针"："关心每个学生，促进每个学生主动地、生动活泼地发展，尊重教育规律和学生身心发展规律，为每个学生提供适合的教育。"第三十一条、第三十二条提出鼓励个性全面发展的新型人才培养观：树立全面发展观念，树立人人成才观念，树立多样化人才观念；尊重个人选择，鼓励个性发展，不拘一格培养人才；创新人才培养模式，注重因材施教，关注学生不同特点和个性差异，发展每一个学生的优势潜能。

（2）分类指导期：从同质化发展向体系化建设的推进。2012 年，教育部出台《关于全面提高高等教育质量的若干意见》（教高〔2012〕4 号，简称"高教 30 条"），从人才培养标准体系层面，提出个性化培养新的要求："全面实施素质教育，把促进人的全面发展和适应社会需要作为衡量人才培养水平的根本标准。建立健全符合国情的人才培养质量标准体系，落实文

---

① 教育：财富蕴藏其中 [M].联合国教科文组织总部中文科，译.北京：教育科学出版社，1996：38，41，85.

② 刘洋.新时代大学"个性化教育"的走向与内涵辨析[J].现代教育科学，2020（6）：20-25.

化知识学习和思想品德修养、创新思维和社会实践、全面发展和个性发展紧密结合的人才培养要求。"2015年，国务院印发《关于统筹推进世界一流大学和一流学科建设总体方案的通知》（国发〔2015〕64号）第五条明确提出培养各类个性化人才的"目标任务"："坚持立德树人，突出人才培养的核心地位，着力培养具有历史使命感和社会责任心，富有创新精神和实践能力的各类创新型、应用型、复合型优秀人才。加强创新创业教育，大力推进个性化培养，全面提升学生的综合素质、国际视野、科学精神和创业意识、创造能力。"

（3）制度再建期：从传统模式向全新形态的制度性重构。2018年，教育部印发《关于加快建设高水平本科教育全面提高人才培养能力的意见》（教高〔2018〕2号，简称"新时代高教40条"），就重塑"互联网+教育"新形态，提出新时代大学个性化教育的发展方向："大力推动互联网、大数据、人工智能、虚拟现实等现代技术在教学和管理中的应用，探索实施网络化、数字化、智能化、个性化的教育，推动形成'互联网+高等教育'新形态，以现代信息技术推动高等教育质量提升的'变轨超车'。"2018年，《教育部等六部门关于实施基础学科拔尖学生培养计划2.0的意见》（教高〔2018〕8号）提出：在探索"一制三化"（导师制、小班化、个性化、国际化）等有效模式基础上"创新学习方式。注重个性化培养，给学生提供自主选择导师、专业和课程的空间"。2019年，教育部印发的《关于深化本科教育教学改革　全面提高人才培养质量的意见》（教高〔2019〕6号）强调：为学生提供更多选择余地的教学制度。支持高校进一步完善学分制，建立健全本科生学业导师制度，安排符合条件的教师指导学生学习，制订个性化培养方案和学业生涯规划。

3. 建构个性化人才培养模式为教学改革的核心指向

人才培养模式是基于一定教育思想和教育理念对人才培养目标与培养过程的根本规定，是人才培养体系中的关键要素。"人才培养模式是教育质量的首要问题，改革人才培养模式是教学改革的核心内容。"① 改革人才培养模式必须依循个性化教育思想，以促进人的个性全面发展为出发点，在遵循教育共性发展规律的基础上，重视探寻各类学生的个性发展规律，注重学生发展的多样性和差异性，进而营造更加宽松的个性化发展空间，建立起个性化的人才培养模式。现阶段，新一轮科技革命和产业革命方兴未

① 王伟廉. 人才培养模式：教育质量的首要问题 [J]. 中国高等教育, 2009（8）：24-26.

艾，社会经济发展面临体制、机制、模式等全面深刻转型，对各类高层次人才培养提出了更高质量、更具个性、更加多样化的要求，并要求高等教育解决人才培养与产业发展供需脱节的结构性矛盾，走出传统教育学科化、划一性、同质化培养误区，填补大学人才培养过程中个性化教育的缺失，进一步凸显学生发展的中心地位，全面落实和渗透"学生中心、产出导向、持续改进"的核心理念，强化"人人成材"基本理念在人才培养体系中的具体落实，围绕大学生核心素养建立个性化教育目标体系、课程体系、教学体系和保障体系，以理念个性化引领学校教育个性化、人才培养个性化、教学模式个性化，形成更高水平的个性化人才培养体系，以满足不同学生的个性化学习、个性化发展与高质量就业需求。目前，应用型本科正处于模式转型、改革攻坚的窗口期，关键指向是促进供给导向向需求导向转化，核心要义是聚焦人才培养模式转型，重塑"学为中心"的个性化教育新形态，根本路径是建立产教融合协同育人体系，健全协同育人长效机制，终极目标是培养更能对接社会需求的高素质、个性化的应用型专门人才①。但总体来看，有关个性化教育的研究还处于起步阶段，有关"个性""个性化教育""个性化人才培养"等概念的诠释莫衷一是，亟需清晰完整地厘清其核心内涵。

4.1.2　个性化教育的内涵

1. "个性"内涵的界定

何为"个性"？《汉英大词典》的解释有三种：（1）心理学名词（individuality），指个人特有的心理特性，包括遗传的及学习的种种特质；（2）指一个人的比较固定的特性（personality），如这个人很有个性；（3）指一事物区别于其他事物的个别的、特殊的性质（specific）。②事实上，对于"个性"的理解，基于不同语境或不同学科领域，往往会有多种含义，需要在特定语境下全面理解"个性"的完整内涵。

心理学领域的"个性"主要指人的个性心理，广义上与"人格"（personality）同义，指"个人的一些意识倾向与各种稳定而独特的心理特征的总和"，狭义上指"个人心理面貌中与共性相对的个别性（individuality），

① 刘欣，付华军.生态位视域下应用型本科人才培养新生态模式［J］.教育与职业，2019
（7）：25-31.
② 吴光华.汉英大词典（第3版）［M］.上海：上海译文出版社，2010.

即个人独有的心理特征"①。社会学领域的"个性",主要指人的社会特性,"个性就是作为社会的个人在社会领域中起独立作用的社会性质"②。哲学领域的"个性",一是指与共性(普遍性)相对的个性(特殊性)范畴,二是指人作为独特的社会个体的本质属性,特指人区别于其他种类特性的"类特性"。正如马克思所说:"种的类特质就在于生命活动的性质,人的类特性恰恰就是自由自觉的活动。"③ 个性的"类特性"强调个体首先是独特的自然生命个体,同时又是高度社会化的个体,更是主体性充分发展的个体,其本质是作为个体的人的自然性、社会性、主体性的高度统一。教育学领域对"个性"的界定,往往基于心理学视角和马克思主义"关于人的全面发展学说"的哲学基础,比较有代表性的观点是,个性"指个体在一定生理和心理基础上,通过环境和教育的作用及个体自身的实践活动逐渐形成的在身体、心理、道德、审美等方面相对稳定的特征的总和"④。

上述种种理解是基于不同的学科视角揭示了"个性"的特定本质,都强调了"个性"的独特性和社会性特质,也都不同程度地囿于某一学科领域,难以形成人们对于人的"个性"全面完整的认识。董泽芳等学者从独特性、主体性、创造性、和谐性的集中体现来阐释"个性"特征,认为:独特性是个性发展的核心,主体性是个性发展的动力,创造性是个性发展的目标,和谐性是个性健康发展的标志,四个特征相辅相成,缺一不可,共同构成个性发展的全部内容。⑤ 笔者认为,这一认识有助于我们理解"个性"与"个性发展"的特点,但客观全面地把握人的"个性"的完整内涵,还需要进行必要的梳理。

(1)个性是自然性与社会性的统一体。自然性是人之所以为人的先天属性或生理属性,是个性得以形成的遗传基因和物质基础;社会性是人之所以为人的根本属性或"类特性",人们常说"人是理性的动物""人是德性的动物""人是智慧的动物",等等,都是指人区别于自然动物的类属特

---

① 《中国大百科全书》编辑委员会. 中国大百科全书 教育 [M]. 北京:中国大百科全书出版社,1985:289.

② [苏] Г·П·达维久克. 应用社会学词典 [M]. 于显洋,等译. 哈尔滨:黑龙江人民出版社,1988:10.

③ [德] 马克思. 1844年经济学哲学手稿 [M]. 中共中央马克思恩格斯列宁斯大林著作编译局,译. 北京:人民出版社,2014:53.

④ 王道俊,郭文安. 主体教育论 [M]. 北京:人民教育出版社,2005:367.

⑤ 董泽芳,陶能祥,等. 高等教育分流的理论与实践 [M]. 武汉:华中师范大学出版社,2010:39.

质。从现实意义上说，人是一切社会关系的总和，个性只有在现实的社会实践中才得以形成和完善，社会性是个性的本质特征。马克思在批判黑格尔的《法哲学》时明确指出："特殊的人格的本质不是人的胡子、血液、抽象的肉体的本性，而是人的社会特质"①。因而，作为个性的人既是自然个体，更是社会个体；自然个体因其社会性而存在，社会个体也因其自然性而发展。个性是人的自然性与社会性的有机统一。

（2）个性是独特性与共同性的统一体。独特性是人区别于其他个体的显著特性，个性体现了现实人的特定差异性，没有独特性，就没有个体差异性，也就无所谓个性。广义上的个性差异，指人与人之间的生理遗传、心理特征、个性倾向、认知风格、智力水平、成长环境、社会地位等各方面的个别差异；狭义上的个性差异主要指个体在性格、兴趣、能力等心理特征方面的显著差异。尽管个性差异是个性内在完整的组成部分，但个性差异不能等同于个性，个性是基于共同性前提下的差异性。共同性是人的"类特性"内在于独特个体身心方面的普遍性、本质性特征，如主体性、社会性、民族性等。世上没有无共同性的个性，也没有无独特性的个性，共同性寓于独特性之中，并通过独特性表现出来，独特性与共同性之间相互依存、相辅相成，完整的个性是个体所具有的独特的社会共同性，是人的"类特性"在现实个体身上的独特组合，是独特性与共同性的统一。

（3）个性是稳定性与可塑性的统一体。稳定性是人的个性在个体身上经常表现出来的同一性特征，表现为自我的同一性、恒常性、持久性，那些偶发的、不确定的个体特点不是个性。但个性也是变化的、可塑的、发展的，面对复杂多变的生活环境和社会关系，个体基于遗传、教育、环境和主体能动性等多种因素的共同作用，时常向积极方向发展和完善个性，或向消极方向转化或蜕变。因而，世上存在不完美的个性，但并不存在一成不变的个性。个性总是在稳定性中体现可塑性，在可塑性中体现恒常性，实现着"旧我"与"新我"的动态转化。因此，个性是稳定性与可塑性的统一，这也是个性化教育得以实施的客观依据。

综上所述，个性是自然性与社会性、独特性与共同性、稳定性与可塑性的有机统一体。其中，自然性是个性的先天属性，社会性是个性的本质属性，独特性是个性的生命特性，共同性是个性的普遍共性，稳定性是个性的恒常属性，可塑性是个性的发展特性，它们共同构成"个性"质的规

---

① 中共中央马克思恩格斯列宁斯大林著作编译局. 马克思恩格斯全集：第1卷［M］. 北京：人民出版社，1979：27.

定性和全部内容。归根结底，完整的个性是社会自然人的"个性+共性"的统一，也是现实社会人的自然性、社会性、主体性的统一，更是理想自由人的现实个性与理想个性（独特性、自主性、创造性、和谐性）全面完整的统一。刘献君、刘文霞等学者强调："个性化教育不是对个性某一方面的教育，而是以全部现实个性为起点，以理想个性为归宿和目标，对完整人的全部个性的和谐教育"①。因此，刘献君明确指出："从教育的本质看，教育即促进人的个性全面发展，教育就是个性化教育"②。图 4.1 为"个性"完整理解图。

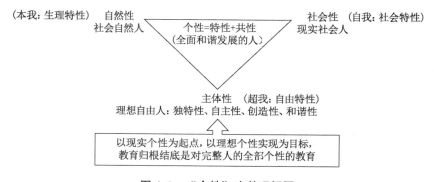

图 4.1　"个性"完整理解图

2. "个性化教育"辨析

（1）需要厘清的观念。何为"个性化教育"？基于对"个性"的全面认识，我们首先需要辨明一些基本观念。

个性化教育不是片面教育。个性化教育不能狭窄地理解为对个性某一方面的教育，而是以全部现实个性为起点和依据，是发展人的完整个性的全面教育，是全面的个性教育与个性的全面教育的有机结合，此为个性化教育的本质和真谛。

个性化教育不能等同于个性教育。个性教育是侧重优化或矫正人的个性品质的教育方式或基本策略，而个性化教育则涵盖以促进个性全面发展为根本目的的教育思想、教育理念、教育目标、教育内容、教育模式和教育活动等，内涵与外延更为丰富。

个性化教育不能等同于个别教育。个别教育主要是针对个别或部分学生的一种"一对一"的差异化的教育教学方式和组织形式，是针对划一性、

---

① 刘文霞. 个性教育论［M］. 呼和浩特：内蒙古大学出版社，1997：16.
② 刘献君. 高等学校个性化教育探索［J］. 高等教育研究，2011，32（3）：1-9.

模式化教育的一种因材施教策略；个性化教育则是对划一性、模式化教育的根本否定，它不仅是教育教学策略和组织形式的改革，更是教育思想和教育范式的质的变革和系统性更新。

个性化教育不能等同于特长教育或英才教育。个性化教育的确应摒弃整齐划一的教育模式，充分尊重个体生命的独特价值，发掘个体生命的优势潜能，发展每个学生的个性特长，通过"共性培养+特性发展"，让每个学生找到最适合自己的教育，这是教育的本质所在；但个性发展不等于特长发展，个性化教育必须面向全体学生，促进人的个性全面发展。

（2）已有论述梳理。那么，应如何正确界定"个性化教育"的基本内涵呢？梳理有关教育文献，概括起来主要有以下六种认识。

一是合适教育说。顾明远认为："个性化教育就是培养学生个性发展的教育。为了使学生个性发展，就要为每个学生提供最适合的教育，使学生的个性特长得到充分发展"；"为每个学生提供适合的教育就是最好的教育、最公平的教育"；"实施个性化教育，就要把选择权交给学生，发展学生的个性和特长"；"对于学生来说，就是以学生为本，以学生的发展为本"。[①]这些论述集中体现了个性化教育是"以生为本"的人本论教育思想。

二是和谐发展说。刘献君认为："个性化教育是尊重个体生命独特价值、发掘个体生命潜能、培养学生独立人格和独特个性，促进个体生命自由和谐发展的教育"；"个性化教育中的和谐教育主要体现在以下三个方面：一是全面发展与个性发展；二是社会发展和个人发展；三是自然性和社会性的统一"；"个性化教育不是外在于现行教育体系的独立的教育过程、教育体系，而是一种教育思想、教育理念，应将其贯穿于学校教育教学的全过程"。[②]这些论述侧重阐明了个性化教育是"个性发展+共性发展"的和谐发展理念。

三是优化发展说。冯建军认为："个性化教育是面对独特的生命个体，通过适合每个独特生命的手段，挖掘个体生命的潜能，促进每个生命体自由发展的教育。所以，个性化教育不是要培养个性，而是采取个性化、特色化的手段，保护原本就有的独特生命，促进个体生命更好地朝着个性化的方向发展"；"个性化教育所主张的生命潜能的发展，不是潜能的平均发展。个性化教育相信，每个人都有着独特的生命，生命的独特性就表明每个人都具有优势潜能，教育就是要扬长避短……使其优势潜能得到最大化、

① 顾明远. 个性化教育与人才培养模式创新 [J]. 中国教育学刊，2011（10）：5-8.
② 刘献君. 高等学校个性化教育探索 [J]. 高等教育研究，2011，32（3）：1-9.

最优化的发展"。① 这些论述重点揭示了个性化教育是"自由发展+优化发展"的个体生命发展理念。

四是教育过程说。刘文霞认为："个性教育既是一种教育思想，也是一种教育活动。个性教育作为一种教育活动，是培养、强化受教育者良好个性品质与预防、改造受教育者不良个性品质相统一的过程；是促使受教育者的现实个性向理想个性的运动过程；是个性化与社会化统一的过程；是他教育与自我教育的统一体"；"所谓个性教育就是在正确教育思想的指导下，以受教育者的现实个性为出发点，通过个性化与社会化、自我教育与他教育的统一过程……以塑造人的理想个性为目标的教育。简言之，个性教育就是有目的地培养人的良好个性素质的教育"。② 周进同样认为："个性化教育是实现人的'共性'与'特性'相统一的过程。教育本身以过程的形式存在，并以过程的方式进行，个性化教育的有效性主要体现为过程效应。个性化教育的过程是学生个性潜能不断发展的过程，是教育主体不断自我实现的过程"③。这些论述表明，个性化教育是旨在形成理想个性的"共性+特性"相统一的教育活动过程。

五是教育模式说。赵月水认为："个性化教育是尊重学生个体的个性差异、满足学生个性发展的需求、实施多样化的教育模式"；"个性化教育的实践模式是以尊重学生的自主性、创造性和个别化需求为基础，从课程改革、多元评价、个性化教学等方面进行个性化教育实践的模式构建，旨在改变传统标准化的教育模式，建立个性化教育的实践体系"④。这一论述表明，个性化教育是建构多样化的个性化教育模式的实践过程。

六是教育体系说。祝洪章认为："个性化教育并非独立存在的，它融合于现行教育体系之中，体现为高校和教师在教育过程中将个性化教育思想和理念贯穿、渗透于教学活动的方方面面，即运用个性化教育思想重新构建和思考人才培养目标、人才培养方案、课程设置和教学手段、教学模式、学生评价等问题和环节，在教学实践中产生比较完善的、渗透式的高等教

---

① 冯建军. 论个性化教育的理念 [J]. 教育科学，2004，20（2）：11-14.

② 刘文霞. 个性教育论 [D]. 南京：南京师范大学 . 1997：56，60.

③ 周进. 大数据时代的高校个性化教育：一种过程支持框架 [J]. 高教探索，2016（5）：11-15，20.

④ 赵月水. 刍议个性化教育的理论与实践模式 [J]. 临沂大学学报，2017，39（2）：119-127.

育体系。"① 陈娜等学者也认为："个性化教育的实施不仅仅是教育方法的改变，而是一项涉及管理体制、教学内容、课程体系、评价体系等多方面的系统工程"②。吴刚则从大数据时代的个性化教育实践着眼，认为"一个个性化教育系统至少包括四个方面：一是梳理并选择类型化的教学模式；二是实施深度学习；三是创设适宜的学习环境；四是开发信息化学习支持系统"③。这些论述表明，个性化教育是教育思想贯穿于教学活动的教育体系。

以上论述，分别从个性化教育思想、教育理念、教育模式、教育过程、培养体系等方面提供了较为丰富的、可资借鉴的观点，但其局限性在于：一是受限于个性化教育的某一方面论述，各说各话，缺乏对"个性化教育"内涵的完整理解；二是定义比较宽泛，着眼不同类型教育深化个性化教育研究，丰富其理论与实践内涵尚显不足。有鉴于此，应从如下方面深化个性化教育的认识。

4.1.3 对"个性化教育"的完整认识

1. 个性化教育是一种基于类型化教育的教育活动系统

类型化教育是基于人们对特定类型教育的认知，进行理想类型划分的实践活动或政策工具。个性化教育的实施必须以类型化教育的划分为基本前提，个性化教育也只能在类型化教育活动中引导个体形成自主发展优势，完成对主体发展的个性化建构。"区分大学类型化的核心特征就是形成不同类型的知识秩序以及相应的理性分工"④。迄今为止，大学分类主要遵循"学科导向—应用导向"两大逻辑，大体形成了三类个性化教育模式。第一类是基于通识教育的个性化教育模式，主要以通识教育和学科逻辑为主导，培养学术研究型或工程研究型个性化专门人才；第二类是基于专业教育的个性化教育模式，主要以专业教育和应用逻辑为主导，培养工程技术型或技术应用型个性化专门人才；第三类是基于通专融合的个性化教育模式，主要以通专融合和应用需求为主导，培养通专并举的复合性应用型个性化专门人才。应用型本科是基于通专融合并定向于行业、定型于应用、定位

---

① 祝洪章. 对高校"大类培养"模式下"个性化"人才培养问题的思考 [J]. 教育探索，2015 (3): 54-56.
② 陈娜，郝晶晶，王滨，等. 基于个性化教育的高校多元化人才培养路径探析 [J]. 广西科技师范学院学报，2018, 33 (4): 78-80, 100.
③ 吴刚. 大数据时代的个性化教育：策略与实践 [J]. 南京社会科学，2015 (7): 104-110.
④ 丁建洋. 应用型大学类型化的逻辑意蕴、建构机理与价值旨趣 [J]. 高校教育管理，2019, 13 (4): 99-107.

于教学、定格于实践的专业教育类型，其核心是突破"同质化"教育模式的路径依赖，适应社会多样化的发展需求，建构"应用主导+分类发展"的个性化教育理论体系、目标体系、课程体系、教学体系和保障体系等，搭建学生多样化、个性化发展平台，促进学生个性全面优化发展。

2. 个性化教育是基于"共性培养+个性发展"的教育生态系统

人的个性化发展是基于共性发展的个性发展，是以全面发展为前提条件的个性发展。从价值取向来看，教育作为培养人的活动，其根本目的是促进人的个性全面发展，"个人既是唯一的、独特的，又是在其中体现着人之普遍性、共通性的个人，是个性与群体性具体统一的个人"①。从教育目标来看，教育既要遵循普遍性规律和共性培养要求，又要遵循特殊性规律和个性发展需求，体现"共性培养+个性发展"的基本原则，引导个体生命与个性特长得到全面充分和谐的发展。从教育形态来看，个性化教育应融入"大类培养、专业培养、分流培养"的类型化教育架构，形成基于核心素养的共性培养（通识性目标）、基于关键能力的专业培养（专业性目标）和基于分类发展的个性发展（拓展性目标）的个性化教育完整生态体系，建构"共性培养+个性发展"的课程教学生态、制度文化生态、条件支撑生态、质量管理生态等完整的生态系统。

3. 个性化教育是"现实个性+理想个性"相统一的教育活动过程

"现实个性"强调以学生现实个性特点为依据，以尊重学生个体生命独特性和差异性为前提，为每个学生提供适合的教育；"理想个性"强调以学生个性全面优化发展为目标，促进学生由"自然性个体"向"社会性个体"和"主体性个体"发展。其中，主体性以独特性、自主性、创造性和和谐性为特征，是人作为"理想社会人"发展的根本属性。主体的独特性是理想个性发展的生命特性，个性化教育面对的是独特的生命主体，须在发掘独特生命主体优势潜能的基础上发展和完善个性；主体的自主性是理想个性发展的显著特性，真正的教育就是促进主体自我教育和自我发展，正如苏霍姆林斯基所说："促进自我教育的教育才是真正的教育"②；主体的创造性是理想个性发展的重要标志，"人是在创造活动中并通过创造活动来完善

---

① 叶澜. 回归突破："生命·实践"教育学论纲［M］. 上海：华东师范大学出版社，2015：43-44.

② 王天一. 苏霍姆林斯基教育理论体系［M］. 北京：人民教育出版社，1992：47.

他自己的"①，创造是人类创新发展的本质，也是主体自主能动性、创新精神与创造能力的集中表现，是个性优化发展的最高表现形式；主体的和谐性是理想个性发展的理想特质，个性化教育不是片面教育，而是全面教育；不是平均教育，而是发掘主体优势潜能的教育；个性化教育要以现实个性为起点，促进主体自然性与社会性、独特性与共同性的统一发展，促进主体由现实个性向理想个性和谐发展。而这种发展不是独立于教育活动过程之外的一种发展理念和教育形态，而是根植于大学教育思想和核心理念，渗透于教育教学全过程，促进"现实个性+理想个性"相统一的教育活动过程。图 4.2 为"个性化教育"完整理解图。

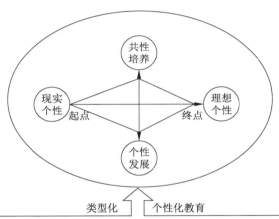

图 4.2 "个性化教育"完整理解图

综上所述，我们认为，"个性化教育"是以人的现实个性为起点，以促进"共性培养+个性发展"的理想个性发展为目标，以实现人的个性全面优化发展与和谐发展为终极目的，是融合于不同教育类型体系的教育思想与实践过程相统一的教育生态系统。从理论与实践双重建构的逻辑前提审视，我们有理由相信，完整地揭示"个性"和"个性化教育"的核心内涵和本质特征，是深化个性化教育理论研究的逻辑基础，也是在高等教育普及化时代，推进基于类型化教育的大学个性化教育模式实践建构的应然前提。

---

① 联合国教科文组织国际教育发展委员会.学会生存：教育世界的今天和明天［M］.华东师范大学比较教育研究所，译.北京：教育科学出版社，1996：188.

4.2　个性化模式：原理与要素

4.2.1　关于"个性化人才培养模式"

个性化人才培养模式是人才培养模式的下位概念，主要针对"划一性""同质化"培养模式而提出。其研究兴盛于 2007 年我国人才培养模式创新实验区建设，教育部重点资助一批高等院校开展培养模式改革试点，如北京大学启动"元培计划"、南京大学建构"三三制"模式、华中师范大学实施"博雅计划"等。事实上，不同类型高校基于培养目标的差异化定位，以人才培养模式改革为核心，主要从目标层面（为什么培养）、制度层面（应怎样培养）、过程层面（如何培养）三个层面，推进全方位、全要素、系统性教育教学改革，呈现出目标模式（如通才型模式、专才型模式、复合型模式等）、制度模式（如"双元制"模式、"三明治"模式、产教合作模式、分流制模式、主辅双修制模式、贯通式模式等）、过程模式（如CDIO 模式、行动过程模式、3+1/3+2 分段式模式等）等多样化生态。但基于应用型大学定位和学生发展需求，建构个性化的培养模式尚不成熟。王晓辉的博士论文《一流大学个性化人才培养模式研究》，以多元智能、个性发展理论等为理论基础，提出了一流大学个性化人才培养模式的理论框架；邵波的博士论文《我国高等教育大众化进程中的应用型本科教育研究》，基于高等教育大众化理论，对应用型本科教育特征及其个性化培养模式进行了理性阐释；刘献君教授的论文《个性化教育模式探索》则结合文华学院在多年探索中形成的"三九型"个性化教育模式（即抓住潜能、立志、空间三个关键点，着眼学术型、应用型、潜力型三类学生"类"特色培养，形成一人一规划、一生一课表、一师一优课"三个一行动"制度化培养体系），探索了个性化教育规律、个性化教育模式，以及推进个性化教育制度建设的历程①。总体而言，个性化人才培养模式是基于个性化教育理念和培养目标而对个性化人才培养过程的制度性设计与操作性样式，其内涵主要有三层意思：宏观层面，它是人才培养模式的具体类型之一，具有人才培养模式的共性特点；中观层面，它是在类型化教育框架下对个性化教育活动的制度性设计，具有不同类型学校人才培养模式建构的个性特点，如研究型大学、应用型本科、职业技能型院校的个性化人才培养模式；微观层

---

① 刘献君. 个性化教育模式探索［J］. 高等教育研究，2020，41（1）：1-8.

面，它是围绕特定培养目标促进"共性培养+个性发展"、实现学生个性全面优化发展的教育活动过程与操作模型。

4.2.2 关于"应用型本科个性化人才培养模式"

基于上述分析，应用型本科人才培养模式建构的重点如下：其一，构建应用型本科个性化人才培养模式（控制变量）；其二，促进应用型人才个性全面优化发展（结果变量）。

结合《国际教育标准分类法》的两次修订均可看出，现阶段我国应用型本科是位于学术研究型教育（5A1 或 7、8 级）和职业技能型教育（5B 或 5 级）之间的第二类型的专业应用型教育（5A2 或 6 级），其培养的人才介于学术研究型和职业技能型之间，既具备厚实的理论基础，又具备扎实的实践能力，具有将科学原理直接应用于社会领域或生产实践的特质；这种教育在面向上应以行业性为主导，类型上以应用型为主体，层次上以本科教育为主流，性质上以专业教育为主线，路径上以产教融合为主干，本质上是基于通专融合的以本科层次为主的专业教育类型，更加突出"通识性与专业性结合、学术性与应用性结合、共性发展与个性发展结合"，凸显应用型本科的教育类型特色、应用型人才分类培养特色。

应用型本科培养的个性化人才是专业应用型复合人才，人才培养可基于应用型人才类型的共同属性，按照需求导向实行分类培养。其人才培养的共同属性表现：一是专业教育定位的行业主导性，应紧密结合行业需求来确定人才培养方向，建立行业企业始终参与人才培养过程的需求驱动型人才培养模式；二是人才类型定位的应用主导性，应用型本科作为突出应用导向的专业教育类型，应确立有别于学术导向的应用型人才培养类型的主导地位，同时打通"工程类""技术类""复合类""创业类"等个性化人才培养通道；三是培养目标定位的能力主导性，应遵循专业应用型人才培养的共性要求，侧重以专业能力培养为主线，建立基于通专融合的能力主导型人才培养模式，为学生运用科学原理解决实际问题奠定科学与人文基础；四是培养过程定位的实践主导性，注重整合学校和社会两种教育环境和资源优势，构建与理论教学体系紧密联系的实践性教学体系、产教融合协同育人体系，有针对性地培养极具社会责任感、创新精神与实践能力的应用型专门人才。

综上，本科层次应用型人才是相对于学术研究型人才而言的专业应用型高级复合人才，是以行业主导、应用主导、能力主导、实践主导为特征的高层次人才类型。应用型本科个性化人才培养模式须按照《中华人民共和国高等教育法》规定的"培养具有社会责任感、创新精神和实践能力的高级专门人才"的总体要求，注重通识教育与专业教育的有机融合、培养过程与行业企业的深度融合，坚持多样化的人才标准和个性化人才培养要求，基于类型化教育特性构建应用特色鲜明的"共性主导+个性发展"的个性化人才培养模式（见图 4.3），引导学生充分认识自己的个性发展潜能，明确个性发展方向，实现个性全面优化发展目标。

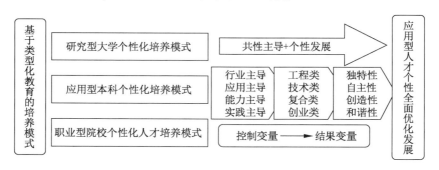

图 4.3 应用型本科"共性主导+个性发展"的个性化人才培养模式

4.2.3 个性化人才培养模式构建理论

1. 人的全面发展理论

马克思所说的人的全面发展，其一，是指人的发展的全面性，是现实社会人都普遍得到发展，也是作为个体的人的身心素质、个性特征和社会性的全面、自由、和谐的发展，"每个人的自由发展是一切人的自由发展的条件"[①]，其可预见的最高形态涵盖人的发展的三个维度：全面发展、自由发展和个性发展，全面发展是个性发展的共性要求，自由发展是个性发展的质的规定，个性发展是全面而自由发展的结果；其二，是指人的能力发展的全面性，包括物质生产能力、精神生产能力和人的自身潜能发展；其三，是指人的社会关系的全面性，主要表现为人与自然、人与社会、人与自我的和谐统一发展；其四，是指人的个性发展的全面性，只有以人的个性发展为基础的人的全面发展，才能真正彰显出人的发展和谐性，并构成社会发展的前提条件，这就要求既关注人的个性完整性，培养全面发展的人，又要关注人的独特性，促进人的个性独特发展，实现人的共性发展与个性发展的统一。马克思从人的本质论出发揭示了"人的全面发展"的丰富内涵，也为个性化人才培养模式的建构提供了科学理论基础。正是在这

---

① 中共中央马克思恩格斯列宁斯大林著作编译局. 马克思恩格斯选集：第 1 卷 [M]. 北京：人民出版社，1995：294.

一意义上,《教育部关于加快建设高水平本科教育全面提高人才培养能力的意见》(教高〔2018〕2 号,简称"新时代高教 40 条")明确提出:高等教育要"全面落实立德树人根本任务""紧紧围绕全面提高人才培养能力这个核心点,加快形成高水平人才培养体系,培养德智体美劳全面发展的社会主义建设者和接班人",要"以促进学生全面发展为中心,培养大批有理想、有本领、有担当的高素质专门人才"。

2. 个性化教育理论

个性化教育理论为建构个性化人才培养模式提供了理论支撑和实践依据。个性是相对于共性而言的,个性发展的实质是个性全面发展;追求个性的全面发展和全面发展人的个性,是人才培养模式改革与创新的重要价值取向。从方法论层面看,个性化教育理论融合了美国心理学家马斯洛(H. Maslow)的人本主义心理学、阿尔伯特(Allport)的"认知风格理论"、吉尔福特(J. P. Guilford)的"智力三维结构模型"、以皮亚杰(J. Piaget)为代表的认知心理学派创立的"建构主义理论"、乔纳森(D. H. Jonassen)等人的"情境认知学习理论",以及 20 世纪 80 年代以来我国盛行的"主体性教育""生命教育"等理论研究成果,强调遵循学习者个性发展规律,贯彻主体性和差异性原则,突出个体在主动建构知识和有意义学习中的关键作用和中心地位,汲取适应教学、差异教学、分层教学、异步教学等宝贵经验,灵活地选择和运用个性化培养模式,以使人才个性化发展达到最优化。从研究范围来看,个性化模式涵盖学校教育的个性化、专业培养模式的个性化、学生发展的个性化,但根本出发点和落脚点是学生发展的个性化,着力促进学生个性的全面发展和全面发展学生的个性。

3. 多元智能理论

多元智能理论是由美国哈佛大学教育研究院的心理学家霍华德·加德纳(H. Gardner)在 1983 年出版的《智能的结构》一书中提出的。在早期研究中,加德纳通过研究脑损伤患者发现了他们在学习智能上的差异,并结合多年来对人类潜能的大量实验研究,提出了言语—语言智能、逻辑—数学智能、视觉—空间关系智能、音乐—节奏智能、身体—运动智能、人际交往智能、自我反省智能七种智能;1998 年和 1999 年又分别提出了自然观察者智能和存在智能。在加德纳看来,每个人都不同程度地拥有上述九种智能,各种智能的不同组合和发展的早晚,便表现出个体间的智能结构与发展水平的差异和行为特征,尤其表现在个体解决问题和创造有效产品方面的能力差异与行为特征。多元智能理论的核心思想是承认并尊重学生智能发展的个体差异，认识到每个人的智能结构都不尽相同，且各有长处，教育应以个体智能差异为起点，并视这种差异为一种财富加以积极开发，使每个个体能够扬长补短，最大限度地实现个性潜能的充分发展。多元智能理论提示我们，人的智能结构类型是多种智能要素独特组合的完整系统，教育应该通过适宜的方式使个体潜能获得最优化发展。

4. 智慧教育理论

智慧是一种高阶思维能力和解决复杂问题的能力。美国心理学家斯腾伯格（R. J. Stemberg）早就倡导"学校要为智慧而教"；英国哲学家怀特海（A. N. Whitehead）指出："教育的全部目的，就是使人具有活跃的智慧；一个不重视培养智力的民族注定将被淘汰"①；美国高等教育哲学家布鲁贝克（J. S. Brubacher）同样认为："专业教育应该是实践性的，它与把普遍原则用于具体事例的智慧或才能有关"②。"智慧教育"是当代教育信息化向个性化教育深化发展而出现的新概念，"信息时代智慧教育的基本内涵专指信息技术支持下的为发展学生智慧能力的教育，是通过构建智慧学习环境（Smart Learning Environments）、运用智慧教学法（Smart Pedagogy），促进学习者进行智慧学习（Smart Learning）"③。智慧教育更深远的意义在于，它着眼于学生个性化成长和发展需要，是以培养学生智慧为目的的新的教育理论和教育形态，具有未来教育泛在化、情境化、个性化和智能化等鲜明特征。智慧教育以学生为中心进行个性化教学设计，对教学过程实现智能化决策与管理，用互联网思维改造教育方式，用数字化技术再造教育流程，用智能化方式优化教育内容，提供优质、精准、灵活的新型个性化教育服务，重构人才培养新型生态链，促进学习者变被动学习为主动学习、变个体学习为协作学习、变机械学习为智慧学习、变固化学习为泛在学习，实现学习内容的个性化、学习场域的个性化、学习方式的个性化，最终提升学习者学习和生命智慧，为学生个性化发展提供了新的教育生态和技术支撑。

4.2.4 个性化人才培养模式构建原理

1. 模式的构建原理

模式作为再现现实的一种理论性的简约形式，是沟通理论与实践的中

---

① ［英］怀特海. 教育的目的 ［M］. 徐汝舟，译. 北京：生活·读书·新知三联书店，2002：26.

② ［美］约翰·S. 布鲁贝克. 高等教育哲学 ［M］. 王承绪，等译. 杭州：浙江教育出版社，2001：27.

③ 祝智庭，贺斌. 智慧教育：教育信息化的新境界 ［J］. 电化教育研究，2012（12）：5-13.

介或桥梁。模式不同于范式，范式是一种公认的模型或模式，是一个科学共同体共同遵从的思想信念、理论模型和实践规范。范式涵盖了模式，模式孕育着范式并最终成为普适性范式。迄今为止，模式的构建基本遵循目标控制、要素分析、优选决策和反馈评价四大原理。①

（1）目标控制原理。目标是一定教育目的、教育理念的具体化，对人才培养方向、培养内容、培养过程等具有导向功能、标准功能和制约功能。不论何种培养模式都是为了实现特定人才培养目标而设计的。在人才培养过程中，教师是知识信息的传播者，学生是知识信息的接受者，媒体是知识信息的载体，它们都要受到培养目标的调控，其关系如图4.4所示。根据这一原理，人才培养模式必须首先确定培养目标和规格，包括总体目标和具体目标两个层次，总体目标是对人才培养质量和规格的总要求，具体目标则涵盖各专业培养目标、课程目标与教学目标等。

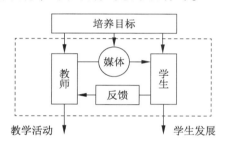

图 4.4 以目标控制培养过程

（2）要素分析原理。如果把培养过程视为一个闭环系统，必须对构成这一系统的各组成因素进行分析，找出哪些是对系统性质、功能、发展、变化有决定性影响的因素并将其作为系统的要素加以研究，而忽略一些次要因素。如图 4.5 所示系统模型中，把输入部分（控制要素 X）、学生（O）及输出部分（结果要素 Y）视为三个子系统，每个子系统又由各自不同的要素构成。输入部分（X），包括教师、课程内容、教学方法、条件支持等要素；输出部分（Y），即学习反应，包括认知效果、能力水平和情感态度等要素；学生部分（O），则是一个内隐的"灰色系统"，但可了解学生的学习基础、学力水平和非智力因素。根据这一原理，培养模式设计主要应基于学情分析确定培养目标，重点是对输入部分（X）的课程体系和过程模式的设计和建构。

---

① 刘欣，孙泽文，严权．课程与教学新论［M］．北京：中国人民大学出版社，2014：286-287.

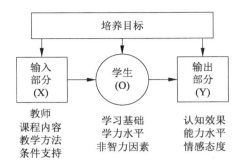

图4.5　培养过程系统模型

（3）优选决策原理。培养模式本质上是优化培养过程的一整套策略体系，必须对达成目标的各种条件（教学方法、教学手段、教学组织形式等）进行整体考虑。这一过程主要解决教师"如何教"和学生"如何学"的问题。表4.1显示，按照价值取向是偏向"教为中心"还是"学为中心"，教学策略可分为五种模式：问答模式、授课模式、自学模式、合作模式与研究模式，斜线往上，表明"教为中心"逐渐增强；斜线往下，表明"学为中心"逐渐增强。在教学策略设计过程中，应使用系统方法中的模型化方法、优选方法与决策技术等具体方法，对各种设计方案进行分析、比较、评价，从中选取能够促进个性优化发展的最佳组合方案。

表4.1　基于价值取向的教学策略选择

名称	特点	基本程序
问答模式	教师中心，启发教学	提问—思考—答疑—练习—评价
授课模式	知识中心，系统讲授	讲授—理解—巩固—运用—检查
自学模式	学生中心，自学辅导	自学—解疑—练习—自评—反馈
合作模式	任务中心，合作学习	情境—任务—探究—研讨—评价
研究模式	问题中心，研究答辩	问题—假设—推论—验证—答辩

（4）反馈评价原理。评价本质上是一种价值判断活动，主要功能是诊断、调节和促进发展。反馈评价是系统设计的重要方法，这就要利用反馈信息将系统的反应输出状态与预期目标相比较，然后根据比较的一般结果，对输入值不断进行检验、修正和完善，以达到系统输出状态与目标要求相一致的目的。根据这一原理，培养模式设计必须重视反馈信息的收集，设计学生发展和学业评价指标体系，运用相应的智能测量工具，以获得反馈

信息，精准调控培养过程。

4.2.5　个性化人才培养模式的构建要素

任何培养模式都是由各个要素有机组成的整体，既包含对人才培养结构形态的静态设计，也涵盖人才培养功能模式的动态建构。静态设计侧重于把培养模式视为一个要素整合的稳定结构，动态建构则侧重于把培养模式视为一种活动过程，指向特定培养目标的达成。个性化人才培养模式是基于个性化教育理念和培养目标而对个性化人才培养过程的制度性设计与操作性样式，是对理论基础、目标体系、课程体系、培养过程、保障机制等要素系统整合的基本范型和生态系统，如表 4.2 所示。

表 4.2　人才培养模式的构建要素

理论基础	目的性要素 1：模式为何建构所依据的学理基础、教育思想和理念灵魂
目标体系	目的性要素 2：模式如何建构所依据的人才培养质量总要求和标准体系
课程体系	制度性要素 3：模式达成特定培养目标的培养方案、课程体系与规范要求
培养过程	过程性要素 4：模式达成特定培养目标的活动过程、教学策略和评价机制
保障机制	保障性要素 5：模式达成特定培养目标的学科、专业、制度、师资等条件保障

（1）**理论基础**。任何模式都是在一定的教育思想或理论的指导下提出来的，其思想或理念是该模式的深层灵魂和精髓，它体现了该模式的内在逻辑与根本价值，也决定着该模式的方向性和独特性。理论基础在培养模式结构中既自成独立的要素，又渗透或蕴含在其他各要素之中，其他各要素都是依据理论基础而建立的，无论这种模式是基于教育理论的演绎，还是从教育实践中归纳形成，都渗透着一定的教育理论，没有理论基础的培养模式，就没有生命力。应用型本科应按照"共性主导+个性发展"理念，基于社会发展需求和个性发展需求的有效结合，以理念个性化引领人才个性化发展，将根植于个性文化的教育理念贯穿于教育的全过程。

（2）**目标体系**。目标是人才培养模式的核心要素，是人才培养模式所能达成的预期结果，对其他要素具有导向和制约功能，也构成质量评价的标准和尺度。培养目标定位是否准确、科学、合理，直接关系到目标的达成度和人才培养质量。应用型本科个性化人才培养目标的确立要以立德树人为根本，以满足社会需求和学生个性发展需求为依据，准确定位人才培养的类型、层次、规格等，确定毕业生个性发展预期目标；各专业培养目标，则依据毕业生"知识—能力—素质"要求，基于大类培养、分类发展原则，结合自身特点确定"共性主导+个性发展"培养目标，将学生个性化发展目标融入人才培养体系，规划以应用型人才培养为主体、发展方向多元化的本科专业人才培养方案和指导性教学计划，引导制订有个性的培养方案、有方向的培养计划。

（3）课程体系。课程体系是由一系列相互联系、结构合理的课程（群）组成的有机系统。课程体系的确定必须建立在专业链与产业链对接的职业岗位群和工作分析的基础上，以针对性地确定供需耦合、需求导向的课程结构，构建"通（重通识）—识（重基础）—专（重专精）—特（重特长）"课程体系，其核心是培养和提高学生的关键能力和核心素养。体现到培养方案层面，主要是紧扣"知识—能力—素质"三要素，重点聚焦"毕业要求"（产出导向），建立明确对应培养目标与毕业要求的"反向设计+正向实施"矩阵式课程结构，并遵循基础与应用、必修与选修、课内与课外、共性与个性结合原则，重构"通识教育课程、专业教育课程、个性发展课程"三位一体的课程体系和实践教学体系，明确各类课程结构比例、开设性质、学时/学分和达成方式等，形成有效支撑毕业要求达成的个性化培养方案和指导性教学计划。

（4）培养过程。培养过程涵盖达成特定培养目标的教学活动过程、教学策略和评价机制。任何培养模式都需要形成一套独特的操作程序和运用策略，寻求教学内容、教学方法、教学手段和教学组织形式等策略的最佳组合方案。需求导向的人才培养过程，要求以"供给侧改革"为突破口，以产教融合为根本路径，加强课程模式、教学模式与工作过程模式、产教协同模式的实质融合，着力突破传统学科体系框架，重构"学为中心"的课程开发体系和教学实施流程，促进课程实施的情境性建构、教学模式的协同化建构，引导学生开展基于问题的学习、研究性学习、项目化学习、混合性学习等，提高学生解决复杂问题、跨界学习、创新体验、批判性思维等高阶心智活动水平，并促进质量文化内涵建设，形成内/外部评价反馈的持续改进机制，实现由"教为中心"向"学为中心"的根本性转变，开创个性化教育大格局。

（5）保障机制。保障机制涵盖达成特定培养目标的学科、专业、平台、制度、师资等条件保障。学科专业是人才培养的平台和载体，是建设一流本科、培养一流人才的"四梁八柱"，其核心是全面提高人才培养能力。应用型本科应以创新人才培养机制为重点，完善学科专业顶层设计与动态调整机制，建立健全"政产学研用"紧密耦合的平台共建机制和协同育人机制，统筹专兼职教师队伍建设，构建功能集约、开放共享、运作高效的协同育人平台，建立独具特色的分类培养体系和分流制、选课制、导师制、主辅修制等组合性制度，着力拓宽专业口径，拓展个性发展空间，完善个性化发展平台和协同育人过程的制度性设计，促进个性化人才培养目标体系、课程体系、教学体系和保障体系的制度性重构，探索实施网络化、数字化、智能化、个性化的教育，推动形成"互联网＋个性化培养"新形态，以现代信息技术推动人才培养质量提升的"变轨超车"，培养真正适应经济社会发展需要的应用型高素质个性化专门人才。

总之，建构应用型本科个性化人才培养模式，应以"共性主导＋个性发展"理念为灵魂，以确立需求导向的分类培养目标体系为核心，以重构"反向设计＋正向实施"课程体系为关键，以构建"学为中心、产出导向、持续改进"的培养过程为重点，以创新个性化人才培养保障机制为支撑，重在基于类型化教育特性建构应用特色鲜明的个性化人才培养生态系统（见图4.6）。这一系统具有理论与实践的简约性、目标控制的主导性、操作过程的稳定性、实践建构的协同性、目标达成的有效性、适用范围的可复制性等特征，影响着应用型本科个性化教育形塑的总体方向和整体效能，其终极目的是促进应用型人才的个性全面优化发展。

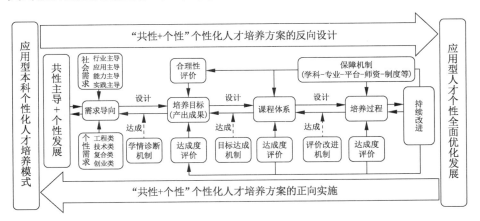

图 4.6　应用型本科"共性＋个性"个性化人才培养模式建构模型

4.3　个性化培养：设计与重构

应用型本科作为基于通专融合的一种专业教育类型，个性化培养体系设计主要以应用型人才培养定位为基础，突出"共性培养＋个性发展"的"个性化教育"培养体系和培养过程的规划与设计。个性化培养制度设计是基于社会需求和学生发展需求，按照类型化教育取向和个性化教育理念设计的，反映了人才培养目标与培养规格的总要求，这些要求是优化人才培养方案与培养过程的客观依据，并贯穿于人才培养过程的始终①。

具体而言，主要是兼容通识性与专业性、科学性与人文性、学术性与应用性、多样性与开放性，贯穿"通专融合、产教融合、科教融合、双创融合"四融合理念，按照"宽口径（重贯通）、重基础（重慧识）、强能力（重专精）、展个性（重特长）"的原则，整体构建"个性化、平台化、模块化、协同化、智能化"人才培养体系，搭建人才多样化、个性化发展平台，重构"共性培养+个性发展"的个性化培养制度体系（见图4.7）。

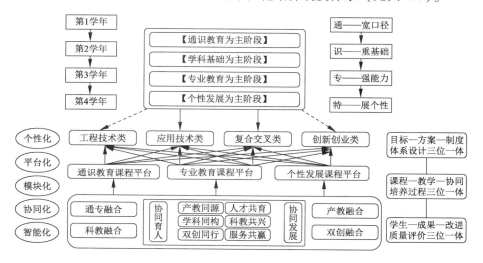

图 4.7　应用型本科个性化教育的制度设计框架

4.3.1　坚持需求导向，完善培养体系三位一体制度设计

需求导向的人才培养体系，涵盖"培养目标体系—培养方案体系—教学制度体系"三位一体的制度体系设计，要求准确定位人才培养目标，整体协调社会本位与个体本位的关系，注重面向产业、面向职场、面向未来，聚焦当前急需和未来发展方向，把握人才需求结构与质量内涵的变化，瞄准新产业、新业态的中高端人才需求，对接需求重构多方向、多通道、多样化的个性化人才培养体系，建立适应社会和学生发展需求、"产业链—专业链—人才链"耦合对接、校企联合"双主体"育人的培养方案体系和人才培养机制。

---

① 付华军，刘欣．应用型大学个性化教育：理念、取向与制度设计［J］．教育学术月刊，2021（6）：54-60.

1. 个性化培养目标设计

主要以立德树人为根本，以培养目标为准绳，以行业需求为基准，以强化能力为本位，根据应用型本科目标定位、办学类型定位、服务面向定位等，准确定位人才培养类型、层次、规格等，确定毕业生职业与专业成就预期目标；各专业培养目标，则基于大类培养、分类发展原则，结合自身特点确定专业能力与素质发展目标，将学生个性化发展目标融入人才培养体系，明确毕业生"知识—能力—素质"要求，体现"通—识—专—特"人才培养特征，规划以应用型人才培养为主体、发展方向多元化的本科专业培养方案和指导性教学计划，引导制定有个性的培养方案、有方向的培养计划、有选择性的课程套餐。

2. 个性化培养方案设计

主要以目标达成为总纲，以专业能力为核心，以课程设计为重点，按照通专并举、分类培养、知行合一、协同育人等基本思路，把握毕业要求、课程结构与培养环节等关键要素，紧扣"知识—能力—素质"三要素，细化可衡量的毕业要求达成目标，建立明确对应毕业要求且能支撑专业能力目标和核心素养的矩阵式课程结构，并遵循基础与应用、必修与选修、课内与课外、共性与个性结合原则，构建"通识教育课程、专业教育课程、个性发展课程"三位一体课程体系和实践教学体系，设置工程技术类、应用技术类、复合交叉类、创新创业类等个性发展课程平台，明确各类课程结构比例、开设性质、学时/学分和达成方式等（见表4.3），形成能支撑毕业要求达成的规范性培养方案和指导性教学计划。

3. 个性化培养制度设计

主要以制度建设为保障，根据学生个性差异来选择培养方式，健全有利于培养目标达成的教学制度和配套管理制度。一是以学生为中心，进一步完善学分制管理办法，设立学科竞赛、在线学习、科技创新、双创实践等个性化发展学分，提高选修课学分比重，增设辅修专业和双学位学分，重视学科交叉课程开设，引导学生跨专业选修课程，保障学生自主选择专业与课程的权利；二是适应产学研一体化协同育人要求，强化"通专融合、产教融合、科教融合、双创融合"四融合平台建设，构建与个性化教育模式相适应的"双师"（专任教师、兼职导师）协同育人、双证书（学历证书+若干职（执）业资格证书）、双学位制等专业培养与认证机制；三是推进配套管理制度建设，搭建有特色的个性化教育数字化管理和智能服务平台，推行个性定制计划，实施优才优育计划，建立分类分级课程、双向选课、并行排课制度，健全导师制、访学制和联合培养、学分互认、学位授予等配套制度。

表4.3　某学院"三位一体"个性化教育课程体系结构

课程平台		学习内容	学分
通识教育课程 （55 学分）	必修课 （40 学分）	思政理论课程群	12
		文史语言课程群	10
		自然科学课程群（数理基础与交叉学科）	7
		信息技术课程群	2
		创新思维课程群（交叉学科与思维训练）	2
		艺术体育课程群	3
		职业发展课程群	2
		心理健康课程群	1
		国防教育课程群	1
	选修课 （15 学分）	通识教育核心课程	9
		通识教育普通课程	6
专业教育课程 （60 学分）	学科基础课		四年制专业 60；五年制医学专业 80。（含自然科学课程）
	专业必修课		
个性发展课程 （25 学分）	（1）工程技术类：25 个学分专业选修课程 （2）应用技术类：25 个学分专业选修课程 （3）复合交叉类：25 个学分任意选修课程 （4）创新创业类：25 个学分双创为主的选修课程		25
实践教育体系 （25/30 学分）	国防教育与军事训练、大学生心理健康实践活动、课外科技文化创新、暑期社会实践；各专业独立课程实验、集中实践教学（含课程设计、工程训练、创新创业活动、专业见习、生产实习、毕业实习、毕业论文（设计）等）		文科类≥25 理工类≥30

4.3.2　坚持应用导向，完成培养过程三位一体制度重构

应用导向的人才培养过程，涵盖"课程开发过程—课程实施过程—协同培养过程"三位一体过程模式的制度建设，要求以"供给侧改革"为突破口，加强课程模式、教学模式与新经济、新产业、新业态模式的有效融合，着力突破传统学科体系框架，重构应用取向的课程开发体系和教学实

施流程，增强人才供需结构的匹配度，促进课程体系的项目化建构、课程实施的情境性建构、教学模式的协同化建构，实现由封闭式学校教育向开放式协同教育、由"教为中心"向"学为中心"的根本性转变。

1. 个性化课程开发

主要以目标达成为主导，以能力培养为主线，有效引入行业标准及职业资格标准，基于"知识—能力—素质"要求，建立达成毕业要求的课程开发体系，重构"平台+模块"项目化课程、线上线下结合（OTO）的智能化课程形态，形成以平台化课程为基础、项目化课程为主干、模块化课程为重点、智能化课程为示范（含在线开放课程、虚拟仿真实验平台等）的应用型课程开发体系，构建"产学三级联动"①（一级专业见习模块—二级生产实习模块—三级毕业实习/毕业设计模块）项目化课程群和协同开发机制，从根本上解构学科化课程体系，凸显课程开发的应用性特质和个性化建构特征，促进课程形态与学习方式的根本性变革，促进学习者整体提升面向未来职场的基础学力、专业能力、团队协作能力、实践创新能力和终身学习能力等，最终实现学生个性化和社会化的同步建构。

2. 个性化课程实施

重在以问题为中心，以任务为主导，以能力产出为核心，遵循"三周期耦合原理"（即工作生命周期—学习阶段周期—个性发展周期耦合），建立任务主导型的情境性教学机制，重构智能化学习、协同育人新生态模式，创设实体与虚拟、线上与线下、课内与课外、团体与个体等混合式立体化学习场域，建立学习工作坊、名师工作室、专业导师制等个性化教学制度，促进静态教程向境域学程的根本转型，引导学生开展基于问题的学习（Problem Based Learning，即 PBL）、研究性学习、项目化学习、混合性学习等，提高学生解决复杂问题、跨界学习、创新体验、批判性思维等高阶心智活动水平，发展实践创新能力与团队协作能力，促进学生由低阶学习向高阶学习的个性化品质提升。

3. 个性化协同培养

重在以产教融合为根本路径，将人才共育融入个性化教育体系，促进人才培养体系共建、方案共定、资源共享、模式共创，建立供需耦合的个性化教育体系，着力提高培养目标的达成度；以科教融合为重要支撑，将学科建设与科学研究回归育人本体并融入育人体系，促进"行业学院（产

---

① 施晓秋．"产学三级联动"工程能力分级培养模式的构建与实践［J］．高等工程教育研究，2017（5）：66-71.

教融合平台）+产业研究院（科教融合平台）"一体化建设，形成以行业学院为主体、产业研究院为支撑、协同育人为核心的"双学院双平台"建设新模式，着力增强人才培养创新力；以双创融合为驱动引擎，将大学生创新创业教育融入人才培养全过程，健全"政府—学校—社会"联动机制，搭建创业共享平台、众创空间、创业园区、创业驿站、创意坊等创客平台，着力提升人才培养适应力，努力探索协同育人新样态，开创个性化教育大格局。

4.3.3　坚持产出导向，强化质量评价三位一体制度性建设

构建产出导向（Outcome Based Education，即 OBE）的人才培养模式，关键是建立"学生中心—产出导向—持续改进"专业认证三位一体质量评价模式。要求依据本科教学质量国家标准并参照专业认证标准，重点聚焦"学生产出"（产出导向），聚焦学生个性全面优化发展这一核心，由学科中心转向以学生为中心的目标达成及效果评价，将"持续改进"及"五个度"质量标准（社会需求适应度、培养目标达成度、办学条件支撑度、质量保障有效度、学生及用户满意度）贯穿于人才培养全过程和主要环节，建立"学情诊断—目标达成—评价改进"闭环式质量监控机制，形成内/外部评价反馈的持续改进体系（见图 4.8）。

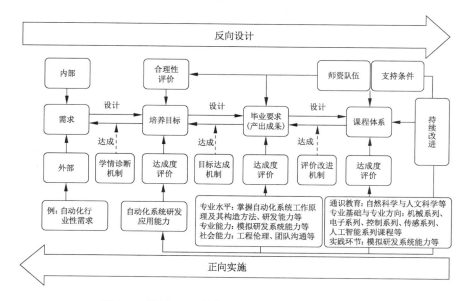

图 4.8　基于 OBE 的专业认证闭环式质量监控机制

落实到学生中心层面，重在建立学情诊断机制。若要个性化教育质量

最终落脚在学生个性化发展上，就要借助认知风格、多元智能理论和数据分析工具，对学生的学习性向、学力基础、认知风格、智力水平等进行系统分析和诊断，并采取相应的聚类分析方式，生成可视化的学情分析报告，以确定学生个性化发展需求，发掘学生学习潜质与个性优势，量身订制个性化培养方案，设计个性化课表，为学生成人成才提供个性化导航，精准引导学生个性化发展。

落实到产出导向层面，重在建立目标达成机制。个性化教育质量标准须落实到人才培养全过程和主要环节中。目标达成机制指向课程教学与条件支持系统及其持续改进，既涉及支撑培养目标达成的师资能力、教学设施与实践教学基地等办学条件硬实力建设，也涉及课程体系、教学模式与质量文化等软实力建设。要注重融入专业认证质量标准，构建以"学生中心—产出导向—持续改进"为核心理念的专业认证质量模式，按照"反向设计—正向实施"原则，反向设计课程体系，正向组织教学活动，持续改进目标达成质量；同时，要创新课堂教学模式，打破常规教学组织空间，灵活组织大班教学与小班研讨，着力推进课堂教学由"单声道"向"多声道"转型，建立讲授与研讨结合、线上与线下一体的混合式教学模式，① 着力探索个性化教育的有效路径，实现教育内容的个性化、教学设计的个性化、教学模式的个性化，促进学生变被动学习为主动学习、变个体学习为协作学习、变机械学习为智慧学习、变固化学习为泛在学习，最终提升学生学习和生活智慧，切实达成个性化培养目标。

落实到持续改进层面，重在建立评价改进机制。教学评价是调控教学过程并促进学生个性发展的重要环节和有效手段，起点是"课程达成度"，焦点是对"毕业要求达成"的价值判断，重点是建立内部质量评价与改进机制，并深化考试评价制度改革，推行重修重考制度、学业预警制度，取消"清考"制度，坚决杜绝"水课"。在评价内容上，要从单纯的对教与学的评价过渡到对达成培养目标的全过程、全要素的评价；在评价功能上，要从传统的甄别筛选功能转向学情诊断和发展功能，为持续改进教学质量、促进个体发展提供科学依据和良性反馈通道；在评价对象上，要从单纯的学业成就评价转向与过程性评价结合、更加关注学生学习过程表现和个体差异的评价；在评价方式上，要从以终结性评价为主转向以数据驱动的过程性评价为主，加大学习过程和实践教学的考核权重，加强对学生核心素

① 杨宗凯. 高校"互联网+教育"的推进路径与实践探索［J］. 中国大学教学，2018（12）：13-16.

养和可持续发展能力的考察力度，引导学生主动探索和发展自己的个性特长。

概要而言，个性化教育是在类型化教育活动中引导个体形成自主发展优势、实现人的个性全面优化发展的教育生态系统。个性化教育必须以类型化教育活动取向与自主选择为依据，实现由学科中心向学生中心、由理想模式向现实模式、由经验范式向科学范式转型，成为系统化的制度性建构和可实施的过程性模式。应用型本科教育作为基于通专融合的一种专业教育类型，应重构基于类型化教育的个性化教育制度体系，完成培养体系、培养过程、质量评价"三位一体"制度性建设，并进一步深化个性化教育实践探索，推进基于大数据支持的个性化教育"目标体系—课程体系—评价体系"的系统性建设，从根本上突破传统学科化教育模式的路径依赖，建构"共性培养+个性发展"的个性化教育教学模式。

第 5 章

应用型本科新生态课程体系建构

5.1 范式转换：从课程开发走向课程理解

"范式"（Paradigm）概念由托马斯·库恩（Thomas·S·Kuhn）在《必要的张力——科学的传统和变革论文选》书中首次提出；后来在其《科学革命的结构》一书中，库恩明确将"范式"作为解释科学动态发展的核心概念。库恩认为，"按既定的用法，范式就是一种公认的模型或模式"①，体现了科学共同体共同拥有的信念与价值观，是科学共同体在相关研究领域所达成的公认的理论模型和解决问题的基本框架。库恩把科学发展分为动态联系的两个阶段——科学共同体共遵法则的常规科学阶段和突破常规科学原有范式的科学革命阶段。科学达到成熟和新旧科学更替的重要标志，即实现新旧"范式"的根本性转换。

20 世纪 70 年代以来，课程领域发生了重要的"范式转换"：课程研究超越以"泰勒原理"为代表的学科化的"课程开发范式"，走向人本化的"课程理解范式"，并试图突破"主客二分""理性独断"的传统思维，在扬弃与超越中促进范式由"二元对峙"走向有机融合。从"课程开发"转向"课程理解"，无疑是课程研究领域革命性的"范式转换"。这种"转换"的实质是基于"关系思维"的价值性转向，体现着课程研究的一种发展趋势或未来走向②。

---

① ［美］T. S. 库恩. 科学革命的结构［M］. 李宝恒，纪树立，译. 上海：上海科学技术出版社，1980.

② 刘欣. 范式转换：课程开发走向课程理解的实质与关系辨析［J］. 教育研究与实验，2014（1）：52—57.

5.1.1 实体思维：课程开发的范式诠释

课程开发（Curriculum Development）通常是指根据特定教育目标进行课程研制、课程设计、课程实施和课程评价，以改进课程功能的活动过程。19世纪后期，受工业革命和科技进步影响，欧美教育界开始出现追求"功效"和"唯科学主义"的潮流，美国课程论专家博比特（F. Bobbitt）、查特斯（W. W. Charters）开启了欧美课程开发的科学化运动。而将科学化课程开发理论推向顶峰，使之成为经典范式的，是美国课程理论家泰勒。泰勒系统总结了美国进步主义教育协会发起的课程改革实验"八年研究"成果（1934—1942），并出版了《课程与教学的基本原理》。在这部被公认为"现代课程理论圣经"的里程碑著作中，泰勒以目标控制为课程开发的基础和核心，强调课程开发必须遵循"确定目标—选择经验—组织经验—评价结果"四个基本环节，形成了课程开发经典范式——"泰勒原理"。"泰勒原理"倾向于建立一种目标控制下的普适性的课程开发程序，强调课程目标的预设性和标准化，进而奠定了制度化、科学化课程开发的正统地位。

1. 实体本体论：课程开发范式的哲学基础

课程开发范式实质上源于客观主义哲学与实体本体论。"实体"（substance）作为西方哲学的核心范畴，两千多年来一直支配着西方哲学的发展。亚里士多德最先提出这个概念，他认为，"实体就是固定不变的作为其他东西的主题、基础、原因、本质，并先于其他东西而独立自存的东西"①。也就是说，实体最根本的意义在于，它是不依赖于任何其他存在物而独立存在的客观"实在"（reality），是一切事物的存在基础和万物生成的本原。从实体本体论出发，亚里士多德认为真正的知识是对客观"实体"的认识。这一实体知识观蕴含了两个基本假设：其一，实体的存在是永恒不变的，其他事物的存在都是以实体的属性方式存在，为实体所派生，这是实体知识观确立的本体论根据；其二，任何知识的存在都有可能借助于因果推理探明其存在的终极原因——即对世界本原的认识，这是实体知识观确立的认识论根据。由此决定了人们从实体性思维出发，探寻世界本原的两条路径：一是认为理性推论是获得客观知识的唯一来源，此为理性主义认识论；二是认为经验实证才是还原客观知识的唯一基础，此为经验主义认识论。其共同点在于，以实体知识观为前提，坚持知识的客观真理性，坚持实证还原或本质主义思维。这样，探求知识本原性、确定性、普遍性本质的实

---

① ［古希腊］亚里士多德. 形而上学［M］. 吴寿彭，译. 北京：商务印书馆，1997：248.

体思维就被置于无以复加的高度，"知识中心"成为课程开发范式的必然选择，学习必须以实体知识为对象，课程必须以维护实体知识为目标，教学过程就是对实体知识"特殊的认识过程"，传授实体知识成为课程与教学的基础性任务和本质力量。由此，课程与教学不可避免地被蒙上浓重的实体性色彩，理性与经验、事实与价值、客体与主体"二元对峙"成为实体思维的唯一选择，以终极性、封闭性、简单性、静止性为特征的实体思维盛行于世，学生主体价值和意义被生生剥离。

2. 目标控制论：课程开发范式的课程主张

从泰勒《课程与教学的基本原理》出版至今，"泰勒原理"一直被作为课程研究与开发的基本框架。泰勒提出的"确定目标—选择经验—组织经验—评价结果"四大环节，被众多课程论者认为是课程开发中不可回避的最基本原理，被称作课程开发的"永恒的分析范畴""主导的课程范式"。这一范式将目标作为课程开发的出发点，目标既作用于学习经验，又作用于评价；目标既是选择和组织学习经验的指南和决定因素，又是开发评价程序和评价工具的标准。因此，目标控制构成了课程开发的核心，"目标模式"成为课程研究领域占据支配地位的经典范式，并一直被用于指导大多数课程研究与开发。但"泰勒原理"所追求的目标控制，实际上是以客体知识作为支配课程开发的核心观念，强调科学知识的标准化生产、传播和应用的方法和信念，而忽视科学知识的人本价值和社会性建构，显示出比较明显的客观理性主义和实体化思维倾向，实质上成为"科技理性范式"，其结果势必更加凸显"主客二分"的实体思维方式，限制了课程开发过程的创造性，导致主体价值的弱化，学校教育走向功利化，加深了教育的人文危机和社会危机。

3. 知性程序论：课程开发范式的研究框架

课程开发论者确立研究框架的前提假设，是认为教育过程类似于生产过程，课程的本质就是为成人生活做准备。如博比特和查特斯就认为，课程开发就是通过"活动分析"或"工作分析"，根据人的未来活动或职业行为来确定课程目标模式的过程与方法。这种方法既是"唯科学主义"潮流的反映，也是科技理性主导下的课程本质观的体现。后来，泰勒集大成地将"学科专家的建议""对校外当代生活的研究""对学习者本身的研究"并列为课程目标的"三个来源"，确立了知性取向的课程开发基本框架。泰勒的贡献在于，提供了课程开发目标和效果评价的确定性依据，保证了课程开发活动的科学程序性和有效性，对推动现代教育走向科学化发挥了重要的历史作用。其"四大环节"成为课程开发最具权威性的基本原理和实践模式，其"三个来源"后来被简化为"学科知识、社会、学习者"，成为课程开发公认的三个基本向度和研究框架。但是，科学并不能解决一切问题，尤其不能直接解决价值问题。试图建立以"目标控制"为核心的课程开发程序，为课程开发提供一个理性主导的普适性的技术范式，结果只能是强化了事实与价值、过程与结果、手段与目的间的二元对立。用什么样的课程范式或研究框架把课程开发的三大向度有机统一起来，这是"后泰勒时代"必须面对的新的课题。

5.1.2　关系思维：课程理解的范式转换

课程理解（Understanding Curriculum）是对课程现象、课程"文本"、课程事件的意义解读过程，旨在彰显课程文本的符号意义与主体价值。从"课程开发"转向"课程理解"，并非一朝之功，其间，施瓦布的"实践模式"、斯腾豪斯（L. Stenhouse）的"过程模式"等先后对泰勒的"目标模式"提出了挑战。但它们并没有形成根本突破性的课程开发范型，尚不足以颠覆"泰勒原理"的经典地位。真正的超越来自"课程理解"的范式革命，因其价值观和学术观的深层次改变和影响，最终成为当今课程研究的显学。

1. 关系本体论：课程理解范式的哲学基础

课程理解范式实质上源于人本主义哲学与关系本体论。人本主义认为，价值关系是人类一切社会关系的基础和核心，教育的本质和根本目的就是培育完善的人性，彰显价值理性，这是一种反思、质疑、批判和超越客观主义的哲学观和方法论。就本体论而言，与客观主义的"实体"决定论不同，人本主义倾向于关系本体论，认为宇宙的构成不是纯粹客观的物质实体，而是由属性和关系构成的"有机体"①，人的心理表征与外部世界一样拥有"真实"的存在状态；就认识论而言，与客观主义的知识还原论不同，人本主义倾向于知识生成论，认为知识是基于主体经验以内化外部世界，进行意义体认与建构的结果，科学知识是相对于主体建构而言的价值性存在，不存在"价值中立"的客观真理。一切存在物都是在实体世界的种种关系中被规定的，都是关系性存在，是实体与关系的集合体。这里，关系（Relation）是与实体对应的实在概念范畴。世界上的事物之所以形成了实体与关系的区别，归根结底在于实体世界的间断性与连续性；关系的间断构

---

① ［英］阿尔弗雷德·诺思·怀特海. 过程与实在：宇宙论研究［M］. 杨富斌，译. 北京：中国城市出版社，2003：30.

成了实体，实体的连续构成了关系。关系思维就是立足于对象性的"关系存在"，从事物与事物的关系中去理解事物，是以开放性、复杂性、过程性和非线性为特征的生成性思维方式。从"实体本体论"到"关系存在论"的转向，意味着思维方式由"存在（是什么）"向"生成（如何是）"转换的重大变革①。这种转向可追溯到黑格尔"主体与客体统一"的思辨哲学；德国现象学派创始人胡塞尔（E. Husserl）扬弃黑格尔哲学的"绝对精神"，倡导"回到实事本身"，回到主体与客体本源同一的纯粹世界，认为"本真的教育不是一个实体，而是一种关系"，"教育需要建立交互主体性关系"②。法国社会学家布迪厄（P. Bourdieu）同样认为，人与世界的关系是一种"本体论"意义上的契合，"根据场域概念进行思考就是从关系的角度进行思考"③。在英国哲学家怀特海的"过程哲学"看来，宇宙是一个主客关系的建构过程和价值领域；"关系"是教育存在的基本形态，教育与构成它的材料的关系不仅是一种事实关系，更是一种价值生成关系。关系思维为我们重新认识教育世界提供了新的思维方式，这种思维方式旨在超越"主客二分"的实体思维，强调把学校教育变为真正的"关系世界""交往世界"和"生活世界"，把课程视作生态化的有机整体，视为不断生成与创造的价值性活动过程。这是一个内含在现象学、存在主义、精神分析理论、社会批判理论和过程哲学等当代人本主义哲学思潮中，洋溢着"人本—理解"品格的价值共同体，为我们理解课程范式的转换提供了新的思维框架。

2. 整体生态论：课程理解范式的课程主张

课程理解范式是一种"人本—理解"取向的课程研究范式。这种研究取向把课程视为"符号象征"，课程研究的目的是理解课程符号所负载的价值观。这种倾向至少在美国已成为课程研究的"显学"，旨在突破"工具理性"或"科技理性"的支配地位，回归"解放理性"的本真价值④。20 世纪 80 年代以后，课程被置于社会、政治、经济、文化等广阔背景中来理解，侧重联系个人深层的精神世界和生活体验而寻找课程的"文本"意义。对这种"文本"不同角度的解读，形成了丰富多彩的"课程话语"，主要表现

---

① ［英］阿尔弗雷德·诺思·怀特海. 过程与实在：宇宙论研究［M］. 杨富斌，译. 北京：中国城市出版社，2003：40.

② ［德］胡塞尔. 欧洲科学的危机与超越论的现象学［M］. 王炳文，译. 北京：商务印书馆，2001：147.

③ ［法］皮埃尔·布迪厄，［美］华康德. 实践与反思：反思社会学导引［M］. 李猛，李康，译. 北京：中央编译出版社，1998：133.

④ 张华. 课程与教学论［M］. 上海：上海教育出版社，2000：418-419.

为两种课程理解倾向：一是以现象学、存在主义、精神分析理论为理论基础，旨在通过提升个人"存在体验"和意识水平，指向人的自由解放的"存在现象学"课程论，主要以派纳、格鲁梅特等为代表；二是以法兰克福学派、哲学解释学、知识社会学为理论基础，旨在通过"反思性实践"和自我反思行为，实现人的自由和社会公正的"批判课程论"，主要以麦克唐纳、阿普尔等为代表。这里，"课程"作为一种弥漫"人文精神"的生态化的有机整体，不再是静态的跑道"curriculum"，而是作为动词"currere"的"奔跑过程"或"存在经验课程"，其根本目的是促进"个体解放"。整体生态论认为，理性与经验、事实与价值、客体与主体、过程与结果等均是有机统一的连续体和动态生成的生态关系。主体内在地蕴涵在客体之中，只有在主客体有机联系和动态生成的过程中探究人的主体性，才能把握主体性的实质，进而回归主体价值生成的本真状态。整体生态论视域下的课程，更为关注学生作为"具体而完整的人"在学习过程中的体验与反思，从而将课程视为生生不息的体验性过程，视为师生协同进行意义建构的生成性过程，视为充满活力和发展价值的创造性过程。诚如派纳所言："课程是一种特别复杂的对话，课程不再是一个产品，更是一个过程。它已成为一个动词、一种行动、一种社会实践、一种个人意义及一个公众希望。"①

课程理解范式又是一种"人本—交往"取向的课程研究范式。这种研究取向是基于"交往理性"，以"交往实践"为特征的。法兰克福学派第二代旗手、德国哲学家哈贝马斯在其名著《知识与人的兴趣》中区分了三种基本认知兴趣：技术兴趣、实践兴趣与解放兴趣。它们分别对应于人的三类理性，即工具理性、实践理性和解放理性②。哈贝马斯认为，应融合三种理性，重建以主体间对话理解为基础、以"交往理性"为特征的生活世界，促进"交互主体性"的交往实践和同一化发展，最终达到人性解放与社会和谐的目的。哈贝马斯的"生活世界"以文化、社会和个性的统一为内在结构，实现了从个体中心到交往理性的价值转换，从而为丰富马克思主义交往实践理论提供了可资借鉴的内容。马克思主义认为，社会生活在本质上是实践的，作为人活动于其中的生活世界是人化的世界，生活世界的生成与人的主体性生成是同步进行的，其生成的根源在于人的社会实践活动

---

① W. F. Pinar, W. M. Reynolds, P. Slattery, et al. Understanding Curriculum [M]. New York：Peter Lang Publishing, 1995：398.

② 褚清源，崔斌斌. 课堂策 [M]. 济南：山东文艺出版社，2018：121.

的交往性与不断发展性①。从主体存在的本体意义上来说，人的主体性是在交往实践中生成和发展的，只有通过交往实践，主体和客体才能得到统一，主体性才能获得发展。课程要挣脱"科技理性至上"的樊篱，就必然要回归"生活世界"，在对象性的交往实践活动中建构生态化的课程意义与价值，实现"主体性发展"的终极目标。

3. 人本建构论：课程理解范式的研究框架

"学习者、社会、学科知识"是课程研究公认的三大向度或基本范畴。至于用什么样的研究框架来有机整合三者的关系，其关键在于将何种范畴作为逻辑起点，来揭示存在与价值的本质规定性，进而厘清理论建构的基本脉络。如果说，课程开发范式是以"学科知识"为起点形成的"学科知识—社会—学习者"知性研究框架，那么，课程理解范式则是以"学习者"为起点构建的"学习者—社会—学科知识"人本研究框架。两种研究框架，绝不只是形式结构的简单替换，而是实质结构的一种"范式转换"。两者的根本区别在于：前者以实体知识论为研究前提，以"科技理性"为价值论根基，因而，"目标"或"结果"控制成为其核心范畴，三大向度"二元对立"的实体思维成为其基本立场，课程被视为一种工具理性主导的程序化的预设模式，由此形成了与工业社会相联系的"知识中心"的科学课程体系，其终极目的指向工具性的外在知识目标，人的发展处于从属地位。后者以知识生成论为研究前提，以"解放理性"为价值论根基，因而，"体验"和"反思"过程成为其核心范畴，三大向度"有机统一"的关系思维成为其基本立场，课程被视为一种价值理性主导的生态化的有机整体，由此形成了与后工业社会相联系的"主体中心"的建构课程体系，其终极目的指向价值性的主体发展目标，学科知识处于基础地位。"人本建构论"研究框架，"存在"与"生成"同一，课程"存在"由其"生成"方式所决定，"课程就是建构自我，建构主体性生活经验的过程"②；课程不再简单地被视为预设性的静态"跑道"，而被解读为生成性的动态"奔跑"过程，被理解为特定情境下的个体存在体验、反思精神和社会交往实践合一的生命发展历程。派纳等"存在经验课程"论者从"个体—社会"路径出发，将课程视为个体"生活世界的体验"或"履历经验"的重组，是课程主体的

---

① 中共中央马克思恩格斯列宁斯大林著作编译局. 马克思恩格斯选集：第 1 卷 [M]. 北京：人民出版社，1972：60-68.

② W. F. Pinar. Autobiography, politics and Sexuality [M]. New York：Peter Lang Publishing, 1994：220.

"一种内心的旅行"，主张通过"履历情境的描述"和"自我知识的探求"来发展个体的"存在经验"，提升个体的意识水平，最终实现个体解放；阿普尔等"批判性课程"论者则从"社会—个体"路径出发，将课程视为"反思性实践"，是包括行动和反思的社会交往实践和意义建构过程，更是以意义创造为核心的社会性建构过程，主张通过意识形态的批判达到社会公正和个体解放。这两种课程观以凸显课程"解放理性"为终极价值，形异神同，彼此互补，不仅重视个体性体验与反思，更强调社会性交往与建构，它们共同拓展并深化了课程存在与生成的内涵。

概而言之，"体验""反思""交往"过程是三者同一的有机存在，它们共同根植于人的"精神世界"，并存在于本我（自然性）、自我（社会性）、超我（自主性）有机统一的主体性"生活世界"中。从主体性存在的本体意义上说，三者超越了人类的认知活动，而成为人类不断超越自身存在的一种基本存在方式。正是在人与自然、人与社会、人与自身的体验、交往和反思中，学习者超越了主客体异化的知性世界，体验着过程价值和生命意义，增进了生命体的自我反思和心灵对话，提升了人的社会化建构力、智慧生成力与创造力，最终指向学习者主体性与社会性全面和谐发展的终极目标。由此可见，"体验""反思""交往"三维范畴所构成的理论框架，高度浓缩了课程理解范式对课程生成性本质或课程存在价值与生成方式的追寻，既具有认识论和方法论意义，也深刻反映了课程对人与世界本体意义的理解和认同，体现了课程本身的存在价值和生成价值有机统一的最本质规定性。

5.1.3　两种课程范式的关系辨析

由"课程开发范式"转向"课程理解范式"，无疑是课程研究领域革命性的"范式转换"。这种"转换"的实质是由"实体思维"到"关系思维"的根本转向，因而，并不必然意味着原有范式的终结，而应将其视为新旧范式之间的延续、超越和升华，体现着课程研究的一种发展趋势或未来走向。

1. 从文化层面来看，课程是一种文化性存在

课程是人类精神绵延不绝的生命存在形式。任何一种课程范式都是时代的产物，都体现了特定时代的科学精神和人文价值，都需要从各自具体的社会与文化视角去理解其存在的合理性。以泰勒为代表的课程开发范式，有着共同的科学化课程取向，其课程理念内含着一种科学理性精神，合乎理性取向的传统教育理念，为课程实践提供了一种程序化的"处方"，也有利于学习者有效传承前人的智慧成果；但因其夸大了课程目标的理性控制，

而忽视了非理性精神，遮蔽了课程的丰富内涵与意义，导致课程陷入理性与非理性"二元对立"的困境。20 世纪 70 年代以来，"泰勒原理"及其科学化课程成为"概念重建学派"批判的靶心，有些学者甚至走向极端，完全否定了知性目标的存在价值。其问题在于："在批判传统教学的工具理性论，强调人的情感、态度、价值观的同时，还要不要重视形式演绎推理系统，重视概念与原理的学习？"① 应当看到，从实体知识论到知识生成论，从科技理性到价值理性，作为超越科学化课程理论局限的一种价值选择，课程理解并不必然滑向另一极端，重蹈"二元对立"实体思维的覆辙，其根本目的是促进科学精神与人文价值的融合，引领课程研究和发展的价值走向。这种融合的合理性在于，从价值生成的"关系思维"着眼，合理重构"价值—理论—方法"合一的新型课程文化。

2. 从关系层面看，课程是一种生态化存在

课程开发与课程理解是两种既有区别又有内在联系的课程事件。在实体思维下，课程开发与课程理解非此即彼，互不兼容。课程开发是研究、设计、实施和评价课程计划的预设过程，这个过程着眼于使一项课程计划从无到有、由不完善到不断完善的具体操作程序；课程理解是对课程现象、课程"文本"、课程事件的意义解读过程，其着眼点不在课程开发的具体程序，而在对种种课程与教学事件的历史、现状与未来的意义理解②。在关系思维下，课程开发与课程理解内在统一于"主体性价值"，这种关系是内在的、本质的和生态化的。课程开发过程并非预设性的、确定性的过程，而是基于特定情境下具有不确定性理解的创造性生成。课程开发过程总包含着对课程本体生命意义的某种创生性理解，并建立在这种理解的基础之上；课程理解的最终目的是赋予课程事件以主体意义和价值，而要真正体现这种意义和价值，则需要通过课程开发的过程。所以，课程理解是课程开发的深化和延续，其目标是指向课程开发与生成过程的价值性转变，指向课程开发与课程理解的内在统一，指向"课程开发"与"课程理解"研究的有机整合。在"二元对立"的实体思维框架下，课程开发不能解决"课程存在"的根本性问题，更不能解决课程开发与课程理解的整合问题。我们必须转向关系思维，重新思考课程范式的价值性存在，关注知性课程和生命课程的双重建构，真正回归存在和生成有机统一的课程本真存在和生态

① 裴娣娜. 现代教学论生成发展之思——怀特海过程哲学的方法论启示 [J]. 教育学报，2005（3）：3-7.

② 张华. 课程与教学论 [M]. 上海：上海教育出版社，2000：419-420.

化样态。

3. 从意义层面看，课程是一种建构性存在

课程是在特定情境下对课程"文本"进行多元文化的解构与重构的过程，是课程结构与建构、"跑道"和"奔跑"的统一。从静态的"跑道"来看，学校应该有预设的课程目标、课程组织和实施计划，这是普适性"课程开发"的合理基础；而从动态"奔跑"的过程来看，课程是主体"体验""反思""交往"三者同一的存在方式，是关乎主体生命意义的反思与体验、交往与创生的过程，是在意义与关系的双重建构过程中完成主体生命价值建构的实践活动，这正是"课程理解"超越知性范畴，提升到"本体论、价值论、方法论"统一高度的进步性所在。知识关乎存在，意义关乎人生；意义需要知识支撑，知识则需要意义建构来提升。知识和意义均非先定存在，而是相对于主体建构而言的体验、反思与意义建构的价值性存在。从这点出发，我们可以说，课程建构既是对课程存在意义的建构，也是对课程生成方式的建构；课程建构过程就是意义的建构、价值的生成和"存在"的澄明①。就方法论而言，与"课程开发"的普适论不同，"课程理解"倾向于情境论，强调意义在主体间性交往实践中的动态生成，强调学习者在"情境—协作—会话—意义建构"四要素协同活动过程中的交互作用，情境化而非程式化地去体验和反思他者世界，这一体验和反思过程实质上是一种生命对话过程，是主体世界与外部世界充满生机和变动不居的双向意义建构和创生过程。因而，课程的世界就是体验的世界、反思的世界、交往的世界，课程研究的任务就是要建构并整合这种世界，寻求"课程开发"和"课程理解"的"视域融合"，将课程意义和价值推向更丰富、更完满的发展阶段，促进完整的教育和尽可能完善的人与社会的全面和谐发展。

5.2 知行一体：课程模式的比较及其选择

大学课程模式主要有两类：对应于学术型人才培养的"学科体系"课程模式和对应于职业型人才培养的"实践体系"课程模式。而介于这两者之间的应用型本科课程模式，要么简单照搬"学科理论模式"，要么因袭"实践技能模式"，理论与实践往往分割为"两张皮"，其精品课程建设也因

---

① 欧阳文. 大学课程的建构性研究［D］. 武汉：华中科技大学，2006：121-122.

为仅仅囿于学科性视野，缺乏行业对接、职业标准和特色内涵的发掘基础，下不能"立地"，上不能"顶天"，常常陷入课程建设的方向性盲区而迷失困窘，难以立足，迄今未能真正确立与应用型人才培养定位相匹配的独特课程模式。

5.2.1　应用型本科课程建构需要解决的三大问题

1. 需要解决课程模式建构的价值性导向问题

由于大学传统管理体制的瓶颈制约，更由于传统学术理性思维方式的惯性作用，应用型本科课程模式大多一味地趋从学术型大学的"学科体系"，难以基于自身的独特性发展定位，有效把握个性化的课程导向。应用型本科如果偏重学科性导向的"学科体系"课程，则势必导致以学科知识体系为中心，侧重静态知识的系统性和完整性授受，倾向于结果导向的知识教学，注重显性知识的再现和复制，而不可避免地陷入学术型人才培养的误区，重理论轻实践、重识记轻应用、重知识储存轻知识生成，将不由自主地偏离应用型人才培养的轨道。

那么，偏重实践性导向的"实践体系"课程又如何呢？因其以职业能力为本位，侧重动态知识的系统性和过程性生成，强调工作过程导向的能力培养，注重隐性知识的主体性建构，确能起到对"学科体系"课程的纠偏作用；但按照"宽基础、强能力、善应用、展个性"的应用型人才培养要求，"实践体系"课程目前还难以兼容职业针对性和行业适应性、实践性和理论性、专业性和通识性。那么，应用型本科的课程体系与职业型高职课程体系之间的课程宽窄、深浅和水平层次应如何区分？唯一的途径是基于学科知识分类却又跳出学科体系模式，着眼行业职业标准、职场工作规范及应用型人才培养要求，消解理论与实践"二元对立"的思维模式，建构"知行一体"特色课程体系。

何为"知行体系"课程？这种课程"既要考虑为学生搭建可塑性的知识框架，又要从实践知识出发，建立理论知识与实践知识的双向互动关系。这种理论知识与实践知识双向互动的课程，可称为知行体系课程"①。如果说，学术型大学的课程指向主要是基于科学性原则的"学科体系"，职业型院校是基于情境性原则的"实践体系"或"行动体系"，那么，应用型本科则重在基于建构性原则，形成兼容科学性和情境性原则、生存性和发展性能力的"知行体系"，更加强调"以生为本"的科学课程观和全面育人观，

---

① 潘懋元，周群英. 从高校分类的视角看应用型本科课程建设［J］. 中国大学教学，2009（3）：4-7.

更加注重以"意义建构"来组织课程，更为关注学生在复杂多变的环境中对知识的理解能力和运用能力，强调通过知行一体化建构，将科学性的理论知识和情境性的实践知识内化为主体性的专业能力、方法能力和社会能力，使学生获得可持续的全面发展。"知行体系"课程同"学科体系""实践体系"课程的区别如表 5.1 所示。

表 5.1　"知行体系"课程与"学科体系""实践体系"课程的比较

课程结构	"知行体系"课程	"学科体系"课程	"实践体系"课程
人才类型	应用型人才	学术型人才	职业型人才
课程指向	定向行业领域 强化行业属性	定向学术领域 强化学术属性	定向职业岗位 强化职业属性
课程原则	基于建构性原则 综合素质本位	基于科学性原则 强调知识本位	基于情境性原则 强调能力本位
课程类型	宽窄并举型 Y 型知行一体结构	基础宽厚型 A 型学科性结构	技能强化型 I/M 型实践性结构
课程特性	基于知识应用的 整合课程	基于知识储备的 静态课程	基于技能迁移的 动态课程
适宜情境	产教融合情境	研究性教学情境	工学一体教学情境

2. 需要解决课程模式建构的策略性方法问题

既然存在与"学科体系""实践体系"并存的第三种课程模式，那么，这种称之为"知行体系"的课程模式应该如何建构？目前，国内外现行课程体系结构大致有四种类型：I 型、Y 型、A 型与 M 型。I 型结构，又称专业纵深型结构，它是在一定基础理论与专业理论的基础上，着重向某一专业方向发展；Y 型结构，又称专业分支型结构，它的基础理论及专业理论并不只为一个专业方向服务，而是多种同类专业方向的共同基础；A 型结构，也可称为基础宽厚型结构，它以基础宽广、根基深厚为基本特点；M 型结构，也可称为纵条型结构，它以职业岗位的知识与技能要求为依据，针对性很强，按多项能力培养线组构课程，最终形成综合职业能力。这四种结构应该说各有利弊，I、M 型结构过窄，对应于德国的"双元制"模式、北美的能力本位课程模式（CBE）、国际劳工组织开发的模块技能培训模式（MES）；A 型结构过宽，对应于传统的学科性课程；唯有 Y 型结构宽窄并举，专通结合，比较接近"知行体系"的课程要求。

但问题的关键并不在于课程类型结构的选择，而在于课程内容的"序化"标准，即应用型课程不是对学科体系分类的简单复制，而是在真实的工作过程体系中对知识的重新建构。两者的区别在于，复制过程实现的是学科知识的量化积累和显性迁移，建构过程实现的则是学科知识的内化质变和隐性生成。前者以学科理论为导向，后者以工作过程为导向；前者以复制学科知识为目标，后者以生成工作能力为目标；前者追求学科结构的系统化，后者追求工作过程的系统化，是为完成特定工作任务并获得工作成果而进行的一套完整的工作程序，包括资讯、决策、计划、实施、检查、评价等完整的步骤，"是一个综合的（知识、能力、态度）、时刻处于动态之中但结构相对固定的系统"①。这就是姜大源"工作过程系统化课程"的独特贡献所在。该课程最独到、最关键的概念就在于"序化"二字。"序化"课程的过程，是实现工作任务向行动领域、学习领域及学习情境三重转换的过程，实质上就是解构学科体系课程并重构"知行体系"课程的过程。它更为关注将学科体系中的知识结构还原为行动体系中的生成结构，关注学生在行动过程中的理论知识运用和实践能力建构，关注教育学层面科学化（To do，做事）与人本化（To be，做人）的统一，方法论层面理论（知）与实践（行）的整合，技术观层面智能技术与操作技术的互补。显然，它摒弃了机械教条的结构主义学说，凸显了动态整合的课程建构观。姜大源认为，工作过程系统化课程设计的宗旨就在于凸显实践导向的教育观，形成学生工作过程中普适性的综合职业能力。它既重视"To do"的功利性目标，更突出"To be"的人本性目标，即在使学生获取职业能力和就业机会、成为"职业人"的同时，更要发展学生的个性、发掘学生的潜能、发现学生的价值，使其有能力在未来的职业生涯中，从被动的职业适应转化为主动设计工作世界，成为对国家有用、对社会有责任感的"社会人"。这正是应用型本科开发特色课程及精品课程，应该高度重视和须潜心研究、吸纳的精华所在。

3. 需要解决课程模式建构的整合性开发问题

（1）坚持系统开发原则。课程建设应在特色学科专业建设的支撑下，以制定"知行一体"专业人才培养方案为基础，先"举一"再"反三"，以精品课程建设为突破点，充分发挥精品课程在人才培养中的核心作用，正确处理精品课程建设与系列课程改革的关系，确定精品课程建设方案、课程标准、课程教材和建设体系，推进精品课程群的系列开发。

（2）坚持开放合作原则。应用型本科主要依托行业，立足地方，为行

---

① 姜大源. 关于工作过程系统化课程结构的理论基础 [J]. 职教通讯，2006（1）：7-9.

业和地方基层培养急需人才。行业导向的专业划分是课程建设的基础和逻辑起点，行业标准及职业标准是课程开发的支撑平台。加强与行业、企业界合作开发课程的力度，形成由课程负责人、中青年教师、行业专家、企业技术专家共同组成的结构合理的课程集群建设团队，并建立和完善项目管理运行机制，方能形成独特的专业教育特色和课程特色。

（3）坚持立体开发原则。课程建设应有利于国家课程、地方课程、校本课程的合理组合，应积极支持开发"特、优、实、新"校本教材，鼓励教师申报国家级规划教材，对于获得此类立项的教材，应在经费上给予匹配和资助，促进精品课程教材建设达到较高水平；同时，应配套形成教学参考书、教学指导书、案例集、习题集等系列化的辅助教材体系，加强实验与实训、实习指导书等实验系列教材建设，加强一体化设计的电子教材、视听教材、网络教材建设。

5.2.2 应用型本科课程形态重塑的主要路径

1. 课程形态：从标准化走向个性化

课程形态是以学生为中心、以目标为导向的结构内容和实施样态。**从课程取向来看**，应用型课程区别于传统学科意义的课程，它以"人本共性+个性发展"为核心理念，以应用取向的个性化建构性课程为基本特征，实施基于通识教育的应用型专业教育，强调课程实质是教程和学程、静态课程和境域课程、课程内容与主体建构的统一，致力于知识、能力、素质与个性发展的同步建构。**从课程形态来看**，应用型课程按照"基础扎实、口径适中、强化应用、突出个性"的原则，致力于突破传统三段式课程结构，建构"大类培养、专业培养、分流培养"人才培养体系，重构以通识教育、专业教育、个性培养等"平台+模块"课程为基础、项目化课程为支撑、网络化课程为纽带、精品在线课程为示范的新型课程体系，并主动占据"互联网+教育"制高点，建构面向未来的个性化智慧学习环境，开发"线上+线下"混合式课程学习资源和智慧型新生态课程群，充分满足学生个性化学习和人格发展需求，促进课程形态与学习方式的根本性变革，凸显课程建构的个性化特质和应用性特征。**从课程实施来看**，应用型课程致力于破解人才供需结构性矛盾，强化产科教协同共建课程机制，以能力产出为主线建构"学习共同体"，以项目化活动过程为课程实施方式，整合通识课程与专业课程、理论课程与实践课程、核心课程与个性发展课程，构建有利于个性多样化发展的模块化课程结构群，重塑知性世界、实践世界和人格世界统合的课程生成方式，打造有学业挑战度、目标达成度、个性发展度的"金课",促进学习者在个性化学习活动中,整体提升面向未来职场的核心能力,实现人的个性独特发展与社会协同发展的有机统一①。

2. 教学形态:从工具化走向人本化

教学是课程实施的核心环节和基本途径,教学形态是教与学有机互动、达成培养目标的过程形态,其要旨是优化"教程"向"学程"的转化过程,促进"以教为本"向"以学为本"的根本转型,建立有利于学生个性化发展的人才培养模式。近年来,建构性、研究性、翻转式、云教育、产出导向等多种教学形态陆续走进大学课堂,基于"产出导向"(Outcome Based Education,即 OBE)核心理念的专业认证模式更是备受推崇。与以传授为主的传统教育不同,OBE 十分强调"目标、设计、过程、评价"四维一体建设。**目标维度**,重点围绕"知识、能力、素质"三维目标,将产业发展需求融入培养目标,并聚焦学生个性全面发展这一核心,着力提高培养目标的适应度;**设计维度**,重点围绕"毕业要求",反向设计课程体系,正向组织教学活动,持续改进目标达成质量,着力提高培养目标的达成度;**过程维度**,重点聚焦"学生能力产出"(产出导向),着力深化个性化培养模式改革与创新,探索个性化教育的有效路径,推进 CDIO 工程教育、项目化教学、研究性教学、混合式教学、虚拟课堂等教学模式的改革实践,动态把握目标达成的关键环节和学习者的过程状态,关注学生个性差异,激活学生个性潜能,发展学生个性特长,促进课堂教学由"坐中学"向"做中学"、由"单声道"向"多声道"、由"教得好"向"学得好"转型;**评价维度**,以教学产出数据分析为基础,以目标达成过程与效果评价为重点,以问题与成因分析为关键,重在促进"智慧地教"和"智慧地学"有机融合,形成持续改进的质量文化,促进教师专业发展和学生个性的全面协同发展。

3. 制度形态:从外控化走向自主化

制度形态是大学治理理念的具体化,也是应用型本科实现个性化教育课程体系建构的必要保障手段。我国学者对现代大学治理的行政机制、市场机制、社会机制和知识机制的基本特征进行分析,提出了"共同治理、并存治理、法人化治理、创业型治理四种大学治理形态",并认为"大学自治或自主性是大学治理的关键所在"②。这种认识无疑合乎大学治理的基本

---

① 刘洋,刘欣. 个性化教育:应用型大学的价值诉求与形态重塑 [J]. 教育导刊,2020 (19):5-10.

② 李立国. 现代大学治理形态及其变革趋势 [J]. 高等教育研究,2018,39(7):9-16.

规律，却有意无意地忽略了学生在大学治理中的主体地位，容易导致大学制度形态的主体性价值缺位。良好的大学制度形态应从单一主体走向多元主体，寻求管理者主导与学习者主体、外控制度模式与自主建构模式的平衡，形成多元利益主体共同参与、协同共治的制度体系，并从根本上保障学生个性全面自主发展的基本权益，促进个性化教育课程建设与大学治理体系的有机融合。个性化教育课程建设制度反映了个性化人才培养的总规则和总要求，这些要求是有效制订人才培养方案的客观依据，并贯穿于人才培养过程的始终。**从制度设计看**，应用型本科应跳出单一培养应用型人才的观念误区，在突出应用型人才培养主体的同时，注重搭建工程应用类、技术应用类、复合交叉类、创新创业类等多样化、个性化人才成长通道，构建基于通识教育的通专融合培养体系、与专业教育融合的创新创业培养体系、突出产出导向的专业认证体系、基于"类型化教育"的个性化培养体系等，完善个性化发展平台和培养过程的制度化设计，为学生个性自主发展拓展更加广阔的空间；**从制度形态看**，应用型本科还应结合"类型化教育"特质，注重制度形态的价值重塑，建立促进自我教育的个性化制度体系，完善分流制、双学位制、选课制、主辅修制、导师制等组合性制度，扩展学生自主选择专业及课程的权利，充分满足学生个性化发展需求。归根到底，"促进自我教育的教育才是真正的教育"①，没有自我教育就没有真正的个性化教育，教育应从根本上回归人的自我建构，臻至"他教育与自我教育"统合的全新境界。

总之，应用型本科课程模式建构是一项复杂而艰难的开创性工作，也是足以彰显应用型本科教育类型特色的基础性工作。应将其与学校办学定位、制度建设有机结合，在综合考虑学科专业特色、人才培养特性、教学团队建设及行业企业参与程度等适切条件下，通过完善学术运行机制，深化人才培养模式改革，广泛汲取当代多种课程模式的长处，而又集中优势力量打好攻坚战，凸显特色课程的示范效应，引领特色课程群和精品课程建设，进而有力提升优势学科和品牌专业建设水平。

5.3 耦合机制：工业 4.0 时代的课程建构

"工业 4.0"被视为继蒸汽机、电气化、工业自动化之后的第四次工业

---

① [苏] 瓦·阿·苏霍姆林斯基. 少年的教育和自我教育 [M]. 姜励群，等译. 北京：北京出版社，1984：100.

革命，其标志是建立高度融合的数字化、网络化、智能化的个性化生产与服务模式，其核心是智能工厂、智能生产与智能服务的深度融合。在产业链与人才链走向价值整合的今天，不论何种类型的大学，都不可能独步天下，其人才培养及课程建构需走出"象牙塔"，因此，与工业革命深层耦合、联动发展，成为应用型本科走向工业 4.0 时代须直面的重要课题①。

5.3.1 课程建构与工业 4.0 的耦合机理

"耦合"原是一个物理概念，后来成为多学科领域的研究范畴，用来反映系统之间物质、信息、能量等要素的循环转换和动态平衡状态。系统就是通过系统内外基本要素的传输和转换构成的耦合共生体。按照系统耦合原理，系统之间同时存在内在耦合与外在耦合、松散耦合与紧密耦合等多种耦合形态，系统内外的这些耦合形态互为依存、彼此互补、相互促进，体现了系统耦合的基本原理和普遍法则。

大学与社会系统本质上也是多种形态互为依存的耦合共生系统。在认识论哲学看来，大学与社会系统只是一种内在松散的耦合体，系统内外"虽然互相联结，但却保持各自的独立性"②。认识论视域下的大学组织，是精英教育和学术遗传的产物，是一个按照自身规律发展的独立有机体。在社会系统中，大学首先是以学术性为本质属性的人才培养机构，学术性和教育性是大学合法存续的依据和根本，大学须始终恪守学术边界，坚守自己的学术理想和育人秉性。而在政治论哲学看来，大学与社会系统则是一种内外紧密的耦合体，"大学是一种特殊的社会组织，是社会的人才培养机构和学术组织，以人才培养和学术创新服务于国家目的和社会需要是大学本质属性的体现"③。政治论视域下的大学组织，似乎更为关注大学与社会系统的关系调适。大学被视为产学研知识活动链上的利益相关者组织④，已从曾经的"象牙塔"变成"沟通生活各界、身兼多种功能的超级复合社会组织"⑤。因而，大学不可能游离于社会之外，仅为自身价值而遗世独立，

---

① 刘欣. 走向工业 4.0 时代的大学人才培养耦合机制［J］. 国家教育行政学院学报，2017（7）：39-44.

② Karl E. Weick. Educational organizations as loosely coupled systems［J］. Administrative Science Quarterly，1976，21（1）：1-19.

③ 张应强. 把大学作为学术组织来建设和管理［J］. 中国高等教育，2006（19）：16-18.

④ 刘欣. 地方大学领域性学科建设：内涵、路径与模式［J］. 大学（学术版），2014（1）：21-28.

⑤ ［美］德里克·博克. 走出象牙塔：现代大学的社会责任［M］. 徐小洲，陈军，译. 杭州：浙江教育出版社，2001：7.

而必须按照知识活动规律与社会协同发展。在社会系统中，大学理应"为往圣继绝学"，秉承精英气质，弘扬大学精神，但同时应有"为天地立心，为生民立命，为万世开太平"的境界和使命，能够在知识传承、生产与应用活动中引领时代并成就自我。

事实上，不论何种类型的大学，无一例外是遗传和环境共同作用进行知识活动的产物。大学一方面要坚守知识活动的内在逻辑和理想价值，另一方面又要遵循知识活动的外部规律和共生路径。大学永葆活力之本，是在大学内在独立性与外在共生性之间保持必要的平衡和张力，实现学术性与社会性、独立性与共生性、价值理性与工具理性的统一互补。

这种系统耦合的共生机理，构成课程模式与工业 4.0 耦合模式生成的应然前提。工业革命的变迁史表明，每一次工业模式的重大变革，总是相伴着科技变革与课程建构模式的转型与突破。在工业 1.0 的蒸汽机时代，机械取代人力，课程建构模式开始走向泛智教育模式，促进了古典大学向世俗化的近代大学过渡；在工业 2.0 的电气化时代，大规模流水线生产成为主流，大学课程模式转向高度专业化的建构模式；在工业 3.0 的自动化时代，产业模式转向大规模定制和服务型制造，大学课程建构模式进而转向需求导向，形成更具个性化的通专融合模式；在工业 4.0 时代，数字化与智能化不断催生新产业新业态，需要培养大批创新型、应用型、复合型的高端人才，"互联网+产业+教育"跨界融合成为教育新生态①，课程建构模式更加注重产教融合、科教融合、通专融合，大学课程建构模式走向智能化和个性化时代已成为不可逆转的发展趋势。

5.3.2 课程模式与工业 4.0 的耦合机制

人才培养与工业 4.0 作为两个异质性系统，如何通过课程建构实现系统耦合？其基本前提是，聚焦人才培养的关键要素并建立耦合要素的重组机制和自主模式。迄今为止，对这种关键要素的认知有资源说、能力说、类型说等多种说法，但最核心的要素仍是"课程"，"课程"是大学人才培养体系与社会系统耦合的根本所在。围绕课程系统与需求系统耦合这一根本，通过集群耦合、资源耦合和模式耦合来寻求人才培养与产业需求的对接，是两大异质系统耦合最重要的基本路径。

1. 集群耦合：宏观层面课程模式与需求模式对接机制

"集群耦合"是课程模式与需求模式耦合的前置条件。与历次工业革命

① 余胜泉，王阿习."互联网+教育"的变革路径 [J]. 中国电化教育，2016 (10)：1-9.

不同，工业 4.0 并不局限于某一特定知识活动领域，而是集成新技术、新产业、新业态的群体性智能革命，具备典型的集成创新特征，加剧形成如迈克尔·波特所说的"基于资源集聚的比较优势而带来的集聚效应、效率效应、规模效应和扩散效应"①，成为国家及区域竞争优势的主要来源，并使人才供需结构及职业集群内涵发生深刻变化，为课程集群供需对接提供了全新视角和优化空间。相对于传统学科规制下的线性课程模式，课程集群似乎更加注重按照"产业链→专业链←学科链"的逻辑跨界融合、串链成群，以高度契合产业集群结构性功能，强化人才供需耦合；但课程集群在紧密对接产业集群、突破传统知识细分和离散格局的同时，也面临相互耦合机制上的诸多困惑。

（1）新业态思维下的课程与学科互联机制。课程与学科耦合机制解决的主要问题是，在纵向层面如何处理课程与学科的关系。众所周知，大学教育本质上是建立在普通教育基础上的专业性教育，"专业是根据学科分类和社会职业分工需要分门别类进行高深专门知识教与学活动的基本单位"②。其实质是课程的组合。学科分类强化了课程的线性设置和学术规制，但也因此导致与产业集群的疏离，削弱了课程体系的社会适应力。事实上，课程建构既要以学科基础为依托，又要以社会需求或产业发展为依据，成为产学研知识活动链中富有动态活力的知识组织形态。这就要求突破原有学科化课程设置定势，着眼新业态思维来强化"产业→课程←学科"的共生性与适切性，促进聚合新业态的课程集群整合，服务新经济的课程模块建构，建立"产业→课程←学科"相互依存的新型生态系统。

（2）新协同思维下的课程与产业互融机制。课程集群与产业集群耦合机制解决的主要问题是，在横向层面如何处理不同集群的核心利益诉求。课程与产业集群之所以关联耦合，其动力源于知识要素流动所引发的利益诉求。在融入工业 4.0 的现实背景下，产业集群的源动力主要体现在对人力资本和智力资本的专业化需求，课程集群的源动力主要反映在对知识资本和创新资源的整合性需求。两类集群关注的重点是知识创新资源与人力资本的整合，其关键是超越传统学科知识关系，围绕人才与创新竞争力来共建以产教融合实体为主体、以知识创新与应用为基础、以应用型创新人才培养为根本的知识共享平台。

---

① ［美］迈克尔·波特. 国家竞争优势 ［M］. 李明轩，邱如美，译. 北京：华夏出版社，2002：3.

② 薛天祥. 高等教育学 ［M］. 桂林：广西师范大学出版社，2001：27.

（3）新集约思维下的课程与专业集群互通机制。课程与专业集群的耦合机制解决的主要问题是，在内在层面如何优化课程与专业集群的内部结构。课程与专业集群不是简单意义上的专业拼盘式组合，而是基于集约化思维，按照产教、科教融合要求，健全课程建设及专业认证机制，形成的适应需求、结构优化、具有稳定性与灵活性特征的课程与专业耦合体。所谓稳定性，是指依据相对稳定的产业发展需求和不同类型人才培养的普适性要求，以学科为基础、以产业为主导构建比较稳定的课程与专业集群；所谓灵活性，是指依据适度超前的产业发展需求和不同类型人才培养的专门化要求，有效适应工业 4.0 时代知识创新与应用需要，形成内在联系紧密的课程与专业协调发展、多方向交叉融合的集约式课程与专业生态群。

2. 资源耦合：中观层面课程模式与需求模式整合机制

"资源耦合"是课程模式与需求模式耦合的支撑要素。课程集群与产业集群的实质对接，离不开人力资源和物质资源的共同支撑。在各种资源要素配置中，人力资源因其所含的智力资源和创新资源的独特性和稀缺性，成为要素配置的关键性资源；物质资源因其承载的信息、技术等可利用的物化资源，成为要素配置中的基础性资源。进入智能化主导的工业 4.0 时代，物联网、云服务、大数据等新技术的广泛渗透，极大地促进了资源配置与利用方式的改变，各类资源借助平台机制，实现稀缺资源向知识活动链的耦合共生体转移，成为耦合双方资源要素转化为互补发展优势的首选路径。因此，整合知识活动资源，共建战略协同机制、共享平台机制、组织再造机制，是课程体系走向工业 4.0 时代的重要匹配性条件。

（1）集群战略协同机制是前提。战略协同是为实现双方资源和核心能力互补融合，而制定和实施人才培养战略的一系列管理决策与行动，其关键是形成战略协同要素的高效运行机制。战略协同基于战略分析，在分析评判合作双方内外条件、优势劣势的基础上，找准双方需求接口，协调双方价值取向和共同利益点，运用生态位分离原理、特化原理、品牌塑造原理等，确定差异化战略、专业化战略及价值创新战略等，并实现双方的目标匹配、要素匹配和路径匹配，继而选择合作方式和平台建设模式（产教融合联盟、教育集团、行业学院、专业实体、协同创新中心、工程实践中心等），经过战略实施、战略调控和战略评价，有效盘活课程资源，释放创新活力，最终达成战略目标，形成协同育人效应和互补共赢优势。

（2）集群共享平台机制是关键。集群共享平台是基于产教融合共建专业实体为紧密耦合体，以专业集群建设为主体，以创新课程体系为关键，实现人才培养、课程开发等知识集成共享和增值服务的交互应用平台。平台建设的根本是人才培养，路径是产教融合，关键是共建课程体系，功能是知识共享，难点是突破学科课程模式，建立应用型知识共享机制，实现由传统课程建设向共建课程平台转化，向行业、企业协同参与人才培养全过程转化，向学（知识传承）研（知识生产）产（知识应用）一体化知识活动链转化，充分释放人才、信息、技术等创新要素的活力，产生"1+1>2"的集成放大效应，促进协同育人走向全新时代。

（3）集群组织再造机制是保证。大学是围绕知识活动规律来培养专门人才的学术性社会组织，基于内外协同来获取和整合知识创新资源，是大学形成持续竞争优势的根本保证。无论是外部协同还是内部协同，均需在建构知识共享平台的过程中，将人才培养作为组织运行的核心，将知识活动作为组织运行的焦点，维持和强化课程设计与重构能力，优化知识管理结构，突出课程建设在人才培养中的核心地位，建立知识共享型的学习型组织，推进大学课程模式向更具开放性的"平台化—模块化"结构模式转型，以适应内外环境的变化，增强大学人才培养协同共生能力，形成大学人才培养和课程建构的核心优势。

3. 模式耦合：微观层面课程模式与需求模式匹配机制

"模式耦合"是课程模式与需求模式耦合的核心要素。模式耦合解决的核心问题，是专业课程模式与新产业模式的深度融合。"专业是课程的一种组织形式"[①]，课程是专业培养目标得以实现的结构内容和实施形态，因而构成人才培养的核心要素，也必定成为特定专业集群模式建构的关键抓手。工业 4.0 背景下，大学不论培养哪类人才，都应关注智能化技术所带来的跨职能新型复合岗位和素质结构的质变（如机器人协调师、IT 系统电子工程师、智能供应链协调师、数据建模和分析师等），关注人工智能应用所带来的跨领域合作与创新素养等软技能的深刻变化，更要关注将课程视为为人而设的主体建构性"学程"，并将其置于人与自然、人与社会、人与自身和谐发展的广阔背景之下，强化课程模式的新生态建构、课程结构的项目化建构、课程实施的情境性建构，指向学习者主体性与社会性全面发展的终极目标。

（1）课程模式的新生态建构机制。课程模式既是一种结构形态，也是一种功能模式，是特定培养目标的实现形式和内在机制[②]。在"互联网+产

---

① 潘懋元，王伟廉. 高等教育学 [M]. 福州：福建教育出版社，1995：128.
② 刘欣，孙泽文，严权. 课程与教学新论 [M]. 北京：中国人民大学出版社，2014：172.

业+教育"的大背景下，以学习者为中心的新生态课程日益受到关注。一是智能化课程的建构。从 MOOC（慕课）到"后 MOOC"时期的 SPOC（私播课）、DLMOOC（深度学习公播课）、MOOL（开放式在线实验室）、MOOR（在线开放研究）等，其课程形态以智能学习环境为支撑，以泛在化（随时随地学）、智能化和个性化学习为特征，体现了线上线下学习（OTO）的深度融合，促进了课程形态与学习方式的根本性变革，成为工业 4.0 时代引领未来教育的制高点①。二是新工科课程的建构。这类课程基于专业认证理念，通过工程过程或产出导向重构项目化课程体系，促进科学教育、人文教育与工程教育范式的有效融合，以面向新工业革命培养创新型、应用型、复合型高端人才，成为契合并引领新经济的新业态课程②。两类课程的根本，是以"学习者为中心"解构学科规制化课程体系，重构个性化和项目化的课程模式，促进学科课程向智能课程的转变，静态课程向境域课程的转型，使自主学习、交互学习、混合学习、深度学习、项目化学习、研究性学习等成为常态，形成了面向未来的建构性课程新生态。

（2）课程结构的项目化建构机制。建构性课程模式认为，课程实质上是课程内容与主体意义的建构、静态课程和动态课程的统一。从静态课程来看，大学课程大多已突破传统三段式课程结构，构建了通识教育、专业教育、个性培养等"平台+模块"的新型课程体系，这是普适性专业培养方案的合理基础。从动态课程来看，大学更应建立和完善产教协同开发课程机制，对接科技发展水平和产业集群发展需求，有效引入行业标准和职业资格标准，切实解构静态学科体系化课程，重构知行耦合的动态建构性课程，设计与优化项目化课程结构群，即侧重基于专业集群培养目标，以知识活动为主线建构"学习共同体"，以项目活动过程为课程结构的序化标准，整合通识课程与专业课程、理论课程与实践课程、核心课程与模块方向课程，构建综合性项目课程群、主干性项目课程群、支撑性项目课程群三级项目化课程结构群，体现知识、能力、素质与项目课程的融合要求，重塑知性世界、实践世界和人格世界统合的课程生活方式，实现课程结构与产教融合培养模式的主体性融合，促进学习者在项目化学习活动中，整体提升面向未来职场的基础学力、专业能力、团队协作能力、系统调控能

---

① 祝智庭．"后慕课"时期的在线学习新样式［N］．中国教育报，2014-5-21（11）．

② 吴爱华，侯永峰，杨秋波，等．加快发展和建设新工科 主动适应和引领新经济［J］．高等工程教育研究，2017（1）：1-9.

力和终身学习能力等，最终完成学习者的主体性和社会化的同步建构。

（3）课程实施的情境性建构机制。课程实施是在真实的教育情境中师生协同认知、体验和建构新的学习经验的过程。课程实施的情境性建构，源于情境认知学习理论。这一理论强调，最有效的学习产生于有意义的真实情境，课程实施必须基于情境创设、交互分享和境域融合，注重建立"情境、任务、问题"三位一体的情境学习机制，强化项目化课程学习活动中真实的情境、任务和问题设计，创设"情境为前提、任务为主导、问题为中心、活动为主线"的有意义学习环境，创建意义建构、团队协作、平等对话、交流互动的新型师生关系，激励学习者在任务主导的问题情境创设中，积极探索问题背后的科学原理，关注问题解决的多样化方案，形成独立解决问题的优良品质和协作探究精神，发展有效解决问题的创新实践能力，完成主体性和社会性的双重建构，实现人的科学理性和人文精神的融合统一。这便是应用型本科人才培养回归本真、走向工业 4.0 时代的根本目的所在。

案例：新工科背景下"三创合一、递进融合"式培养体系构建

一、成果简介及主要解决的教学问题

（一）成果简介

从全球发展的历史经验来看，创新和创业活动是稳定经济增长、创造就业机会、提升国际竞争力的重要因素。"创意、创新、创业""三创合一"教育是实现创造性的基石，符合新工科教育理念；是国家实施创新驱动发展战略，促进经济提质增效升级的迫切需要；深化创新创业教育改革是推进高等教育综合改革的突破口，能够培养大学生的创新意识、创意思维、创业能力及团队协同合作的实战精神。

荆楚理工学院物联网工程专业是省级一流专业，符合新工科建设专业范畴。该专业通过"递进融合"方式，有效进行了"三创合一"能力的培养，主要获得如下成果：

（1）构建了新工科专业"创意、创新、创业""三创合一"人才教育体系。

（2）构建了新工科专业"三创合一"能力"递进融合"式培养体系。

（3）构建了新工科背景下"三创合一"能力"递进融合"式培养改革体系。

（4）依托该项目的研究，撰写了七篇研究论文并发表。其中本人作为指导教师指导学生撰写论文四篇，有效提高了学生的科学研究能力。

（5）通过对学生"递进融合"式的培养，指导学生参加多个竞赛并取得较好的名次。

（6）指导多个组别参加大学生科技创新项目的研究，同时指导多个团队成功入驻创业园，有效提升了学生的创新创业能力。

通过项目的实施，有效提升了学生"三创合一"能力，增强了学生动手实践、分析问题、思考问题和解决问题的能力。

（二）成果价值

（1）"创意、创新、创业""三创合一"成为全球性话题，它是实现创造性的基石，符合新工科教育理念。

（2）加强大学生"三创合一"训练是国家实施创新驱动发展战略、促进经济提质增效升级的迫切需要，深化创新创业教育改革是推进高等教育综合改革的突破口。

（3）"三创合一"人才培养体系构建能够培养大学生的创新意识、创意思维、创业能力及团队协同合作的实战精神。

（4）该项目是创新高校人才培养方法的必要尝试，是提高高校教科研效率的重要途径，还可提高本科教学质量，开展创新教育和实践教学改革，加强产学研之间的联系。

（5）树立创新型工程教育理念，提升对新兴工科专业学生"三创合一"能力的研究，具有一定的理论和现实意义，对应用型人才培养体系的改革创新有一定的借鉴意义。

（三）主要解决的教学问题

1. 构建了"三创合一、递进融合"式培养体系

新兴工科专业"三创合一"培养体系的构建，是根据知识传授、能力塑造、品质培养、实践造就、条件保障"五培育"的培养思路，将"创意、创新、创业"三创合一，以团队建设和组织关怀加个人管理全链条的形式，通过课程、课堂、实践、实习、竞赛、国内国际交流等环节，形成完整、开放的新兴工科专业"三创合一"教育系统，如图5.1所示。

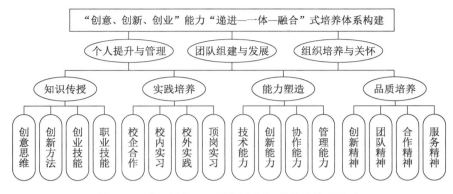

图 5.1　"三创合一、递进融合"式培养体系构建

2. 确定了适应应用型本科人才培养的"三创合一"教育教学方法

构建"以生为本"的参与式教学，加大实践教学比重，在理论教学环节多采用游戏式教学法、模块教学法、研讨教学法等互动式教学方法，增强学生的参与度，提高学生的创业、动手能力。

3. "进阶培训、项目化实战"，实施了"三创合一、递进融合"式实践教学模式

通过"创新创业认知教育阶段、仿真实战教育阶段、自主创业或顶岗实习阶段"层次递进的方式进行创新创业能力培养。其中，第一阶段"创新创业认知教育阶段"，采取学院主导，让企业通过课程植入或讲座的形式参与人才培养，面向全体学生开设创新创业课堂，通过开设创新创业素养、通识、计划书三大模块课程，对学生进行工程项目启蒙教育和通识教育。第二阶段"仿真实战教育阶段"，实施工学结合校企"双师"教学方式，将工程项目、创新创业教育与专业教育相融合，"双创"实践与专业实践有机衔接。第三阶段"自主创业或顶岗实习阶段"，主要由企业主导、学校配合来完成。组织一部分或所有参与"九渊计划"的学生到相关公司进行企业实训。对有创业潜能的学生进行针对性的工程项目扶持，指导其撰写创业计划书，进行相关项目的申报，促进学生就业、创业，助力地方产业升级和经济转型。

4. 构建了"三创合一"实践创新平台

"三创合一"实践创新平台的建构，一是可以通过"三区联动"模式实现校区、社区和企业园区的对接，推进大学生创新创业项目的落地；二是通过"产学研用"合作，共同为大学生"三创合一"能力的培养献计献策，实现对大学生实践创新的有利扶持；三是通过参与校级、市级、国家级大

学生创新创业项目训练，由创新创业导师指导学生尽可能独立地完成创新创业实践活动如图 5.2 所示。

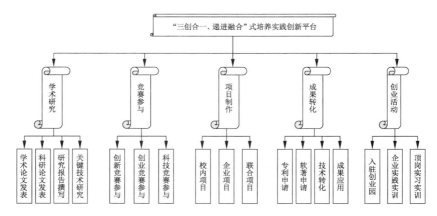

图 5.2 "三创合一、递进融合"式培养实践创新平台

5. 构建了新工科背景下"三创合一、递进融合"式培养评价体系

依据对大学生创新方法训练和应用的基本要求，设计出大学生创新方法训练的评价方法与标准，包括针对教师教学水平的评价方法及标准、针对组织的创新创业教学基地的评价方法及标准、针对学生学习和竞赛参与的评价方法及标准。

6. 组建跨专业教学团队，优化教师队伍结构

组建跨专业教学团队，有效提升教师团队的理论教学、实践指导和项目研发水平。一方面，采取翻转课堂、混合式教学等教学形式，培养学生创造性思维，激发学生创新创业灵感；另一方面，通过企业工程师以"师傅授徒"的方式指导学生参与创新创业实践。

（四）成果解决教学问题的方法

1. 构建"研学用"创新实践平台，以研促学，致力打造"三创合一"实践创新机制

建立如图 5.3 所示的开放式"研学用"创新实践平台，以学术、科研促进教师授课质量、学生学习效果的提升。

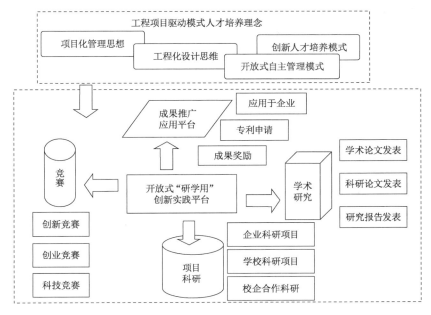

图 5.3　开放式"研学用"创新实践平台

（1）奖励优秀科研成果，将部分科研成果推广应用，促进学生科研成果向社会生产力转化。

（2）鼓励学生积极参与项目申报、竞赛、学术论文发表、专利申请、成果转化等，并通过开放式的"研学用"创新实践平台为学生提供宽松的自主学术科研环境，提高应用型人才的学术科研能力、创新实践能力、综合应用能力。

2. 通过"以产督学、以学促研"合作教育机制，实现"三创合一"实践协同机制

为实现全方位协同育人的创新创业实践协同机制，通过"教学基地+联合培养"模式进行产学合作，组建教科研团队，加强"双师型"教师队伍的培养，构建以项目为基础的探究性学习模式，创新产学研合作机制研究。在该模式下，学生的理论学习在校内、实践学习在企业；学生毕业设计环节实行"双导师"制，由学校教师和企业专家共同培养创新创业人才，实现双赢。具体教育机制如图 5.4 所示。

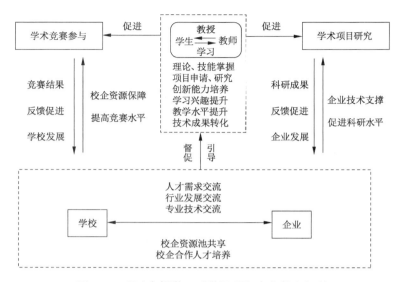

图 5.4　"以产督学、以学促研"合作教育机制

3. 构建"递进融合"式培养体系，实现"三创合一"能力培养

新工科专业"三创合一"教育改革的主要体系为 KAQPC，它包括知识教育（Knowledge education）、能力教育（Ability education）、品质教育（Quality education）、实践教育（Practice education）、条件保障（Condition guarantee）。其主要抓手是综合参与，实现整体提升和全面发展。新工科专业"创意、创新、创业""三创合一"人才培养体系如图 5.5 所示。一是知识教育，从课程和教师抓起；二是能力教育，从课堂抓起；三是品质教育，从素质抓起；四是实践教育，从平台抓起；五是条件保障，从条件支撑和体制机制抓起。体系综合考虑要素发展，系统培养学生的专业能力和孜孜不倦、精益求精、开拓进取、团结协作、具有社会担当等非专业能力，实现通识教育与专业教育的有机结合，引领新工科教育未来的主要发展方向。

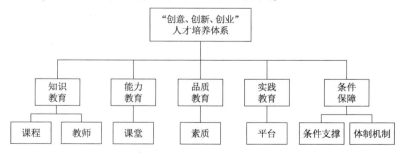

图 5.5　新工科专业"创意、创新、创业""三创合一"人才培养体系

4. 通过"赛—教—学—研"的融合，培养学生的"三创合一"能力

"赛—教—学—研"融合式创新能力培养体系是从课堂的教学到课外的实践操作，最后到科研平台的扩展，丰富了理论与实践教学的内容和形式，培养了学生的创新和实践能力。通过校内各类大赛立项、创新创业项目训练和创新实验室建设等一系列实践环节的改革，提升学生的综合素质与能力；适当吸收部分学生加入教师的科研项目，通过科研实验平台的搭建，让学生适度参与科研项目的具体内容，追踪科学研究热点；通过参加项目合作交流和学术讲座，激发学生的科研兴趣，为他们进一步深造打好基础。目前，通过对五届学生的指导和培养，"赛—教—学—研"融合式创新能力培养体系取得了初步成效。在教学方面，学生的实践能力得到了明显提升；在竞赛方面，不少学生荣获不同赛事的省级奖项，部分学生考研深造，进入企业的学生也获得了企业的一致认可。图 5.6 所示为"赛—教—学—研"融合式创新能力培养体系。

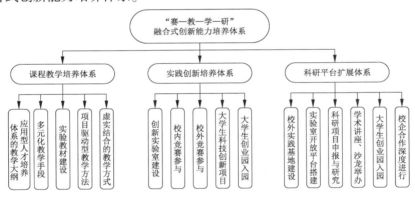

图 5.6　"赛—教—学—研"融合式创新能力培养体系

5. 构建"课程—实训—应用—创新""四位一体"实践教学体系

"课程—实训—应用—创新""四位一体"实践教学体系，主要运用项目化管理方式进行工程化设计思维培养，学生和教师通过开放式自主管理模式进行自我管理和约束，从而更好地培养应用型创新人才，具体如图 5.7 所示。

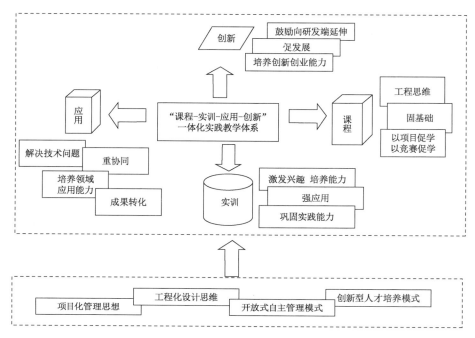

图 5.7　"课程—实训—应用—创新""四位一体"实践教学体系

6. 拓展"课程—实训—应用—创新""四位一体"人才培养中的"课程思政"教育

"课程—实训—应用—创新"一体化人才培养注重创新创业教育，实践活动在教学活动中有着举足轻重的地位，在实践课堂中充分发挥思政课教师和"双创"教师的共同指导作用，有利于提高大学生"三创"能力和思想政治素质，培养学生的创业个性心理品质，拓展学生的综合知识与能力结构。

7. 构建评价体系，以评促研、以评促改、以评促教

"课程—实训—应用—创新""四位一体"实践课程体系建设，应依据大学生创新方法训练和应用的基本要求，设计出"赛—教—学—研""四位一体"培养的评价方法与标准，包括针对教师教学水平的评价方法及标准、针对组织的创新创业教学基地的评价及标准、针对学生学习和竞赛参与的评价方法及标准。整个评价体系将过程考核计入考核范围及评价标准中，具体如图 5.8 所示。

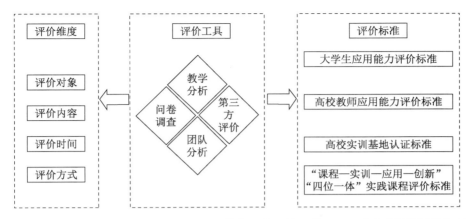

图 5.8 "课程—实训—应用—创新"一体化"赛—教—学—研"融合式培养评价体系

二、理念与实践

（一）基本理念

"三创合一、递进融合"式培养体系的构建，主要是在物联网工程专业和机器人工程专业的学生实践中进行。根据不同年级学生的特点，分别将"三创"意识培养、"三创"知识传授、"三创"素质和能力训练、"三创"评估反馈贯穿于学生学习的全过程，进而不断提升学生综合应用实践能力，着力解决人才培养过程中的关键问题，达成"三创"教育的实践目标。通过项目研究加快"三创合一"人才培养，改变高校人才培养滞后于社会需求的状况，培养更多、更符合社会经济发展需求的"三创合一"应用型创新人才。

（二）主要实践

1. 加强创新智能课程建设，着重培养创新思维能力

（1）加强创新思维、创新能力的培养

应用型人才创新能力的培养是"三创合一"课程体系的核心内容，创新能力的形成离不开创造性思维的培养。西方一些著名大学的相关实践表明，学生的创造性思维对学生创造能力的提升有很大的促进作用。

（2）加强实践课程设置

我国高校普遍存在一个问题，就是比较重视学位论文的质量，但忽视了相关专业实践课程的开设。本科教育阶段是为学生科学研究能力养成奠定基础的阶段，这一阶段不仅对学生的学术能力有较高的要求，而且对学生的实践能力有一定的要求。实践是理论联系实际的有效途径，是发掘学生潜在创

造能力的有效方法。在实践活动中，学生将面临各种各样的问题，促使他们创造性地运用理论去寻求解决问题的办法，从而发展多种能力。

2. 积极探索课程思政，提高学生的创新意识，培养创新人格

高校教育必须坚持以马克思主义为指导，培养出能更好地为社会主义建设服务的青年，这既是我国社会发展的要求，也是我国社会主义性质决定的。新工科背景下，应用型本科高校教育工作者，除了要掌握一定的哲学知识作为方法论指导、正确把握社会主义方向外，应更多地将课程思政融入创新人才培养全过程，从而培养出具有更强创新意识和创新精神的优秀学生。

3. 加强创新方法课程建设，帮助学生掌握创新技法

在当今信息化高度发达的社会，信息的种类及总量都在不断增加，知识与知识成果转化的时间也大大缩短，从某种角度上讲，教授方法比教授知识更为重要。因此，要加强创新方法课程的建设工作，让学生在掌握基础知识的基础上，更多地学会创新方法的应用，并掌握创新技法。

4. 加强隐性课程建设，优化创新环境

利于创新人才培养的隐性课程，实质上属于更深层次大学校园文化的重要组成部分——创新环境与氛围。当代大学要想培养出优秀的创新型人才，必须首先形成能够包容学生创新失败并鼓励和发扬创新精神的校园文化。

5. 改进课程实施方法

课程实施的方法会直接影响到课程实施的效果。本科阶段的课程知识比较浅显，为顺应时代的发展，应合理改进课程教学方法和教学手段，并使教学内容紧跟时代步伐。

6. 重视教学科研，提升师生教学科研水平

为提升师生教学科研水平，在政策和经费上支持教师申报教学科研项目，支持学生申报大学生科技创新项目、入驻创业园、参加各类竞赛等；同时还支持师生发表论文、申报各种专利、到企业参观学习、出国研学、学术交流等，高度重视教学科研水平的提升。

7. 校企协作共同培养"三创合一"型人才

通过与广州粤嵌科技有限公司、湖北鄂电萃宇电缆有限公司等企业合作，建立众创空间、智慧教室、实验室、"双师型"师资队伍、校外实践教学基地等，进行"递进融合"式创意、创新、创业人才培养。

（1）办学经费支持

目前在研的"荆楚卓越人才"协同育人计划，每年都有专项划拨经费，

主要用在物联网工程专业和机器人工程专业人才培养方面。

（2）办学政策支持

目前，国家大力支持对学生"三创能力"的培养，每年都会举办"互联网+"创新创业竞赛和大学生科技创新项目的申报工作。我校创业园也为学生创业搭建了很好的平台。

（3）优化校企合作办学模式，探索发展新出路

通过校企联合探索人才培养路径、优化人才培养方案，制订以综合素质、职业能力、创新创业能力为三条主线的人才培养方案。

（4）深化实践教学改革和实验室建设

校企联合资源共享，共建实验室，共同参与人才培养和专业建设，根据产业发展趋势及企业岗位需求设置专业人才培养模式，开发对接产业需求的课程体系，专注于学生的职业能力、专业能力、创新能力的培养。从专业教师队伍中选择实践能力突出、责任心强的"双师型"教师专职管理实验室，还配备实验指导教师、学生助理实验管理员，形成一支结构合理、素质过硬的实验管理梯队，有力保障实验教学工作的顺利开展。目前，物联网工程专业和机器人工程专业已建设完成的实验室有近 20 个，构成了实验群，每年设有实验管理人员 5 人、勤工助学学生 6 人。

2017 年，学院完成了实验室重点建设项目——中央财政项目"电工电子实验平台"的申报工作，并获批、完成物联网基础实验室建设工作；校企合作完成众创空间及智慧教室建设工作，并共建校外实践教学基地。2018 年，学院建设并完成中央财政支持地方高校发展专项"电工电子公共实验平台"项目，该项目总资金为 300 万元；建设并完成试点学院项目"物联网应用实验室"，项目总金额 34 万元。项目建成后能满足学生专业课程的实验需要，能为学生提供比较完善的实训环境，并且能支持学生创新、创业及科技竞赛等活动。2020 年完成机器人工程相关实验室 5 个，可以实现人机对话、机机对话功能。

（5）"双师型"教师队伍的培养

建立"双师型"教师培训机制，探索与实践"双师型"校企混编教师队伍的选拔、培训、聘用与考核机制，建设了一支学术和教学水平高、具有丰富的实践经验、了解 ICT 技术发展和行业需求、竞争能力强、知识结构合理的工程应用"双师型"教师队伍。

（6）以教材辅助教学，以教材改革促进教学，提升人才培养质量

为了更好地实现校企协同育人机制，在教材方面大力改革，主要途径有

两条：一是企业教材的编写和使用。企业教师专门针对企业课程进行授课，选用企业工程师自编教材并按照企业流程授课，让学生提早感受企业制度与流程，建立顶岗实习的授课环境。二是校内课程教材的编写和使用。针对试点学院的学生特点和学校发展特点，组织校内教师团队针对专业基础课和专业选修课编写教材，并完成出版，经校方审核合格后方能使用。通过校企共建，开发出有特色的校本教材和企业课程。

三、创新点

本项目建立了"三创合一"教育体系、实践平台、协同机制、评价体系、改革体系等，既可以提升教师的教学能力，推进学校专业建设，又可以促进学生就业创业，形成并发挥示范效应，推动专业人才培养与岗位需求的衔接、人才培养链和产业链的融合，对培养符合社会需求的"三创合一"实践性人才具有一定的借鉴作用。

四、成果的推广应用效果

（1）本项目研究能够完善"三创合一、递进融合"式人才培养新体系，构建"三创合一"产学研平台，提升人才培养质量，推进学校专业建设，促进学生就业创业。

（2）通过优化课程体系结构，实现学科与专业的交叉融合，优化教师队伍结构，改善教学方法，培养创新创业意识、方法及技能，为培养更多、更高素质的应用型人才奠定基础。

（3）通过"三创合一"实践平台的搭建，有效提升师生教学科研能力，适合在应用型新工科专业中推广，也可为其他专业提供一定的借鉴作用，促进高质量本科教育教学建设。

本项目建立了"三创合一"教育体系、实践平台、协同机制、评价体系、改革体系等，为培养符合社会需求的"三创合一"应用型创新人才提供了可资借鉴的新模式。

（案例来源：荆楚理工学院电子信息工程学院教学改革创新成果　赵娟）

第 6 章

应用型本科建构性学习模式设计

6.1 理论溯源：建构主义原理

建构主义兴起于 20 世纪 80 年代，90 年代之后盛行于世，是对当代教育产生广泛、深刻而复杂影响的教育思潮。随着科学研究的不断发展及其理论贡献，建构主义已发展成为一种反思、质疑、批判和超越客观主义的教育哲学和方法论；随着"互联网+教育"及人工智能的快速发展，建构主义正在世界范围内日益扩大其影响，显示出越来越强大的生命力。

1. 建构主义的理论渊源

作为一种教育哲学和方法论，建构主义的许多观点渊源于 18 世纪意大利哲学家维柯的"新科学"及其"诗性智慧"、19 世纪德国哲学家康德的主体双向性建构哲学和 20 世纪美国哲学家与教育学家杜威的经验自然主义及西方非理性主义哲学思潮等，他们被建构主义者奉为鼻祖。作为一种学习理论范式，建构主义的许多观点包含在维果茨基的社会文化历史发展论、皮亚杰的认知发展论、布鲁纳的认知结构论、奥苏伯尔的认知同化论等认知心理学理论之中。就本体论而言，与客观主义的"实在"决定论不同，建构主义倾向于唯名论，认为外部世界是主体生命的确认和实践的场所，人的心理表征与外部世界一样拥有"真实"的存在状态；就认识论而言，与客观主义的知识还原论不同，建构主义倾向于知识生成论，认为知识是基于主体经验以内化外部世界，进行意义体认与建构的结果，科学知识是相对于主体建构而言的价值性存在，不存在"价值中立"的客观真理；就方法论而言，与客观主义的普适论不同，建构主义倾向于情境论，认为研究者可以采取独特的而非重复的方法，利用情境化而非程式化的途径去认识社会、认识世界，这一认识过程实质上是主体与客体的生命对话过程，是人的经验世界与外部世界充满生机和变动不居的双向意义建构过程①。

2. 建构主义的核心理念

建构主义是行为主义学习理论发展到认知主义以后的进一步发展，用美国教育技术学专家乔纳森的话说，即向与客观主义更为对立的另一方向发展②。建构主义并非单一流派，它集合了激进建构主义、社会建构主义、社会建构论、社会文化认知观、信息加工建构主义和控制系统论等多种流派的观点和学说。影响较大的主要是激进建构主义和社会建构主义。激进建构主义强调个体知识建构的非客观主义哲学立场，主要以皮亚杰的认知发展理论为思想基础；社会建构主义强调知识来源于社会建构，学习是社会协商对话的过程，主要以维果茨基的社会文化历史发展论为思想基础。尽管各种建构主义流派之间存在一定的差异，但它们的观点有许多共同之处：① 坚信知识是建构的，不存在外在于主体的"客体知识"，人们总是用建构的方式（即运用已有经验进行同化或顺应）去认识和理解他们所处的现实世界。② 知识的建构产生于活动，活动是知识建构的必要条件，特别是创造性、协同性、建构性的活动，这种活动是自我再生产的、自我维持的或反思性的。③ 任何知识的建构都是个性化的意义建构，产生意义建构的关键在于学习者是否拥有个性化的问题意识。在知识建构的过程中，"生成"比"发现"更重要，"创造"过程比"发现"过程更重要。④ 意义建构本质上是一种社会性对话与交流的过程，这种对话与交流在学习共同体中最为有效。⑤ 关注个体内部心智模式的建构与社会建构的统一。

3. 建构主义的知识隐喻

建构主义认为知识并非纯粹的客观反映，而是结构与建构的统一，它强调知识的建构性、社会性、情境性、复杂性和默会性。若要进一步理解形形色色的建构主义的性质，还可以从知识形成的两个"连续体"（Continuum）入手③。①"外部输入—内部生成"连续体。知识是外在客观的，还

① 刘欣，孙泽文，严权. 课程与教学新论［M］. 北京：中国人民大学出版社，2014：271－273.

② ［美］约翰·肖特. 社会建构论与激进建构主义的对话［M］∥［美］莱斯利·P. 斯特弗，杰里·盖尔. 教育中的建构主义［M］. 高文，等译. 上海：华东师范大学出版社，2002：32.

③ 张华. 课程与教学论［M］. 上海：上海教育出版社，2000：469－476.

是内在建构的？这是客观主义和建构主义的分水岭。客观主义认为知识是外在客观的，学习过程就是接受来自外部的刺激或信息；建构主义则认为，知识是在人的心灵与外界客体相互作用的过程中从内部生成的，学习过程是主动建构的过程，是对事物和现象不断解释、理解和再创造、再加工以获得新的意义、新的理解的过程。不同建构主义者对知识建构的主客体关系的理解存在一定差异。"激进建构主义"认为，人的心灵在知识形成过程中处于绝对支配地位，外部世界没有任何独立性，对客观真理的追求不应视为认识的最终目的；"温和建构主义"则承认知识具有客观性和可靠性的一面。② "个体—社会"连续体。知识是个体的，还是社会的？是孤立的，还是情境性的？建构主义认为，知识是主体在"学习共同体"和情境创设过程中，不断认知、体认和建构的过程，主客体的交互作用是知识形成的基本机制，但对这种交互作用的性质存在不同认识。"个体建构主义"强调认识活动及知识建构的个体性，"社会建构主义"强调知识建构的社会性，强调合作、交往和共享在知识形成中的作用。从知识形成的两个连续体中，可以归纳出四种基本的建构主义——激进建构主义和温和建构主义、个体建构主义和社会建构主义。

4. 建构主义的学习本质

有学者从学习理论范式革命出发，揭示了以建构主义学习理论为标志的四个本质性的变化①：① 学习在本质上是意义建构或学习者建构心理表征的过程。心理表征过程是指运用已有知识和经验，通过"同化和顺应"对新信息进行重新建构的过程，这种心理表征包括结构性和非结构性知识和经验。所谓"结构性知识"，主要是指规范、系统、抽象的基本概念和原理；"非结构性知识"，则是指在具体情境中形成的隐性化、不规范、非正式的知识和经验。② 特别关注意义建构的社会本质。意义建构是活动参与者之间的社会协商过程，学习就本质而言是一个社会性对话与交流的过程。③ 意义建构受共同体的影响。知识和认知活动分布于知识存在的文化与历史中，人的知识和信念会受到学习或实践共同体的影响，并在其中形成同一性，因而，"合作学习"具有非同寻常的意义。④ 意义建构是建构主义学习的目的所在。建构主义学习环境由"情境、协作、会话和意义建构"四个要素构成，情境是意义建构的基本条件，协作和会话是意义建构的必要过程，意义建构则是目的所在。这是建构主义学习区别于传统学习的根本。

① 钟志贤. 建构主义学习理论与教学设计 [J]. 电化教育研究，2006（5）：10-16.

5. 建构主义的教学范式

上述学习理论的变化倾向，直接决定了建构主义"学为中心"教学范式的基本特征：① 教学就是根据一定的学习理论，为促进学习者的有效学习创设适当的外部条件；② 教学就是创设有助于意义建构的学习环境，这种学习环境能提供适当的认知工具，蕴涵丰富资源，并且能鼓励学习者通过与环境的互动去建构意义；③ 教学要重视学习者的社会参与，创设有助于交流协商、知识协作和知识建构的学习共同体；④ 教学要强调真实的学习活动和情境化内容，创建实践共同体和实习场，使学习者所学知识和能力具有远迁移力和强大的生存力；⑤ 教学要设计支持隐性知识学习的环境，使学习者能潜移默化地领悟所需要的知识，并随着实践经验的增长而扩展隐性知识的复杂性和有用性；⑥ 教学过程是"情境—协作—会话—意义建构"四大要素的协同活动过程，重在基于问题情境采用支架式、抛锚式、随机进入式等教学策略，最终达成意义建构的教学目标；⑦ 强调以人为本的整体评价观，教学评价模式由功利性目标转至人本性和发展性目标。

6.2 学为中心：学习环境设计

6.2.1 学习环境设计模式

建构主义教学设计特别强调"学为中心"的有意义学习环境设计，即设计建构主义学习环境（Constructivist Learning Environments，简称 CLEs）。CLEs 的创建可以看作建构主义教学设计的典型倾向。美国教学设计专家乔纳森（1999）认为，建构主义学习环境"是一种以技术为支持的学习环境，学习者从中可以展开有意义的、有益的学习。在学习过程中，技术作为学习者探索、实验、建构和反思学习的工具，以使学习者从经验中学习"[1]。可见，学习环境是基于技术的、促进学习者有意义学习的支持条件。其间，学习者控制学习活动，并且运用信息资源和知识建构工具来解决问题。

美国在《面向学生的美国国家教育技术标准——课程与技术整合》一

---

① Jonassen D, Peck K, Wilson B. Learning With Technology：A Constructivist Perspective ［M］. Upper Saddle River：Prentice Hall. 1999：194.

书中提出，"我们必须创造新的学习环境，为支持学生的发展服务"①。该书指出，学习环境具有如下特点：① 是以技术为支撑的丰富的学习环境，信息技术不只是学习的对象，更是学习的工具。② 是依靠课程与技术整合的学习环境，它为学习者提供了将教育技术技能和相关课程内容整合在一起的活动机会。③ 能为学习者提供大量的机会去查询、使用当前的信息与资源，运用理论技巧解决现实生活中的实际问题。④ 是融入了新的学习策略的环境，这些策略包括：以学习者为中心的教学、多媒体、合作研究、信息交流、主动的/探究的/基于问题的学习、批判性思考并根据信息决策主动的/有计划的行动、真实的/现实的内容等。⑤ 最有效的学习环境是把传统学习方法与新方法结合起来促进相关内容学习的同时，还能满足个人的学习需求。⑥ 需要各种基本条件的支持，主要包括：精通应用技术的教育工作者；内容标准和课程资源；以学习者为中心的学习方法；教育技术有效性评价；获取当前技术、软件及远程通信的途径；提供专业技术、支持服务及实时交互的社区合作伙伴；支持新的学习环境的政策和标准等。

由此可见，学习环境的显著特征，是以学习者为中心的学习环境，是融合了信息技术、现代学习理论和教学策略，可以让学习者利用资源生成意义并能够解决问题的场所，是能"给养"或支持自主探究和协作学习活动，并能与学习者互动而建构个体意义的学习环境。

20 世纪 90 年代之后，建构主义教学设计研究者构建了许多创新性的学习环境设计模式，如基于问题的学习（抛锚式教学）、认知学徒制、交互式教学、基于项目的学习、建构主义学习环境和开放学习环境。尽管这些方式在应用的范围、技术和方法上有所不同，但是它们所蕴涵的认识论假设是相似的，并且在设计上倾向于 CLEs 的创建和运用。目前，比较有代表性的 CLEs 设计主要有帕金斯（D. Perkins）的五要素学习环境、乔纳森的建构主义学习环境，以及开放性学习环境等建构主义学习环境设计模式。

6.2.2　学习环境设计要素

1. 帕金斯五要素学习环境设计

美国教育设计专家帕金斯认为，学习环境由信息库、符号簿、建构工

---

① ［美］国际教育技术协会《国家教育技术标准》项目组. 面向学生的美国国家教育技术标准——课程与技术整合［M］. 祝智庭，刘雍潜，黎加厚，译. 北京：中央广播电视大学出版社，2002.

具、任务情境和任务管理者五个要素构成，如表6.1所示。

表 6.1　帕金斯五要素学习环境设计

信息库 (Information banks)	主要指"有关学习主题的外在的信息资源"，也是学习环境中主要的信息资源，主要提供要学习的领域知识和教学材料，包括课本、教师、词典、百科全书和种种基于信息技术的学习资源
符号簿 (Symbol pads)	指允许学习者建构和操作符号的"界面"，主要用于支持学习者的短时记忆，如记录思路、写下要点、处理方程等，可以是卡片、记事本和笔记本电脑等
建构工具 (Construction kits)	指允许学习者建构和操作客观对象的工具，从乐高玩具（Legos）到化学实验设备、计算机程序语言等都是建构工具。帕金斯自己也承认，建构工具和符号簿有相似之处，但建构工具强调的是预制的部件和过程，以便在建构客观对象的过程中起到某种结构的作用。它有助于学习者寻找特定的信息、完成认知操作、实现某种设想等
任务情境 (Phenomenaria)	是把学习任务呈现给学习者的情境，包含要求学生学习的知识和智力操作。建构主义学习环境中的学习任务是真实性任务。学习任务的真实性是指任务情境与知识、技能被应用的实际情境相联系的程度
任务管理者 (Task managers)	任务管理者为学习者设置学习活动和学习任务，提供指导、帮助、反馈和评价。典型的任务管理者是教师，但是活动模板、学习者、带有明确指导信息的课本以及计算机软件都可以是任务管理者

帕金斯模式具有一般性的指导意义。但他指出，并非所有的学习环境都要包含这五个要素。比较传统的直接性的课堂教学把教师和课本作为信息库，把笔记本和工作表作为符号簿，教师则是任务管理者；相反，建构主义学习环境把任务情境和建构工具置于核心地位。

2. 乔纳森六要素学习环境设计

建构主义学习理论代表人物乔纳森（1999）认为，CLEs的构成部分主要有问题/项目空间（这是学习环境中的概念与操作的核心，起着聚合其他相关部分的作用）、相关案例、信息资源、认知建构工具、交流与协作工具和社会/情景支持等六个部分，如表6.2所示①。

---

① Jonassen D，Peck K，Wilson B. Learning With Technology：A Constructivist Perspective ［M］. Upper Saddle River：Prentice Hall. 1999：195.

表 6.2 乔纳森六要素学习环境设计

问题/项目空间	这是模式的核心部分，是学习事件的焦点，是以有趣的、投入性的和真实的问题，驱动学习者达成学习目标，而不是先从理论或原则出发。设计者需要确定的是问题情境、问题的呈现和问题的操作空间（提供对象、符号和工具）
相关案例	在基于案例推理和认知弹性理论的基础上，运用相关的案例来支持学习者的相关经验；给学习者提供相关的案例作为"支架"，是非常重要的
信息资源	信息能使学习者在情境应用中产生相关的意义。对学习者提供的信息资源应当是相关的、及时的，并以学习者自行选择的方式出现
认知建构工具	指能承担和促进特定认知过程的工具，它们能帮助学习者完成问题求解任务。认知工具包括视觉工具、知识建模工具、绩效支持工具和信息收集工具
交流与协作工具	培育协作学习环境的理论基础是社会建构主义，其主要观点强调学习是通过协作、共享，并以社会性的方式实现知识的社会建构
社会/情境支持	社会和情境支持包括物质基础设施、教师和学习者的训练准备情况等

3. 开放性学习环境设计要素

美国教育设计专家奥利弗（K. Oliver）和汉纳芬（M. Hannafin）认为，开放性学习环境设计包括情境、资源、工具和支架四个要素，这些要素特别有利于学习者进行探究学习和求解科学问题的活动。学习者可以像专家一样，利用可用的资源和工具，探求问题的解决方法，不断调整对问题的理解，规范地使用某个系统或模式，而不是简单地接受或顺从，如表 6.3 所示。

表 6.3 开放性学习环境设计要素

情　境	为界定问题提供真实的框架；问题来源于外部规定、外部引发、自主形成
资　源	提供支持学习的各种教学资源，帮助/允许学习者去构造和解决问题
工　具	帮助学习者处理、操作或讨论信息的中介，含信息加工、控制与沟通工具
支　架	教师基于工具的支架指导学习者正确使用问题求解策略

4. 我国学者提出的学习环境设计要素

根据对学习环境定义的理解，在分析与综合各种要素观的基础上，我国学者钟志贤提出，构成学习环境的要素主要有活动、情境、资源、工具、支架、学习共同体和评价七大要素，各要素与学习者/教师具有密切的内在联系，如图 6.1 所示。

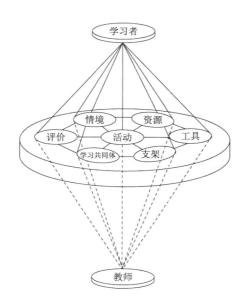

图 6.1　学习环境要素与学习者/教师的关系

该要素分类的特点在于：其一，强化了"活动"中心。活动作为人与社会、文化、环境间的双向交互过程，成为其他各要素变化组合的中心或前提。其二，强调"学习共同体"要素。注重人际互动、广域学习空间、交流协作、知识的社会性建构、群体学习等在学习过程中的重要性。其三，在资源、工具和评价要素方面，强调运用丰富的网络资源、多样化的信息技术工具和真实性的评价。其四，在情境要素方面，强调学习任务和活动的真实性。其五，在学习者/教师角色方面，强调学习者学习的五大特性，即积极主动的、情境化的、复杂的、协作的、建构的学习；强调教师主要是帮促者，为学习者提供支架；强调"互动"是学习环境诸要素产生效力的灵魂，各要素与教师/学习者之间的关系是互动关系；各要素的变化组合与师生关系的不同性质，便构成了不同的教与学的模式。

6.2.3　学习环境设计模型

学习环境设计的复杂性，取决于其理论视野的多元性。多元理论给学习环境的设计提供了多样化视角，丰富了学习环境设计的思维和视野，使之更具完整性和实际操作性。一般来说，任何学习环境设计都离不开心理学、教育学、技术、文化和实用主义等多学科视角，情境认知理论、活动理论、分布式认知理论构成学习环境设计的基础理论，它们与其他理论互为关联，共同构成了一个统合的学习环境设计理论框架，如图 6.2 和表 6.4 所示。

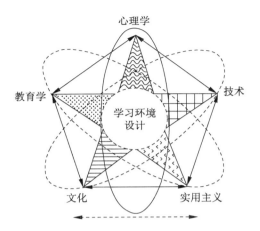

图 6.2 统合的学习环境设计理论框架

表 6.4 学习环境设计的多元理论模型阐释

多学科视角		心理学视角：学习心理一直以来都是学习环境设计的重要基础 教育学视角：反映教学本质理念，构造丰富的教学策略，支持学习者的发展 技术的视角：倾向用技术学习，技术成为支持学习者发展的工具 文化的视角：任何教学活动都是基于社会文化情境的交往活动 实用的视角：主要关注不同学习环境设计的实践操作或可实施的程度
基础理论	情境认知理论	主要基于两种最基本的假设：一是情境是一切认知和学习活动的基础，知识只有通过情境性活动才能真正被人理解；二是学习总是存在于一定的社会文化情境中，依赖于文化资源的利用和实践共同体的活动交往方式
	活动理论	关注活动的社会文化分析模式，活动系统是学习共同体等要素的建构活动，包括主体、工具、客体、劳动分工、共同体和规则六个互动要素；活动系统是目标导向的、历史条件下的、具有辩证结构的、以工具为中介的主体互动
	分布式认知理论	分布式认知超越个体认知局限，是一种研究认知存在形态和认知活动方式的学习理论，认为认知分布于个体内、个体间、媒介、环境、文化、社会和时间等之中，强调认知现象在认知主体和环境间分布的本质
其他理论视角		① 阐释学：应根据学习者的理解过程来设计教学，促进学习机理的深层次个性化理解；② 模糊逻辑和混沌理论：指教学设计不可预测性、无序性、复杂性、不平衡性、多样性、非线性及不稳定性的存在；认为教学过程存在一种非决定论、非线性的关系，应注重元认知能力、反思水平的重要作用

6.2.4 学习环境设计程序

图 6.3 表明，学习环境设计强调"学为中心"，以学习者分析为起点，以问题（将情境问题化）为导向，以任务（将问题任务化）为主线，凸显"情境—协作—会话—意义建构"四大要素，通过学习目标分析、教学策略设计和学习评价设计等环节，提升学习者的意义建构能力①。

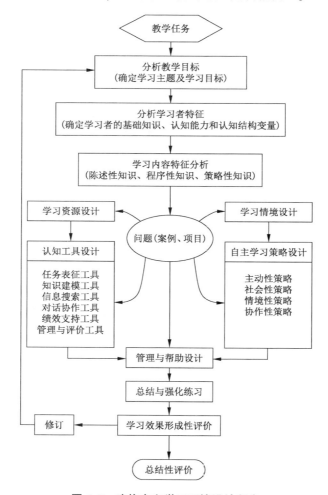

图 6.3 建构主义学习环境设计程序

① 何克抗. 建构主义：革新传统教学的理论基础（上）[J]. 电化教育研究，1997，18（3）：2-9.

6.2.5 学习环境设计应用

1. 学习目标分析

基于"学"的教学目标分析，包括学习者特征分析、学习内容分析等。主要任务：一是确定学习者的学习起点和任务起点；二是确定学习主题及学习目标。主要目的：设计适合学生能力与知识水平的学习"主题"（即相关知识学习、技能学习和基于问题解决的学习类型和任务，任务可以是问题、案例、项目），设计适合学生学习的真实环境下的教学任务，以便展开意义建构活动。提出学习任务，是学习环境教学设计模式的核心和重点。

2. 学习环境设计

基于"学"的教学设计通常包括学习情境创设、学习资源设计、认知工具设计等。

（1）学习情境创设。建构主义强调真实情境下的任务学习，要尽量缩短知识学习与问题解决之间的差距，注重知识迁移能力的培养。因此，需要将"情境问题化、问题任务化、任务活动化"，还原知识背景的生动性、丰富性，提供具有吸引力的问题表征（如虚拟游戏等），激励学习者在任务主导的问题情境创设中，积极主动地探索问题，开展协作交流，完成意义建构。在设计学习情境时应注意：不同学科对情境创设的要求不同，需遵循科学知识的内在逻辑，围绕意义建构的"主题"或"学习任务"进行情境创设，以完成知识意义和主体意义双重建构的根本目的。

（2）学习资源设计。学习资源是指与问题解决有关的各种信息资源，包括纸质文本和网络资源、图形与声音、视频和动画、实例或个案等。学生自主学习、意义建构是在大量信息资源的基础上进行的，所以必须在学习情境中嵌入大量的信息。丰富的学习资源是建构主义学习的一个必不可少的条件。在基于"学"的情境教学设计中，必须选择教学所需的学习资源，并设计这些学习资源的应用方式，以更有效地促进学习者的意义建构。

（3）认知工具设计。认知工具是支持、促进学习者思维过程的心智模式和媒体。在现代学习环境中，它主要是指与网络信息相结合的广义上的计算机工具，以促进认知过程，学习者可以用它进行信息资源的获取、处理、编辑和制作等，并可利用它更好地表述问题（如视频工具）。常用的认知工具有六类：问题/任务表征工具（案例、可视化工具等）、静态/动态知识建模工具（数据库、语义网络等）、绩效支持工具、信息搜集工具、对话协作工具（学习共同体等）及管理与评价工具。

3. 学习组织设计

学习组织设计也是一种教学策略的设计，它包括自主学习策略设计、协作学习策略设计和教师指导策略设计。

（1）自主学习策略设计。自主学习策略是指为了支持和促进学习者自主有效学习而嵌入学习环境中的各种学习策略，其核心是要充分体现学习者的认知主体作用，发挥学习者学习的主动性、积极性。从整体上讲，学习策略分为四类：主动性策略、社会性策略、协作性策略和情境性策略。常见的自主学习策略有支架式策略、抛锚式策略、随机进入式策略、教练策略、建模策略、启发式策略、自我反馈策略、探索式策略、角色扮演策略、竞争策略、协同策略、伙伴策略等。

在设计自主学习策略时，主要考虑主客体两方面的因素。客体是指知识内容的特征，它决定了学习策略的选择；主体方面则是指作为认知主体的学习者所具有的认知能力、认知结构和学习风格。学习者是认知的主体，学习者的智力因素（知识基础、认知能力和认知结构变量）和非智力因素（兴趣、动机、情感、意志和性格），尤其是与智力因素有关的特征，对学习策略的选择至关重要。设计自主学习策略的主要依据：一是基于建构主义教学策略设计自主学习模式；二是根据学习者特征组织学生自主参与活动。根据不同的教学策略和主体特征，设计和选择不同的自主学习活动，如表6.5和表6.6所示。

表6.5　基于建构主义教学策略的自主学习策略设计

教学策略	教学策略设计的重点	学习者自主学习策略
支架式策略	按照下位学习原理，建立上位引导性的概念支架，支架的建立应遵循"最近发展区"理论，便于"由规（上位原理、规则等）到例（下位个案、例子等）"引向应用性的下位知识的意义建构	教师指导学习者基于"先行组织者"，通过"概念支架"（上位知识）进行下位知识的自主学习。基本步骤：进入情境—搭建支架—独立探索—协作学习—效果评价
抛锚式策略	按照上位学习原理，根据事先确定的学习主题，选定典型的真实事件或真实问题（锚），"由例到规"导向更具概括性的上位知识的意义建构	教师指导学习者围绕"真实问题"（下位知识）提升到上位知识的自主学习。基本步骤：创设情境—确定问题—独立探索—协作学习—效果评价
随机进入策略	按照并列学习原理，围绕事先确定的学习主题，创设能从不同侧面、不同角度表现学习主题的多种探究情境	围绕事物的多面性进行并列自主学习。基本步骤：呈现情境—随机进入—思维拓展—协作学习—效果评价

表 6.6　基于学习者特征的自主学习策略设计

学习者特征	自主学习策略	学习者特征	自主学习策略
观察情境	对教学资源提供的情境进行积极的观察，并根据教师所提出的问题进行思考、反应	深入思考	通过对学习资源进一步的研究，或进行仿真实验，对有关问题进行深入的思考和探索
实际操作	对教师提供的教学资源进行查询、检索，分析比较、选择取舍、加工处理所得信息	协商讨论	围绕有待探索的问题，与教师、同学协商讨论
提出问题	通过对教学情境的观察，以及对学习资源的深入思考，发现并提出进一步的问题	表述观点	在协商过程中，积极通过语言、文字（计算机输入）等表述观点
意义建构	自主学习以意义建构为最终目标，可通过语言、文字（计算机汉字输入）等多元表征方式进行意义建构，对学习内容中有关事物的性质、特征、现象进行概括，对事物之间的内在联系和规律进行归纳等		

（2）协作学习策略设计。设计协作学习环境（又称"协作知识建构"，Collaborative Knowledge Building，简称 CKB）目的是在个人自主学习的基础上，通过师生"共享—论证—协商"，以深化和完善对学习主题的意义建构。协作策略主要有竞争、辩论、伙伴、设计、角色扮演和问题解决等，如表 6.7 所示。

表 6.7　协作学习策略与活动方式的设计

协作策略	活动方式	协作策略	活动方式
竞争	教师根据学习目标与学习内容对学习任务进行分解，由不同学习者"单独"完成任务等	设计	教师设计主题，指导学习者分工、协作，共同完成学习主题，以提高全体学生综合运用知识的能力
辩论	围绕给定主题，形成观点；借助工具查询资料，确定观点；教师甄别观点，确定正方与反方	角色扮演	学生扮演和转换学习者和指导者的角色，学习者解答问题，指导者判别和分析，以增强学习者的学习成就感
伙伴	学习者为了完成某项学习任务而结成的伙伴关系，伙伴之间可以对共同关心的问题展开讨论与协商，并从对方那里获得解决问题的思路与灵感，或提出其他问题并提供答案等	问题解决	根据学习者所学的学科与兴趣确定问题；组成协作小组，查阅资料，为问题解决提供材料和依据；协作者之间互相配合，共同完成学习任务，解决问题；最终成果可以是报告、成果展示或论文等形式

（3）教师指导策略设计。在建构主义学习环境设计中，学习者是学习性主体，教师是主导性主体，是学习过程中的导航者、指导者，是意义建构的设计者、帮促者。在任何情况下，教师都有控制、管理、指导和帮助的职责。教师需要在学习环境中确定学习任务、组织学习活动、提供指导和帮助，引导学生正确使用认知工具。教师指导策略设计，如表6.8所示。

表 6.8 教师指导策略与活动方式的设计

教师指导情境	教师指导策略与活动方式
学习主题事先已知	① 围绕已确定的主题，设计能引起争论的初始问题 ② 设计能将讨论一步一步引向深入的后续问题 ③ 如何站在略微超前于学习者智力发展的边界上，通过提问来引导讨论，切忌直接告诉学习者应该做什么（即不能代替学生思维） ④ 教师对学习者在讨论过程中的表现，适时做出恰如其分的评价
学习主题事先未知	① 教师在讨论过程中应认真、专注地倾听每位学习者的发言，并仔细观察每位学习者的神态及反应，以便及时进行正确的引导 ② 要善于发现每位学习者发言中的积极因素，并及时给予肯定 ③ 要善于发现每位学习者通过发言暴露出来的认知模糊或不正确之处，并及时用学习者易于接受的方式予以指出 ④ 当讨论偏离教学内容或纠缠于枝节问题时，要及时正确引导 ⑤ 讨论结束，应由教师或学习者对整个协作学习过程做出小结

4. 总结与强化练习设计

适时的教学总结可有效帮助学习者将零散的知识系统化，但总结不能太细，应进行知识体系串讲，简明扼要，否则会重蹈传统学科理性教育的覆辙，限制学习者的思维。教师总结之后，应精心设计一套可供学习者选择并有一定针对性的补充学习材料或强化练习，以便检测、巩固、拓展所学知识，最终达到符合要求的意义建构。

5. 学习效果评价设计

传统学科理性教学评价比较关注事实、概念和技能的获得，强调预设目标和结果性评价。学习环境教学设计则注重"六个强调"原则：强调以学生为中心，强调"情境"对意义建构的重要作用，强调"协作学习"对意义建构的关键作用，强调对学习环境的设计，强调利用各种信息资源和工具来支持学生的"学"，强调学习过程的最终目的是完成意义建构。因此，其评价内容主要围绕三个方面进行：自主学习能力，协作学习过程中做出的贡献，以及是否达到意义建构的要求。其评价取向更加重视过程性评价，更加关注学习任务的整体性评价、学习参与度评价及社会性评价等，注重通过学习者实际完成的真实学习任务来检验学生学习结果的优劣。评和情境认知理论为基础。另外，根据梅里尔的"五星教学模式"，对于高阶学习领域而言，需要认知策略、元认知策略和非策略性知识的交互作用。

1. 良构问题的探究策略

（1）明确问题表征。良构问题探究的第一步是理解任务，明确问题表征（问题空间），要求学习者理解已知条件、目标、可能的解决方法的潜在结构，亦即任何可用来完成任务的问题探究策略。任何一个问题的探究策略都来源于学习者头脑中的问题空间，问题空间能够关联学习者先前具有的领域知识、假设生成和发现问题解决方法的过程，这些都是基于"同化"学习心理机制在解决问题时所必须做到的。应注意的是，问题表征是由个人根据问题求解的任务来构建的，而不是从情境中自行生成的。

（2）寻求解决方法。良构问题探究的第二步是寻求解决问题的方法。首先，回忆先前已经求解的问题，然后运用曾使用的解决方法探究当前所面对的问题；其次，运用问题的求解方法（即先行组织者），消除问题的现有状态与目标状态之间的差距；其三，分解和简化问题，常用的策略是将一个问题分解成若干个子问题，直到提出一种显而易见的解决方法为止；其四，生成解决问题的方法。

（3）实施解决方法。这一步用于检验学习者提出的解决方法，它通常也是一个反复验证问题图式中所包含程序的过程。如果解决方法被证明有效，那么问题就解决了；反之，学习者则应当提出一种新的假设或调整探究过程，以寻求另一种解决方法。

2. 劣构问题的探究策略

（1）确定问题空间。劣构问题之所以为劣构，是因为它存在多元问题表征和多种理解。因此，从多种可能性中确定一种适当的问题空间，是劣构问题探究中最重要的环节。劣构问题是基于一定情境自然出现的，而不是预先设定的，因此，学习者必须审视问题产生的情境，确定问题的类型与本质。

（2）学会反思和判断。劣构问题不可能仅仅只需构建一个问题空间，而是需要构建多元问题空间。学习者需要详细研究多种问题空间之间的认知和情感联系，以便确定哪种问题图式与问题解决最为相关，并且最为有用。因此，劣构问题的探究过程，是一个反思、判断以消除不确定性因素的过程。

（3）生成解决方法。生成多种解决方法是问题表征的一种特征和限定作用。也就是说，由于问题具有多种表征方式，因此劣构问题具有多种可价策略较多地使用自我分析和元认知工具，但同时应注意避免忽视教学目标的达成、忽视教师的指导作用及忽视自主学习设计评价的倾向。

6.3 问题导向：探究学习模式

在建构主义学习环境教学设计中，学习任务是基于问题的，即学习者面临的是基于问题导向的学习任务，不管这一问题是基于案例的还是基于项目的，是学科的还是应用的，是良构的还是劣构的，其实质都构成了指向问题求解的探究性学习活动，问题被赋予挑战性、真实性、探究性的学习特征，为学习者提供了自由表达、质疑与探究、提升解决问题能力的机会。

6.3.1 探究学习设计模式

1. "探究学习" 的源流

"探究式教学"（Inquiry Teaching）的思想由来已久，最早可追溯到古希腊的 "产婆术" ——苏格拉底对话。近代以来，有斯宾塞的科学探究原则、杜威的问题教学法、布鲁纳的探究发现法、施瓦布的探究教学论，等等。

"探究学习" 由施瓦布首先提出。施瓦布说："如果要学生学习科学的方法，那么有什么学习比通过积极地投入到探究的过程中去更好呢?"[①] 20 世纪70 年代以来，西方国家大力开展探究式学习。英国 1988 年推出《教育改革法案》，强调在科学课程中加强对学生科学探究能力的培养；美国科学促进会 1990 年发表《2061 计划》，强调科学教育应当符合科学探究的特点；1996 年颁布的《美国国家科学教育标准》，将探究学习列为学习科学的核心方法，并对探究教学提出了一系列标准。

"探究学习" 又称探究性学习、研究性学习，是指在教学过程中以问题为载体，创设一种类似科学研究的情境或途径，引导学生通过独立自主地发现问题、实验、操作、调查、收集与处理信息、表达与交流等探索活动，获得知识、培养能力、发展情感与态度，特别是发展探索精神与创新能力的学习方式和学习过程[②]。与 "科学研究" 不同，"探究学习" 本质上是运

---

① National Research Council. Inquiry and the National Science Education Standards：A guide for Teaching and Leanring ［M］. Washington：National Academy Press，2000.

② 钟启泉，崔允漷，等. 为了中华民族的复兴　为了每位学生的发展　基础教育课程改革纲要（试行）解读 ［M］. 上海：华东师范大学出版社，2001：261.

用探讨和研究问题的方法去体认与建构知识，并建构知识应用能力的学习方式。其典型特征如下：① 主要目的是使学习者通过问题探究过程，掌握科学的思维方法，形成科学探索精神和创造性地解决问题的基本能力；② 主要途径是从学科知识领域和现实生活世界选择与确定探究主题，创设科学探究的问题情境，体认问题探究过程，获得智力和情感体验，建构知识学习意义；③ 教师在问题探究活动中发挥主导作用，设计探究的问题情境，形成以问题为中心的探究教学模式，促进学习者的发展。

"基于问题的教学设计模式"的基础是"基于问题的学习"（Problem Based Learning，简称 PBL），它由美国神经病学教授巴罗斯（H. Barrows）1969 年在加拿大麦克马斯特大学医学院首创，目前已成为国际上较流行的一种教学模式，是建构主义教学设计模式中的"一条被广泛采用的核心思路"。"基于问题的学习"强调把学习置于复杂的、有意义的、真实的问题情境中，通过让学生合作解决真实的问题，来学习隐含于问题背后的科学知识，形成解决问题的技能，并发展自主学习能力的一种新的教学模式①。

2. "探究学习"的特征

（1）自主性。探究学习始终以学习者为中心，把学生作为活动的主体，在教学过程中强调立足于学生的"学"，以学习者主动学习为主，以学生的主体活动为中心展开教学过程，鼓励学生自主探究，每位学习者都应是问题的解决者和意义建构的主体，学生以自己的经验和知识为基础，经过积极的探索和发现、亲身的体验与实践，尝试用学过的知识解决新问题。教师在这个过程中只是一个组织者、指导者和参与者。因此，探究学习有利于学生主体意识和主体能力的形成和发展，有利于塑造学生独立的人格品质，有利于培养学生的自主性。

（2）探索性。探究学习强调以问题为导向，重在发展学习者有效解决问题的高阶学习能力。问题可分为良构问题和劣构问题。良构问题是定义完整、已知条件和求解方法明确的限定性问题；劣构问题是定义不完整、具有多种解法和少量确定性条件的复杂性问题。建构主义的问题情境必须是劣构的、能够自由探索的、是真实性和有价值的问题，能够帮助学习者提升有效解决问题的高级思维水平。探究学习特别强调学生的感知、操作和语言等外部的实践活动，强调学生的直接经验和间接经验的交融与统一，使认知活动建立在实践活动的基础之上，用学习主体的实践活动促进其自

---

① ［美］Linda Torp，［美］Sara Sage. 基于问题的学习——让学习变得轻松而有趣［M］. 刘孝群，李小平，译. 北京：中国轻工业出版社，2004：11.

身的发展。

（3）协作性。探究学习坚持以活动为主线，强调协作交流的作用，强调学习者建构知识意义的过程是在不断协作探究活动中完成的。探究学习更加关注学习的过程，追求学习过程和学习结果的和谐统一，强调尽可能地让学生经历由知识的发现、形成、应用到发展的全过程。让学生像科学家那样发现问题、解决问题，经历一个完整的科学研究过程，体验发现知识、再创知识的创新过程。

（4）开放性。探究学习的目标灵活，不像知识目标那样有明确具体的要求；探究学习在学习内容上是开放的，在探究结果的要求上也是开放的。探究学习打破了传统教学在统一规定下的教学模式，为学生提供了大胆创新、实现自我超越的学习环境。学生在探究学习过程中，能够大胆地怀疑、提出问题，探讨解决问题的方案，对不同的结果进行分析，以更好地培养创新意识和创造能力。

6.3.2 探究学习设计原理

1. 萨奇曼探究训练模式

20 世纪 70 年代，美国学者萨奇曼（J. R. Suchman，1962）正式提出探究训练模式，他将"探究"概念发展成为一个完整的教学模式。探究的心理机制是学生本能地对一切新奇事物的兴趣；探究的目的是帮助学生发展"理智素养和理智技能"；探究的重点是帮助学生认清事实，建立正确的科学概念；探究的过程是"呈现疑惑情境—提出假设—收集资料—得出结论—全程反思"。

2. 斯皮若认知弹性理论（Cognitive Flexibility Theory）

美国伊利诺斯大学学者斯皮若（R. J. Spiro）于 1990 年提出认知弹性理论。该理论的焦点是复杂和劣构知识领域中学习的本质问题。所谓认知弹性，是指以多种方式同时重建自己的知识，以便对发生根本变化的情境领域做出适宜的反应[1]。该理论与知识迁移及超越初始学习情境的技能密切相关，重点是以多种观点呈现信息。其基本原理如下：① 只有在显示多重事实时才能以最佳方式对劣构知识领域的现象进行思考；② 概念与案例构成的多维非线性"十字"交叉形状，表明从不同方向得到一个映像或观念既可加强新的观念，又可加强作为出发点的原有概念；③ 通过几个具体示例说明概念，可使该概念更富有意义，从而使学习者获得具有足够灵活性的知识以适应多变的真实情境。对相关理论的理解，如表 6.9 和表 6.10 所示。

---

[1] 高文. 教育中的若干建构主义范型 [J]. 全球教育展望，2001（10）：3.

表 6.9　认知弹性理论的逻辑结构及启示

理论范畴	主要内涵及功能
高级学习	学习分为初级学习与高级学习。初级学习是简单化学习，涉及良构知识领域；高级学习是复杂性学习，涉及劣构知识领域。认知弹性理论的逻辑起点是高级学习的学习条件和学习规律
随机通达教学	又称随机访问教学，是适用于结构不良领域中高级知识获得的新的教学方式。其特点是对于同一教学内容，可从不同角度多次进行学习，以此达到获取高级知识的目标；教学中可使学生形成对概念的多视角理解，并与具体情境联系，形成背景性知识，而不是"去情景化"
认知弹性超文本	适用于高级知识学习。具有非线性特征的超文本有助于学习者从多种角度接近概念并构建知识表征。超文本学习需达到两个基本目标：掌握概念的复杂性；具备将已有知识独立应用或迁移至新情境的能力。但超文本并不适合于能用一般方法就能掌握良构知识的教学情境
主要启示	① 教材应尽可能为学习者提供知识的多重表征，保持知识的真实性与复杂性，以促进学习者大胆探索与建构能力的发展 ② 教学设计应注意构建由概念与案例交织组成的"十字形"，以保证知识的高度概括性与具体性的结合，增强知识的弹性与迁移性 ③ 教学是基于问题解决，形成高度联系的知识整体，以促进学生的知识建构

表 6.10　初级学习（低阶学习）与高级学习（高阶学习）的比较①

低阶学习	基本内涵	高阶学习	基本内涵
初级学习	又称低阶学习，是指运用低阶思维进行机械接受的学习	高级学习	又称高阶学习，是指运用高阶思维进行有意义学习，具有"积极—建构—反思—真实—合作"五大特性
初级知识	是低阶学习的对象和结果。它是一种事实性知识、个体性知识，属于简单化/显性化的知识	高级知识	是高阶学习的对象和结果。是建构性知识、情境化知识、同化性知识，属于个人化/复杂化/隐性化的知识
初级思维	是指初级层次的认知水平，主要用于学习事实性知识或完成简单任务，如布卢姆认知目标分类中的识记、理解和近迁移能力等	高级思维	是指较高认知水平层次的心智活动或较高层次的认知能力，如布卢姆认知目标分类中的分析、评价、创造和远迁移能力等
初级能力	是运用低阶思维完成记忆任务、解决良构问题的心理特征	高级能力	是以高阶思维为核心，解决劣构问题或复杂任务的心理特征

---

① 钟志贤. 大学教学模式革新：教学设计视域 [M]. 北京：教育科学出版社，2008：46-47，64-65.

3. 梅里尔五星教学模式

五星教学模式或称"首要教学原理"，由美国教育技术理论家梅里尔（D. Merrill）于 20 世纪初提出。该教学模式主张教学应围绕问题探究，聚焦完整任务，构建"问题呈现—激活旧知—示证新知—尝试应用—融会贯通"五个有效教学循环阶段。鉴于每阶段含有三个具体标准，因而五星教学模式一共由 15 个要素构成，同时配上动机激活、导航定向、多项互动、协同探索 4 个辅助策略（见表 6.11）。五星教学模式的实质是强调具体教学任务应被置于实际问题解决情境中来完成，即先向学习者呈现问题，针对各项具体任务展开教学，并将学到的具体知识运用到解决问题的整体任务中去。

表 6.11　五星教学模式的教学原理与要素

五个教学循环阶段	要素构成	五星辅助策略
针对问题求解	1. 呈现学习任务——明确任务 2. 编排任务层次——具体到应用 3. 形成任务序列——逐级深化	
激活原有知识	4. 回忆原有经验——新旧同化 5. 提供新的经验——相近同化 6. 明晰知识结构——结构同化	
展示论证新知	7. 紧扣目标施教——学教一致 8. 提供学习指导——建立联系 9. 善用媒体促进——以媒体促学	1. 动机激活　2. 导航定向 3. 多项互动　4. 协作探索
尝试练习应用	10. 紧扣目标操练——规例训练 11. 逐渐放手操练——扶放结合 12. 变式问题操练——学会迁移	
融会贯通掌握	13. 实际表现业绩——展示成果 14. 反思完善提高——学会反思 15. 灵活运用创造——重在应用	

6.3.3　探究学习过程设计

探究学习过程包括五个阶段：问题呈现—活动引入—自主探究—协作探究—评价反馈。其中，问题呈现是问题探究的前提，呈现的关键在于表征问题空间。问题空间包括三个关联性构件：问题情境、问题呈现、问题操作。探究过程应是以问题为导向、师生协同完成学习任务的活动过程，学生不仅能建构高阶知识，还能增强知识弹性与迁移性（见图 6.4）。

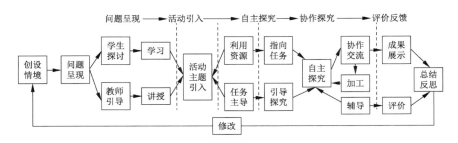

图 6.4　探究学习过程流程（1）

有学者认为，探究学习过程的基本特征可以用一句话来概括：主导与主体相结合①。一方面，高度重视教师在教学过程中的主导作用；另一方面，突出学生在学习过程中的认知主体地位。在此过程中，学生的主动性、积极性乃至创造性能普遍地得到较好的调动，从而达到对知识与技能更深入的理解与掌握，并促进学生创新思维与创新能力的形成与发展，有利于创新人才的培养。探究模式的实施通常包含如下步骤（环节）：创设情境—启发思考—自主探究—协作交流—总结提高。（见图 6.5）

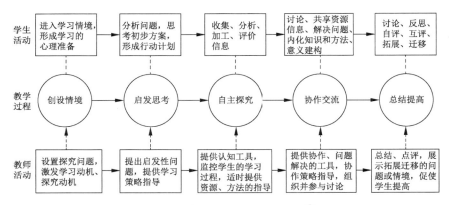

图 6.5　探究学习过程流程（2）②

1. 创设情境

在选题之前需要剖析学生原有的知识结构，做好背景知识的铺垫，找到切入点，调动学生的积极性，诱发学生的主动探究。情境创设要与学生的生活直接相联系，切口要小，形式多样，可以是一个事件、一个演示实

---

①　何克抗．新型建构主义理论——中国学者对西方建构主义的批判吸收与创新发展［J］．中国教育科学（中英文），2021，4（1）：14-29.

②　同①.

验，也可以是生活常识等；选题可以涉及自然、生物、气象、环境、农业、经济、社会、政治等许多领域，能够给学生自由探索的思维空间。

2. 启发思考

学习者围绕科学性问题展开探究活动，所提问题要能引发学生的自主探究，并能丰富探究活动，能通过学生的自主观察、实验或其他可靠的渠道获得解决问题的途径。教师可以指导学生通过课题质疑、因果质疑、联想质疑、方法质疑、比较质疑、批判质疑等方法及学生自我设问、学生之间设问、师生之间设问等方式提出问题，培养学生提出问题的能力，促使学生由过去的机械学习向主动探究发展。教师的关键作用是引导学生针对所要探究的问题建立假说，体验科学探究的过程。

3. 自主探究

科学家的探究活动是将"探究"本身与已有科学知识融为一体，所以，学生的探究活动也应该建立在原有的知识结构之上，通过对现象的观察与研究建立起新的知识，并将新知识融合在原有的知识结构中，形成新的知识体系。教师的作用是引导学生在原有的知识结构上设计可行的探究方案，运用各种信息资源来支持学习。学生的自主探究活动，一是通过查阅文献和其他信息资源，运用各种手段来收集、分析和解释数据；二是提出假设和预测，并接受其他同学的质疑，以便将实验证据、已有的科学知识和提出的解释这三者更紧密地联系起来；三是通过协作交流，解决彼此观点中的矛盾，巩固以实验为基础的论证。

4. 协作交流

建构主义认为，学习者与周围环境的交互作用对于学习内容的深入理解起着关键性的作用。学生在教师的组织和引导下一起讨论和交流，共同建立学习群体并成为其中的一员。在群体中共同研判考察各种理论、观点、信仰和假说的正确性。通过这样的协作学习环境，学习者的思维方法与智慧就可以被整个群体共享，即由整个学习群体共同完成对所学知识的意义建构，而不是只由其中的某一位或某几位学生完成意义建构。

5. 总结提高

课堂小结可由教师或学生单独完成，或由师生共同完成。教师引导学生根据收集的证据将合理的假说概括为结论，帮助学生在他们的头脑里建构起科学知识。教师还要引导学生对错误的假说进行修正，或重新设计探究方案、收集证据、得出结论，也让学生体验失败的过程，知道科学探究的艰辛；或通过不同观点的交锋，补充、修正、加深每个学生对当前问题的理解。通过这种合作与沟通，学生可以了解问题的不同侧面及其解决途径，从而对知识产生新的洞察，真正提高学生自身的科学素养。

6.3.4　探究学习基本模式

1. 学习循环模式

施瓦布提出了"以探究为中心"的教学思想，由此建立了包括准备、探究、讲解、应用及评价的"五步学习循环"模式。准备阶段：学习者建立直观认知，将新知识建立在原有的知识结构上，使学习更有效；探究阶段：按照明确的方向，展开以学生为中心的探究活动；讲解阶段：教师引导、组织学生讨论探究结果，讲解科学概念或理论；应用阶段：即知识应用和扩展阶段，学生将获得的科学概念或理论在新的环境和新的问题中去实践、验证、应用和巩固；评价阶段：包括教师的评价（阶段性的或总结性的）和学生的自我评价与反思。

2. 情境探索模式

情境探索学习模式的核心有两点：（1）为不同类型的学习者设置适合他们知识水平和心理特点的特定情境，引导他们积极探索，并在探索过程中自主地选择适当的辅导内容和辅导方式；（2）通过在一系列精心设计的情境中探索，学习者不仅能获得基本知识和基本技能，而且能掌握有效的学习方法，使学生在自主获取知识的同时发展解决问题的能力。

3. 评价改进模式

评价是探究学习过程中的重要环节，教师必须注意评价的内容和方法。评价的内容应涵盖态度、情感、技能、能力及结果等几个方面；评价的方法可以采取教师评价与学生自评、互评相结合，小组评价与组内个人评价相结合，对书面材料的评价与对学生口头报告、活动设计、模型展示的评价相结合，定性评价与定量评价相结合的方式进行。探究学习强调学生的自主学习过程，强调对知识、技能的应用，强调学生的全面参与，因此，在整个评价过程中要有学生的积极参与，重视学生在学习过程中的自我评价和自我改进，使评价过程成为学生学会实践和反思、发现自我、欣赏别人的过程；同时要强调评价的激励性，鼓励学生发挥自己的个性特长、施展自己的才华，促进形成能激励学生积极进取、勇于创新的氛围。

6.3.5　探究学习设计应用

依据斯皮若的"认知弹性理论"，问题探究活动涉及良构知识领域和劣构知识领域，但关注的焦点应是复杂性和劣构性的高阶学习条件和规律。良构问题的教学模式以信息加工理论为依据，劣构问题的教学模式则以建构主义能的解决方法，需要决定用哪种解决方法最适中。反思推断解决方法的过程与专家求解问题的方式是一致的，其焦点在于能否生成能消除问题的解决方法。

（4）评价解决方法。一般来说，劣构问题的解决方法没有唯一的、最佳的答案，因此，学习者对问题的表征应采取协作讨论的方式，或赞成某一种较好的解决方法，或反对其他解决方法。在弄清楚其他人所持不同观点之后，再发表同意或反对意见，这样有利于构建自身的观点。

（5）监控问题空间。劣构问题和良构问题探究的主要区别在于认知监控，通过这一过程，学习者能够弄清所探究问题的认知本质和解决方法的真正价值，并努力寻求最适解决方法。

（6）调整解决方法。问题探究的过程是一个基于反馈的、不断对所选方法进行监控和调整的过程。在现实中，只有极少数问题的解决方法只需验证一次，大多数情况下，问题探究者须先提出某一解决方法，然后在反馈的基础上不断对该解决方法进行调整和修改。

总体看来，探究劣构问题是一个高阶学习过程，学习者在探究学习过程中，需要综合运用认知策略、元认知策略及非策略性知识，目的在于促进问题探究和学习能力的提高。乔纳森（1999）指出："问题求解需要学习者运用高阶技能，这些技能是学习者通过教学帮助能开发的最真实、最相关和最重要的技能"①。探究学习模式的发展，也促进了当今学习方式和教学模式的变革，以适应知识时代对应用型个性化人才培养的必然要求。

案例：基于一流课程与深度学情分析的分级混合式教学改革与创新

一、成果简介及主要解决的教学问题

（一）成果简介

荆楚理工学院计算机工程学院的"计算机基础"课程组经过近 5 年的建设与教学实践，在打造优质网络课程资源的基础上，通过深度学情分析，

---

① ［美］David H. Jonassen. 基于良构和劣构问题求解的教学设计模式（上）［J］. 钟志贤，谢榕琴，编译. 电化教育研究，2003（10）：33-39.（本节内容基于权威性表述的考虑，主要转引自该文，但调整增补了部分内容。）

充分了解学生学习需求，以个性化教育理念构建并实施多层次"按需施教"的分级混合式教学。课程组通过学前考查及大数据分析等手段，对选课学生进行分类分级并组织差异化教学。其实践路径包括三个方面：第一，为学生设计模块化、多层级的教学资源；第二，实施分级教学与混合式教学相结合的教学模式；第三，营造多参与方、多种沟通形式的学习讨论交流平台。其具体成果如图 6.6 所示。实践证明，"按需施教"的分级混合式教学能有效缓解教学资源紧张问题，提升教学效率，促进课程整体教学目标的实现。该课程于 2021 年 3 月被评为湖北省线上线下混合式教学一流课程，选课学习的人数已达 5000 余人，网站访问量达 610 万人次，课程线上教学资源获得国内 20 多所院校师生的选用与好评。

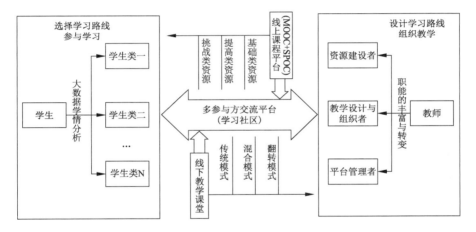

图 6.6　基于一流课程与深度学情分析的"按需施教"分级混合式教学成果

到目前为止，该成果已获得课程及教学奖共 6 项，面向全校师生进行公开课示范 3 次，发表论文 1 篇。现将成果罗列如下：

- 2021 年 6 月，获评湖北省省级课程思政示范项目。
- 2021 年 3 月，获评湖北省线上线下混合式教学一流本科课程。
- 2019 年 5 月，获荆楚理工学院教学设计大赛二等奖。
- 2019 年 5 月，指导学生获"挑战杯"大学生课外学术科技作品大赛湖北省三等奖。
- 2018 年 12 月，获评荆楚理工学院精品在线开放课程。
- 2018 年 9 月至 2019 年 5 月，面向全校师生完成 3 次示范课教学。
- 2018 年 7 月，获荆楚理工学院优秀教案评比二等奖。
- 2018 年 6 月，获荆楚理工学院优质课竞赛教学创新奖。

（二）成果价值

基于省级一流课程"计算机基础"的"按需施教"分级混合式教学经过 5 年的建设及实践，每年为学校近 4000 名学生提供课程学前的考查分级服务。为引导学生向课程教学目标努力，本项目为不同层次的学生提供适应性的课程资源及教学规划，并为其提供弹性上机实验学时；为帮助选课学生更好地完成所要求的实验任务，除教师团队外，学院还通过考核招聘，安排学业优秀、责任心强的高年级学生组成助教团队，参与管理辅导，受到选课学生的广泛欢迎与好评，充当助教的高年级学生也获得了锻炼。该成果较好地保证了课程整体教学目标的实现，平均每年节省课堂授课时数达 1200 余课时，近三年来课程评教一直为优秀。

当前，本课程线上选课的学生已达 5000 余名，课程网站访问量达 610 万人次，每期讨论互动达千余人次。课程线上教学资源获得包括昆明医科大学、武昌工学院、四川城市职业学院等国内 20 多所院校师生的选用与好评。

（三）主要解决的教学问题

1. 重构了课程内容资源体系

"大班化""一刀切""一锅煮"是我国高等教育规模扩张以后，教学资源建设不足和沿用传统教学模式所带来的典型弊端，其后果是整体教学质量难以稳步提高，部分学生的学习效果达不到人才培养要求。分级混合式教学依托广阔的互联网资源，在广度与深度上重构课程内容体系，营造多层级的课程知识模块，以课程基本内容为核心，一方面为基础较好的学生提供向上的拓展学习资源，另一方面为基础较差的学生提供向下的补充类知识模块。多层级的课程资源使课程平台成为学生学习的出发点与汇集点，从中体会课程知识体系脉络，找到自己的学习方向与路径，促使学生个性化学习，促进整体教学目标的实现。

2. 创建了分级混合式教学模式

对教学对象进行分层后，针对不同学习者的需求与学习行为设计相应的教学方式。对学前考核通过的学生，由他们自行选择是否免修，并向其开放课程的线上全部资源，有利于他们进一步深入探索课程。对学前考核未通过的学生，结合其基础及学习意愿，一部分采用"面对面授课+计算机基础在线课程（省精品课程网站）"模式；另一部分则采用"计算机基础在线课程（省精品课程网站）+线下任务驱动式实验教学与辅导+SPOC"模式。由此实现了针对不同的教学对象采取不同的教学方式讲授不同的教学内容，使"学生中心"理念贯穿于课程教学的不同环节。

3. 组建了教学、助学团队与学习社区，营造线上线下强有力的学习支持环境

一方面，通过在线课程平台建设学习讨论区、班级交流群，以满足生生间、师生间的线上互动交流；另一方面，为更好地向学生提供线下实验操作辅导，招募了若干名计算机专业高年级学生作为课程助教，助教们经过培训后完全胜任指导工作，为选课学生提供了细致、高水平的服务，获得了一致好评。

（四）成果解决教学问题的方法

1. 从教师教学入手，探索建设混合式教学模式下多层级的课程规划系统

教学要以"教师的教要适应学生的学""教学要促进学生的发展"和"教学要取得良好效果，就需要充分利用各种教育资源"为主要指导思想，以分层设计为思路，利用新媒体技术及当前丰富的教学资源，构建多层级的课程教学系统。主要包括：分级教学目标制定、差异化教学资源构建、差异化教学环境和教学活动过程的营造，以及分级教学考核与评价等。

（1）分级教学目标制定。在达成基本教学目标的前提下，从课程内容及学情出发，分析各知识点及技能点的教学要求，结合实际学情，以增强学生学习成效为原则，适当提升课程学习的挑战度，制定递进式多级教学目标，同时明确其所针对的学习群体，这可以使课程教学目标更清晰，有更明确的指向性。

（2）差异化教学资源构建。混合教学模式下，学习资源包括传统类型资源（如纸质课本）、数字资源（如视频与音频资源）、网络资源（如基于PC及移动客户端的在线学习平台）等多种形式，为满足不同学生的需求，在新技术的支持下，对各资源进行分类分析，通过内容标签、层级标签等方法构建差异化的教学资源体系，进而使教学资源体系化、层次化。

（3）差异化教学环境和教学活动过程的营造。混合教学模式下，教学环境综合了传统课堂及线上传播系统。本项目对差异化教学环境和教学活动过程的营造主要有两条主线：一条是以知识高效传输为核心，教学过程的互动模式以问答式或单向传播式为主；另一条是以探究性高阶思维引导训练为核心，其过程要涵盖合作、互动探索与反思等活动。两条主线形成两大模块，在课堂教学与网络教学中都有所体现，可以根据具体教学对象进行取舍。

（4）分级教学考核与评价。依照教学目标，以形成性考核为总体设计思

路，研究和制定分级教学考核评价体系中的考核目标、内容、形式及标准。

2. 从学生需求入手，制定科学合理的分级策略，并提供相应的学习支持环境

"按需施教"分级教学的起点和最终目标均是满足学生的差异化学习需求，了解学生的差异性则要有科学合理的分级策略。通过测试、问卷调查及学生互评等方式将学生的学习背景、学习习惯、学习风格、自学能力、个人愿景等纳入分类指标，合理利用大数据技术，制定可操作的分级系统。

学生差异化学习需求研究还包括分级的学习任务设计、学习支持设计及学习活动设计。围绕教学目标，为不同的学生群体制定相应的学习任务，提供适当的学习支持，设置相匹配的学习活动，以满足学生差异化学习需求为根本任务。本成果在实施过程中形成了完整的个性化学习支持环境。

二、理念与模式

（一）基本理念

以充分满足学生的学习需求、提升教学效率、促进整体教学目标的实现为基本理念；以学生为中心构建模块化、分层次的多媒体课程资源，并从总体上结合混合式教学模式，为有不同学习需求的学生设计并提供差异化的学习路径，规划实施个性化教学并提供强有力的线上线下学习支持系统。

（二）主要模式

本项目分两条建设主线：① 按"五步建设法"打造一流课程；② 基于一流课程及深度学情分析，"按需施教"建构分级混合式教学模式。现分述如下：

1. 以"五步建设法"打造模块化、层次化、多维度、高质量的课程资源体系，努力实现具有高阶性、创新性、挑战度的一流课程标准

2017 年 9 月，为响应学校"大力开展在线开放课程建设"的号召，计算机工程学院组建了"计算机基础"课程建设团队。本团队在课程规划调研、教学资源设计制作、课程网站建设等方面做了大量工作。线上课程于 2018 年 1 月在学校课程中心平台全面上线并成功运行，同年 12 月被评为校级精品在线公开课程；随后，课程组对课程资源与教学模式做了进一步升级，在学校支持下于 2019 年 5 月在超星教育平台上线运行。2019 年 9 月课程组依托学校课程中心和超星教育两大平台，开展了《计算机基础》分级

混合式教学试点，截至 2021 年课程组共完成 5000 余人的分级混合式教学实践，教学效果良好。2021 年，"计算机基础"课程被评为湖北省线上线下混合式教学一流课程。

本课程建设吸取了传统教学经验，同时又以教育部"金课"建设标准为目标，以"五步建设法"打造模块化、层次化、多维度、高质量的课程资源体系（见图 6.7）。第一步，围绕教学目标科学提炼课程知识点，建立并规划详细的知识网络体系；第二步，采用音视频、文本、图形、图像等多类型文档，围绕每一个知识点设计递进式教案、课件、教学视频、习题等元素；第三步，为每个文档打上详细的文档标签，如难易度、所属知识点、所属章节、文档类别、更新次数、适用范围等；第四步，规划课程教学模块，构建层次化的教学单元，将第三步完成的所有文档按标签与层次对应的方式进行模块化链接，形成完整的课程模块体系；第五步，随着教学的开展，不断完善与更新课程资源，并为每一个模块实时设置拓展链接，为学习者提供向上发展的学习路径。同时，课程组重视线上资源与线下资源的整体建设。为更好地帮助学生完成线下学习及实验，学院通过定期考核招聘，在计算机专业中选拔了一批有责任心、成绩突出的高年级学生组建流动式的课程助教团队，为选课学生提供全面而专业的课程学习支持与指导。课程助教团也是最具活力的课程资源之一。

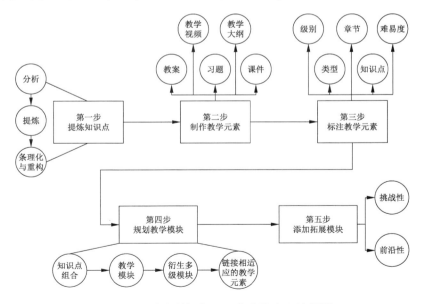

图 6.7　一流本科课程"五步建设法"流程图

2. 基于一流课程及深度学情分析的"按需施教"分级混合式教学

一流课程资源建设为教学提供了良好的基础。为充分挖掘和利用课程资源，本项目以学情分析为抓手，通过组织大规模课前考核，辅助大数据技术分析，在充分了解学生学习基础及学习特点的基础上，对学生进行分层归类，并结合混合式教学模式，规划"按需施教"的分层教学系统。根据近几年的实践探索，本成果最终形成了三种教学形式（见图6.8），现分述如下：

第一类，采用"线上课程资源模块+MOOC"方式提供纯线上的课程教学，主要教学对象是基础较好、具备自学硬件条件、有较强自主学习能力的校内外学生。学生可以按照课程学习指南，明确自主学习路径，独立完成每一个课程任务，并及时反馈学习问题，以获得教师与助教的支持和帮助，最终通过考核获得课程学分。

第二类，采用"线下实践"与"线上理论"相结合的教学形式，主要教学对象是基础一般、不完全具备自学硬件条件或自主学习能力的学生。学生通过"课程资源模块+SPOC"方式，在线上完成相应课程理论知识的学习，实验部分则在教师和助教的辅导下在线下实验室完成。同样，课程平台也为这类学生提供了讨论、咨询的渠道。

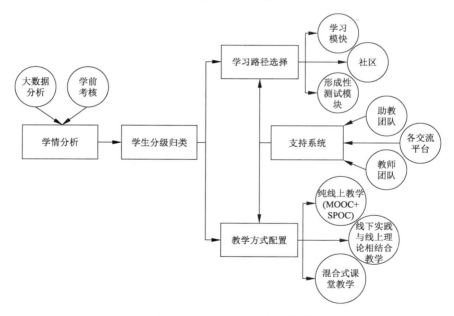

图6.8　"按需施教"分级混合式教学示意图

第三类，混合式课堂教学形式，主要教学对象是基础较差、自学能力欠缺的学生群体。教师通过课堂教学设计，利用课程资源模块，采用翻转式、混合式教学来引导学生进行自主学习，督促并指导学生完成相应的理论与实验学习任务，以达到课程教学目标。

三、创新点

（1）本成果是对当前混合式教学模式的前沿性深入探索，为个性化教学提供了一种可操作的解决方案，丰富了教师角色的内涵，提出了一套适应当前互联网背景的学情分析办法。

（2）本成果重视个性化学习支持系统建设，进行了详细的课程教学流程设计与安排，并引入高年级学生作为助教加强实践指导，完善了线下实验辅导环节，使学生获得更好的学习支持。

（3）将实体课堂空间与网络教学空间相结合、课内学时和课外学时互为补充，推动交互式、体验式、混合式教学，培养了学生自主探究学习的能力。

四、成果的推广应用效果

（一）校内应用情况

1. 线上资源应用

本成果被应用于"计算机基础"课程的教学，形成了一套教学系统，并以慕课的形式先后在学校课程中心与超星教育平台上线运行，截至 2021 年参与选课学习的人数已达 5000 余人，点击量突破 600 万余人次。"计算机基础"课程于 2021 年 3 月被评为湖北省线上线下混合式教学一流课程，受到了众多学生的好评与专家的肯定。

2. 教学模式应用

"计算机基础"课程分级混合式教学面向全校非计算机专业新生。2019级、2020 级共计 8400 余学生参与了入校时的分级考核，其中近 1700 名学生通过考核并获得免修资格，此类学生中若有意向进一步学习的，学院为他们提供了全部的线上学习资源及其指导；还有 3600 名学生参加了"线下实践"与"线上理论"相结合的混合学习模式，学院为他们提供全程线上指导及为期十周的线下实践指导；其余的 3100 名学生参加了以课堂教学形式为主的线上线下混合学习模式，采用传统组班教学形式并引导学生进行线上资源的利用。最终的教学评估分析表明，分级混合式教学有效解决了学校教学资源紧张、教学效果不均衡以及学生个性化学习需求难满足的问题。学生学习效果良好，达到了课程整体教学目标。

3．教学评价

根据课程教学计划，"计算机基础"课程采用形成性考核和期末考核相结合的评价方式。形成性考核采用平时作业、单元测试、案例讨论、章节大作业等多种形式进行，占总成绩的 60%；期末考核采取"闭卷机试"的方式，占总成绩的 40%。从课程考核结果分析，教学效果良好。以 2020 年秋季学期的成绩为例：本科生选课人数 870 人，专科生 936 人，及格率分别为 85% 和 82%，优于过去传统教学效果。2019 年秋季学期及 2020 年秋季学期的学生评教分数分别为 91.8 分和 92.8 分，教学督导评教分数分别为 95 分和 98 分，综合教学评价为优秀。

（二）校外应用推广情况

此项教学成果的线上部分以慕课（MOOC）的形式在超星教育平台发布，目前已面向社会开设三期教学，并向学习合格者颁发楚课联盟认证的课程合格结业证书。截至目前，有包括来自广东理工学院、怀化职业技术学院等 23 所学校的学生进行了选课学习；有包括江西应用工程职业学院、广东外语外贸大学南国商学院等学校的教师采用本课程资源开展了组班混合式教学，教学反馈良好的比例达 90% 以上。

（案例来源：荆楚理工学院计算机工程学院教学改革创新成果　田学军、董尚燕）

第 7 章

应用型本科新生态质量文化建设

7.1 新生态质量文化核心理念

7.1.1 质量文化的基本内涵

国际标准化组织将"质量"定义为"一组固有特性满足要求的程度"①，表明质的本质和最重要的衡量标准是满足顾客需求的程度，注重质量标准的外适性（满足社会需求）和个适性（满足个体需求）与质量文化内适性（固有特性）的统一。"质量应当是每个组织的文化和管理体系的一部分"②。质量是文化的产物，质量本身就是一种文化；如果割断了文化的血脉，任何质量管理都将失去生机。质量文化作为实现质量目标的价值取向，始终是质量保障的重要组成部分。大学是传承和创造人类文化、具有强烈文化理性和文化自觉的学术性组织和文化教育机构，大学建设之要，重在涵养质量文化底蕴、学术理性和人文品格，造就崇尚真理、追求科学、务实进取的代代新人。大学作为一种文化组织，具有追求卓越的文化传统。大学的组织文化中原本就有某些固有的质量文化特性，在高等教育步入"质量为王"的今天，我们要做的不是重新创造全新的高等教育质量文化，而是要激活大学组织文化中的那些与质量血脉相连的基因，使它们能够在质量文化体系中发挥高等教育质量管理应有的作用，从而使大学能够在"质量为王"的时代不断地从优秀走向卓越③。

---

① 龚益鸣. 现代质量管理学 ［M］. 北京：清华大学出版社，2007：21.

② ［美］詹姆斯 R. 埃文斯，小詹姆斯 W. 迪安. 全方位质量管理（原书第 3 版）［M］. 吴蓉，译. 北京：机械工业出版社，2004：2.

③ 王建华. 高等教育质量管理：文化的视角 ［J］. 教育研究，2010，31（2）：57-62.

高等教育质量是包括高等教育所有主要职能活动的多层面概念。蒋冀骋认为，高等教育质量涵盖人的质量、事的质量、制度的质量、文化的质量，其核心和基本方面主要体现在人才培养、教学、管理和文化等方面①，而教育质量的高低和效果优劣，最终体现在人才培养的质量上。别敦荣等学者认为："高等教育质量文化是围绕高等教育质量所形成的理念、信念、价值及由此所衍生和发展起来的相关制度、行为、习惯、物化载体等的有机体"②。质量文化是高等教育发展的产物，质量文化有赖于多主体协同共建，但主要责任主体是学校，发展性主体和直接创造者是师生；内部质量保障体系建设是基础，外部质量评估和认证是手段，质量文化建设是高校内涵建设和特色发展的根本保证。质量文化扎根于学校文化建设的沃土，融合于学校理念文化、制度文化、物质文化中，表现在学校职能活动的方方面面，是最深层、最关键的质量决定要素，并从根本上决定人才培养质量和学校办学声誉。正如教育部原部长陈宝生在"六卓越一拔尖"计划 2.0 启动大会的讲话中所指出的："质量提升，文化为魂。文化是最持久、最深刻的力量，打造'质量中国'，必须建立自省、自律、自查、自纠的高等教育文化。将思想、制度、行为、物态等不同层次的质量文化统一起来，营造心往一处想、劲往一处使的氛围，形成全员育人、全过程育人、全方位育人的校园育人文化，把质量意识内化为深入人心的价值理念和行为准则，落实到每一个人、每一件事中。"③

7.1.2　质量文化的生态意蕴

　　生态学是研究有机体与其环境相互作用的科学④。运用生态学的原理和方法，尤其是从生态系统的关联性、适应性、共生性和平衡性等方面来审视高等教育质量文化，可见高等教育质量文化"既有广义狭义之分，又有宏观微观之别，还有精神与物质的不同表现方式"，"高等教育质量文化的主体是多元的，既包括师生，又包括高校、政府和其他社会组织等；高等

---

　　①　蒋冀骋. 论高等教育质量的内涵［J］. 湖南师范大学教育科学学报，2004（6）：67-70.

　　②　别敦荣，易梦春. 高等教育质量文化及其建设策略［J］. 高等教育研究，2021，42（3）：7-16.

　　③　陈宝生. 掀起一场高等教育"质量革命　助力打造"质量中国"［OE/OL］. 中国教育新闻网，2019-04-29.

　　④　［英］A. 麦肯齐，A. S. 鲍尔，等. 生态学（中译本第 2 版）［M］. 孙儒泳，等译. 北京：科学出版社，2004：1.

教育质量价值是多元的，不同价值主体之间存在相互博弈的关系。"① 高等教育系统是由相互作用、相互依赖的若干个部分集合而成的具有特定功能的有机整体，是包含教师、学生等生命因子，并涵盖建筑、实验室、仪器设备、图书资料等非生命因子组成的生态系统，质量文化是生命因子与非生命因子之间相互联系、相互作用的结果。具体到微观层面，高校质量文化是一所学校在长期发展中所形成的独具精神内核和学术禀性的文化积淀，它包括学校独特的质量文化观念、理想信念、管理制度和行为规范等，主要由质量理念文化、质量管理文化、质量物质文化构成。质量理念文化具有凝聚导向功能，质量管理文化具有引领激发功能，质量物质文化具有陶冶支撑功能。形成富有凝聚性、引领性和塑造性的特色鲜明的质量文化，是学校建设发展的内在要求和一项长期性、基础性、战略性的建设任务。

应用型本科更应重视质量文化对学校发展和人才培养的引领作用，更加注重塑造学校质量理念文化与质量管理文化，使之成为学校发展的灵魂和主导；更加注重加强学院文化、学科文化、专业文化、课程文化、教学文化乃至产教融合文化等新生态文化系统建设，并将质量文化建设纳入学校发展的总体规划，从规划到逐层细化再到制度化，建立质量文化管理的责任机制和评价机制，真正形成全员共建质量文化的共识、合力和精神氛围，实现质量文化建设由软实力向硬实力的转化，在全员、全过程、全方位育人的教育职能活动中，凝聚质量文化的核心价值，提升学校的核心竞争力，凸显服务社会和地方的人文辐射及智力支撑优势。

7.1.3 质量文化的核心理念

内部质量保障机制的顺畅运行，离不开优良的质量文化建设。2021年，教育部正式出台《普通高等学校本科教育教学审核评估实施办法（2021—2025年）》，明确将"质量文化"单列为审核要素，表明"我国高等教育评估工作开始迈入新的发展阶段，即从完善制度延伸到建构文化，从注重'制度约束'过渡到强调'文化自觉'"②。目前，国际上通行科层机制和文化机制两种质量保障机制。科层机制的根本动力源于自上而下、由外向内的制度管理，保障手段主要是制度规范和绩效管理技术；文化机制的根本动力源于自下而上、由内向外的文化自觉，保障手段主要

---

① 别敦荣，易梦春. 高等教育质量文化及其建设策略［J］. 高等教育研究，2021，42（3）：7-16.
② 同①.

靠质量意识、质量理念和价值追求。质量文化建设"就是从科层机制向文化机制转变的过程；质量保障发展水平，就是从科层机制向文化机制转变的程度"①。

据此，新一轮审核评估依据不同类型和层次的高校办学定位、培养目标、教育教学水平和质量保障体系建设等情况，实施分类精准评价，引导和激励各类高校各展所长、特色发展。图 7.1 表明，第一类评估重点考察"双一流"高校所必备的质量保障能力及综合改革举措与成效，更偏重于文化机制在质量保障体系中的主导作用；第二类评估重点考察人才培养类型定位为学术型人才和应用型人才高校的质量保障机制与文化建设，这类高校处于科层机制向文化机制的过渡阶段，更应关注以"学生中心、产出导向、持续改进"为核心理念的质量保障机制和关键要素落实的有效性。其中，"学生中心"理念主要是强化学校质量主体功能，贯彻落实立德树人根本任务，推进以学生为中心的培养模式改革；"产出导向"理念，主要是促进质量要素配置改革，以优质教育教学资源支撑教育教学过程；"持续改进"理念，主要是促进质量标准、质量管理、质量改进等质量文化建设，增强质量保障效果，提升质量保障水平。

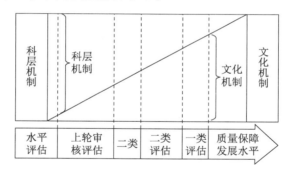

图 7.1　我国高等教育质量保障分类评建模式及其发展水平②

①　李志义．新一轮审核评估方案设计与实施要点［J］．高等工程教育研究，2021（3）：9-15.
②　同①.

7.2 新生态质量保障体系建设

7.2.1 质量保障的基本原则

"质量保障"是质量文化的组成部分，是质量管理中致力于为达到质量标准和要求提供信任的重要内容。ISO8402—1994 质量标准术语中对"质量保障"的定义是"为了提供足够的信任表明实体能够满足质量要求，而在质量体系中实施并根据需要进行证实的全部有计划和有系统的活动"①。质量保障体系是指学校以保障和提高教育教学质量为目标，运用生态系统原理和方法，设置统一协调的组织机构，将各执行单位、各环节的教育教学质量管理职能部门严密组织起来，形成一个有明确任务、职责、权限，互相协作、互相促进的教育教学质量管理有机整体。其终极目标是保持并持续改进教育质量，运行方式是围绕提高教育质量这一目标开展质量保障活动，核心内容是建立满足学生对教育服务要求、政府和社会对人才质量要求的质量方针，确定质量目标，并将质量目标分解到学校的相关职能部门和各层次的内部组织机构中去，同时明确各岗位的职责与权限，通过过程控制的方法，逐步实现质量目标。

1. "以人为本"原则——使学生、社会更加满意

树立"教育即服务""教育社会性"的理念，确立"学生是教学活动主体"的思想，以学生的成长和发展为本，根据学生成才的不同需求，在课程的设置与选择、教学环节的设计与要求等方面，注重共性与个性、统一性与灵活性的结合，尊重学生在基础能力、兴趣特长、发展方向等方面的差异，因材施教，分类培养，建立毕业要求与课程体系、课程内容、教学环节之间的达成矩阵，为培养学生的兴趣特长和发展他们的潜力创造条件，促进学生的个性化成长，保证人才培养目标的有效达成。在质量保障体系中要求进行学生、社会满意度测评，了解和确定学生、社会当前和未来的需求，满足并争取超越学生、社会的期望。

2. "过程方法"原则——使管理过程更加流畅

按照"学生中心、产出导向、持续改进"的教育理念，基于"加强通识教育，强化学科基础，凝练专业核心，拓宽专业方向"的总体思路，实施通识教育基础上的个性化培养模式，科学制订培养方案，优化实践教学

---

① 张公绪. 新编质量管理学 [M]. 北京：高等教育出版社，1998：6-11.

体系，强化实践教学环节，将实践能力培养和创新创业教育融入人才培养的全过程，增强实践性教学环节的系统性、整体性和综合性，促进教育教学与生产实践、社会实践、科研训练相结合，推动信息技术与课堂教学深度融合，并将教育教学活动作为过程来管理，系统地识别和管理过程要素，对每一个过程按照 PDCA（即计划—实施—检查—处置和改进等活动）实施循环闭环管理，确保管理目标的分级逐步实现。

3. "全员参与"原则——使全校上下形成合力

质量保障体系贯穿着全员参与、质量责任与质量改进的思想。因此，应坚持和加强党对高校的全面领导，紧紧围绕立德树人根本任务，将思想政治工作贯穿于教育教学的全过程，使得思想价值引领贯穿教育教学的各个环节，形成教书育人、科研育人、实践育人、管理育人、服务育人、文化育人、组织育人长效机制。各级人员是组织之本，只有全体人员的充分参与，才能使学校各项工作落到实处，取得实效。质量保障工作不单是教务处、质量评价中心和各学院（部）的工作，全校各级领导、各职能部门都有保障教学质量的职责，全体教职员工都是教学质量保障工作中的一员。

4. "持续改进"原则——使教学质量不断提高

"持续改进"是教学质量保障体系建立和运行的基本原则，它体现在学校整个教学服务过程中；持续改进更是质量文化建设的核心，是持续提升质量保障水平的动力机制，指向更高更优的质量目标。持续改进既有对过程的及时改进，也有对教育教学质量保障体系的持续改进。通过分析评价现状，识别改进机会，确定改进目标，寻找解决办法，不断地进行质量改进，才能适应学校、社会发展需求的变化，建立起学校的竞争优势和良好声誉。

5. "突出特色"原则——使人才培养质量更加符合社会需求

质量文化建设是学校主动回应社会关切的有效手段，是满足人民群众更高教育需求的责任担当。应用型本科要立足学校办学优势与特色，结合行业发展形势，调整优化学科专业结构，构建特色鲜明的课程体系，不断提高教育教学质量，将毕业生就业工作贯穿于学校人才培养的全过程，形成"以提高人才培养质量促进就业，以就业结果检验人才培养质量"的良性循环。

7.2.2　质量保障体系的主要特点

内部质量保障是基础，外部质量保障是手段。内部质量保障体系，应尽力达到科学标准、要求明确、职责分明，体现为依法（文件、程序等）

办事、事实（各种记录等）为据、预防为主、持续改进，是一个系统化、科学化、规范化、程序化的质量保障体系。任何制度最终都是靠人来执行的，所以树立全员质量意识、调动学校的一切积极因素，是保障教学质量的根本所在，也是构建内部质量保障体系的出发点和落脚点。

1. 系统化

内部教育教学质量保障体系是一个集成系统，是互相联系、互相制约的各子系统构成的一个整体，其内容包括理念、目标、管理、资源、组织机构等；范围涉及学校各职能部门、教学单位、教育辅助单位和每一位教职员工；中心任务是围绕教学工作，统筹协调各系统间的关系，优化资源配置，强化教育教学管理，提升教育教学质量。教育教学质量保障体系并不是对原有制度的否定，而是根据现代质量管理理念进行优化、整合、补充和完善，进一步提高现有制度的推行力、执行力。

2. 科学化

内部教育教学质量保障体系是一种科学的质量管理模式。一方面，体系明确了教育教学质量标准，以及执行"质量标准"的责任人、执行内容等，是一种内在的自我优化、自我保障系统，变"要我做"为"我要做"，最终实现教育教学质量的最优化。另一方面，它运用科学的管理理念，通过相对超越于教育教学服务执行过程的质量监控，全方位、全过程客观地审视教育教学服务过程，全面掌握信息资料并结合国家、社会和学生的需求进行分析，督促教育教学质量的持续改进，实现质量管理方式、手段的科学化。

3. 规范化

内部教育教学质量保障体系是一种规范的管理系统。由于体系要求重新整理、组合并完善已有的规章制度，所以，需要理顺各职能部门和各岗位之间的工作接口，明确岗位职责权限，确定工作基本程序，对每个岗位设立目标值，并通过质量记录对其中的重点环节加以控制，使得教育教学管理有依据、工作讲秩序、评价重证据。

7.2.3 质量保障体系基本框架[①]

1. 确立质量保障体系闭环模式

质量保障体系闭环模式如图 7.2 所示。一方面，教育教学质量保障体系始于国家、社会和学生的需求，终于国家、社会和学生满意的质量管理模

---

① 资料来源：《荆楚理工学院教育教学质量保障体系》.

式。学校首先应识别和了解社会、学生的需求和期望，以及国家的相关法律法规要求，将这些要求作为学校教育教学质量目标和各项质量要求设定的主要依据之一；同时，要充分考虑国家、社会和学生的需求和期望是不断变化的，学校自身也面临着发展与竞争的压力，这些都促使学校要关注相关方面的满意度，并关注评价利益相关方感受的信息。因此，在确立质量保障体系运行模式时，应加强学校与利益相关方之间的信息交流。另一方面，教育教学质量保障体系是以过程为基础的质量管理模式。采用过程管理方法，系统识别影响质量管理的过程要素，并将其分为四类：一是实现教育教学服务的主过程，即过程管理；二是为实现教学过程配备资源而构成的资源管理过程；三是针对以上两个过程的策划、管理构成的质量目标、管理职责过程；四是对过程管理、资源管理实施的教育教学质量监测、分析和改进构成的支持过程，使得每一个过程的教学质量持续改进，促使学校质量保障体系持续改进。这确定了教学质量保障体系是一个全方位、全过程的保障，是循环闭合、持续改进的教学质量保障体系，其目的是保障各类教育教学资源适应人才培养的需要，保障人才培养的全过程，以实现质量目标。

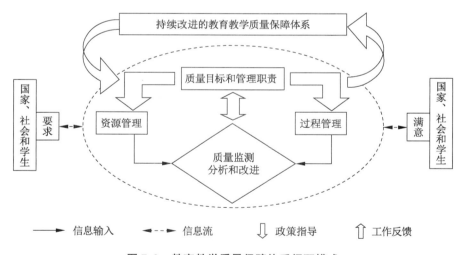

图 7.2　教育教学质量保障体系闭环模式

2. 明确影响教学质量的关键因素和关键环节及其质量标准

首先，明确影响教育教学质量的一级观测点和二级观测点。这些观测点的设立，一方面要考虑到外部质量保障评价工作的指标和时代主题，突出一个根本任务——培养德智体美劳全面发展的社会主义建设者和接班人；

两个重要标准——把立德树人成效作为检验学校一切工作的根本标准，把师德师风作为教师队伍素质的第一标准，并遵循专业认证标准和本科专业类教学质量国家标准等要求，科学确定各专业的培养目标、毕业要求和课程体系；三项基础工作——坚持办学的正确政治方向，建设高素质教师队伍，形成高水平人才培养体系；三强化理念——以学生发展为本位，强化"学生中心、产出导向、持续改进"的核心理念，推动人才培养范式由"教为中心"向"学为中心"转变；五个度标准——注重人才培养目标的达成度、社会需求的适应度、师资和教学条件的保障度、质量保障体系运行的有效度、学生和用人单位的满意度。另一方面应突出学校内部的教育理念、办学特色和目标定位。譬如，注重立德树人成效评价，强化立德树人基础、指标和制度建设，建立立德树人负面清单，加强学校办学方向、育人过程、学生发展、质量保障体系等方面的观测，引导构建"三全育人"格局；根据应用型人才培养定位，在有关观测点中强调产学研合作教育，加强对学生的指导与服务，体现学校发展的内在需求与外部评价工作的相互对应。同时，对所有观测点确立与人才培养目标相适应的教育教学质量标准，也确立与学校发展目标相适应的质量管理标准，使质量保障工作有章可循、有规可依。

3. 明确质量保障体系的组织机构和主体责任

明确教育教学质量保障工作的领导机构、管理机构和执行机构及各自的职责，确保质量保障标准贯彻实施。学校校长负责教学质量保障体系的建立和运行，是学校教学质量的第一责任人。分管副校长对第一责任人负责，主要负责分管范围内的教育教学质量保障工作，领导、监督、协调分管职能部门和学院（部）实施教学质量保障体系，统一领导分管单位制（修）订教育教学质量保障框架、流程、实施细则；监督分管单位将学校教育教学质量标准和本单位内部教学质量保障框架的每项内容落实到具体工作中，并根据教育教学评估和管理评审情况，制（修）订优化本单位教育教学质量的政策和措施，实现持续改进。教学指导委员会是在校长主持下保障学校教育教学质量的教学咨询机构，统一指导学校教育教学质量保障体系的构建和实施，并监督各个工作机构的执行情况。质量评价中心是学校教育教学质量保障工作的管理机构，负责教育教学保障体系的正常运行。执行教育教学质量标准的相关职能部门和学院（部）是执行机构，受分管校长领导，在学校教学质量保障体系框架下明确质量保障工作的责任人及其各自职责，制订实现质量子目标和达到质量标准的计划、规范、流程等，理顺各职能部门与各岗位之间的工作接口，并根据监督系统的反馈意见进行分析和改进。

4. 明确监控系统及其主要监控内容和监控单位

质量监控系统是教育教学质量保障体系的重要组成部分。学校为了掌握教育教学质量保障体系的运行状况、教学服务质量状况、学生和社会满意度等，需要进行测量和数据分析，并对其中不符合或潜在不符合的事项督促整改，以促进教育教学质量保障体系的持续改进，保证学校教育教学质量的不断提升。监控系统包括教育教学质量监测系统、分析系统和改进系统。教育教学质量监测系统可监测教学质量保障项目的执行情况及教学质量保障体系的运行情况，主要有日常监督（督导）和定期监督。日常监督（督导）主要包括各执行单位内部的常规教学检查、专项教学检查、保障项目运行情况监督和公众监督，通过对教学质量保障项目的执行情况实行动态、适时、有效的监督，及时发现并处理问题，体现预防为主的原则。定期监督主要包括教学评估和管理评审。通过定期开展教学评估（包括学年审核、专业评估和专项评估等），对学校教育教学情况、教学管理情况等进行检查、评估、审核，评定教育教学效果与教学目标的实现程度，审核教育教学质量保障体系的符合性、有效性；通过定期开展管理评审［包括教学质量保障体系的管理评审、相关职能部门及学院（部）的管理评审］，确保质量保障体系的适宜性、充分性、有效性，以实现教育教学质量保障体系的可持续改进。

5. 明确教育教学质量保障工作的流程

学校质量保障工作流程主要包含"总流程"及分流程，如图7.3所示。"总流程"是针对教育教学质量所涉及的若干关键因素和关键环节，为使教育教学达到质量要求而形成的一个由输入转化为输出的过程链，其最终目标是通过一系列教育教学活动培养出能使国家、社会和学生满意的人才。这一系列教育教学活动主要包括：一是建立质量目标，提供组织保障；二是提供资源保障；三是提供教学服务；四是对以上过程的监测、分析与改进。"总流程"以质量控制点为重点，以持续改进为目的，明确教育教学质量监控结果的反馈途径。各执行单位要及时反馈内部日常监控信息，并在子系统内部及时分析与解决问题并持续改进；质量评价中心及时进行信息数据分析并反馈至学校教学指导委员会，督促各执行单位改进，使教育教学质量保障体系能够持续改进并有效运行。

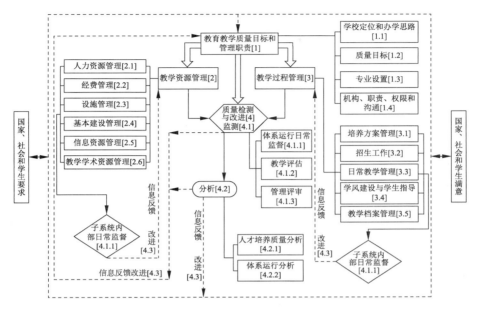

图 7.3　教育教学质量保障工作流程

6. 主要教学环节的质量标准

要对整个教育教学过程实施质量监控，基本前提是完善主要教学环节的质量标准。对教学环节的质量管理是教学质量管理的重要内容之一，要获得好的教学质量，就必须对教学过程实施全面的质量监控，尤其是对重点环节的监控，以促进人才培养质量的不断提升。主要教学环节的质量标准应具有科学性、明确性和适切性。科学性就是以保证专业培养目标的实现为出发点和归宿，要符合高等教育的规律和个性化人才成长规律，体现专业教育的特点；明确性就是要用清晰的语言表达教学环节的数量与质量要求，做到便于执行、便于检查；适切性就是要从学校实际出发，提出经过努力能达到的要求。主要教学环节包括课程思政、备课、理论教学、实验教学、实习实训、课程设计、考试、毕业设计（论文）等一系列教学活动，这些活动是基于教育教学规律而形成的先后衔接、互相作用与制约的活动程序。主要教学环节质量标准既是指导和规范教师的教学态度、教学内容、教学方法和教学效果的主要依据，也是教学管理部门进行教学检查和评估的重要依据。表 7.1 为某高校教育教学质量标准一览表。

表 7.1　某高校教育教学质量标准一览表

指标	一级指标	二级指标	质量标准
[1] 教育教学质量目标和管理职责	[1.1] 办学定位和思路	[1.1.1] 学校定位与规划	定位准确：与经济社会发展需求趋势相一致，与时代特征相适应，与学校发展实际相符合 规划科学合理：学校发展目标明确，学校教育事业发展规划、学科专业建设规划、师资队伍建设规划和校园建设规划等准确体现学校定位
		[1.1.2] 教育思想观念	教育思想观念先进，符合时代特征，遵循教育规律，办学思路清晰，质量意识强
		[1.1.3] 教学中心地位	高度重视教学工作，确立教学中心地位，政策明确，措施扎实、有效，全校各条线服务人才培养的工作思路清晰
	[1.2] 质量目标	[1.2.1] 指导思想	以学生发展和社会需求为导向，提供优质的教学服务，促进学生"知识、能力、素质"的协调发展，把学生培养成高素质的应用型专门人才
		[1.2.2] 总体目标	教学质量保障体系有效实施并持续改进；教学资源满足人才培养需要；人才培养工作思路清晰，人才培养的全过程运行有序；学生的综合素质得到全面发展；学生对学校教学服务及教师教学效果满意度高、教师对学校教学管理满意度高、用人单位对毕业生满意度高
	[1.3] 专业设置		专业设置符合社会需求和学校定位，符合区域战略产业发展需要；专业布局与结构合理，促进学校教育规模、结构、质量、效益的协调发展
	[1.4] 机构、职责、权限和沟通		学校教学质量管理组织机构健全、职责分明、权限清晰、沟通流畅
[2] 教学资源管理	[2.1] 人力资源管理	[2.1.1] 师资队伍建设	师资队伍建设规划合理，管理机制科学，措施得力；师生比、专任教师和主讲教师等符合教育部的相关规定，满足教学需要；师资的年龄、学历（学位）、职称、学科（专业）、学缘结构合理，发展趋势良好；师德师风建设有成效；教师培养培训机制健全，具备专业（行业）职业资格和任职经历，整体素质能满足学校定位和人才培养目标的要求
		[2.1.2] 教学管理队伍建设	教学管理队伍建设规划合理，措施得当，满足服务教学的需要；教学管理队伍稳定、素质高、服务意识强；教学管理研究与改革实践成果显著，对教学质量的提高起到促进作用；教学管理队伍培训制度化
	[2.2] 经费管理		教学经费投入满足人才培养需要，使用公开合理；生均教学经费达到教育部标准，能保持持续增长
	[2.3] 设施管理	[2.3.1] 校舍管理	各类功能的教室齐备、维护正常，能满足教学需要；图书馆、实验室、实训场所和附属用房面积以及其他相关校舍达到教育部要求，满足人才培养需要
		[2.3.2] 运动场馆及体育设施管理	运动场馆及体育设施达到教育部要求；有专项训练场地和设施

续表

指标	一级指标	二级指标	质量标准
[2] 教学 资源 管理	[2.4]基本建设 管理	[2.4.1]专业建设 管理	专业建设目标明确、规划合理、制度健全、措施得力；新办专业师资队伍、教学设施等教学条件满足教学需要；培育专业特色，形成在省内有一定影响力的优势专业；学科建设对专业建设具有促进和支撑作用
		[2.4.2]课程建设 管理	课程建设思路清晰、计划合理、措施得力、成效显著；课程评价工作体系完整、合理；课程教学大纲符合人才培养规格要求；有双语教学课程、网络教学课程、公共选修课程和校企合作课程建设的支持措施，成绩明显；有一定数量的省级精品课程
		[2.4.3]教材建设 管理	教材建设规划科学、措施得力；有科学的教材选用和评价制度且执行严格；教材选用整体水平高，使用效果好；教材供应满足教学需要；有一定数量高质量的自编特色教材和校企合作教材，有一定数量获省部级奖励的教材
		[2.4.4]实习实训 基地建设管理	实习实训教学基地建设有规划、有措施，管理规范，满足人才培养要求；校企合作建设实习实训基地有成效，有一定数量的支持培养模式改革的综合实践教育中心和创新训练中心
		[2.4.5]实验室建 设管理	实验室建设有规划、有措施，管理规范，符合人才培养要求；仪器设备运行与维护正常，利用率高；管理机制先进，并形成一定数量的省级实验教学示范中心；有一定数量的校企共建实验室且运行有效
	[2.5]信息资源 管理	[2.5.1]文献信息 资源建设管理	文献信息资源体系建设满足教学、科研和学生学习需求；生均图书和生均年进书量达到教育部标准；文献信息资源使用效果好、利用率高；管理手段先进
		[2.5.2]网络教学 资源建设管理	校园网络资源、现代教育技术资源能保障教学、科研需要；教学资源库建设有一定规模、利用率高；教学应用软件系统配置到位且运行效果好
	[2.6]教学学术 资源管理	[2.6.1]教学改革 与研究	教学改革与研究成果显著，能较好地应用于教学，对教学形成良好的支撑作用。教学研究氛围好，有一定数量的省级以上教学成果；推进教学改革措施得力，成效明显；合作育人培养模式特色鲜明，成果显著
		[2.6.2]学术资源 管理	科研工作、科研平台、科研成果和产学研发展对教学改革及教学质量起到促进作用，形成一定数量的研究性课程
[3] 教学 过程 管理	[3.1]培养方案 管理		培养方案符合高素质应用型人才培养目标的要求；培养方案制订规范，并适时修订；培养方案执行严格，管理规范
	[3.2]招生工作		招生计划符合社会对人才的需求；重视优质生源基地建设，生源质量不断提高
	[3.3]日常教学 管理	[3.3.1]教学常 规管理	教学管理制度健全，执行严格；教学运行正常；课表编制科学合理；学籍管理规范、准确；考试管理制度严密、安排有序、处理公正；成绩管理及时、准确、规范；毕业资格及学位资格审查公正、准确

续表

指标	一级指标	二级指标	质量标准
[3] 教学 过程 管理	[3.3]日常教学 管理	[3.3.2]理论教学 管理	理论教学管理规范；定期开展课堂教学质量的监督与检查；听、评课制度健全，落实到位；认定和处理教学事故程序规范；课堂教学秩序良好；有科学合理的教师教学水平评估体系、学生评价好
		[3.3.3]实践教学 管理	实践教学管理规范、秩序良好；有科学合理的教学评价体系，学生评价好；实验室制度健全，措施得力，开放度高；实验开出率及综合性、设计性实验的比例达到教育部规定要求；专业能力训练有组织、有计划；毕业设计（论文）工作管理规范，选题紧密结合生产和社会实际，体现专业综合训练要求，毕业设计（论文）质量高
	[3.4]学风建设 与学生指导	[3.4.1]学风建设	有清晰的工作思路，有健全的规章制度，有具体的落实措施，有得力的管理队伍，有浓厚的学习氛围；学生上课出勤率高，作业完成率高，考纪考风良好，考试合格率高，学位授予率高
		[3.4.2]课外科技 文化艺术活动	有学生课外科技、文化、艺术活动平台，有落实措施，活动丰富，学生参与率高；指导教师和经费落实到位，活动效果好，影响大，有一定数量的省级以上学科竞赛奖励；学生具有良好的科学精神、人文素养和审美情趣
		[3.4.3]体育锻炼	学生体育锻炼有目标、有实施方案；体育活动内容丰富，能满足不同类型学生的不同锻炼需求；学生达到运动参与目标、体质健康目标、运动技能目标和心理健康目标；按照《国家学生体质健康标准》的要求，合格率达85%及以上
		[3.4.4]指导与 服务	学生的学习、职业生涯规划、就业创业、贫困学生资助、心理健康咨询等指导服务体系健全，有完善的规章制度、工作规范，学生满意度高；有跟踪调查毕业生发展情况的工作制度；应届毕业生初次就业率≥70%，年终就业率≥90%
	[3.5]教学档案 管理		归档及时，档案齐全，管理规范，方法先进，充分发挥教学档案的作用
[4] 质量 监测 分析 和改 进	[4.1]监测	[4.1.1]日常监督	日常监督体系健全，运行良好；对教学质量保障体系中所执行的项目监督适时、反馈及时、改进有效
		[4.1.2]教学评估	教学评估工作（包括学年审核、专业评估和专项评估等）系统化、制度化；有科学合理的评估指标体系和明确的评估程序，运行良好
		[4.1.3]管理评审	学校教学质量保障体系的管理评审制度化，有科学明确的评审程序、职责和工作要求，为确保教学质量保障体系的持续有效和改进提供程序准则
	[4.2]分析	[4.2.1]人才培养 质量分析	数据收集及时，信息处理科学，分析准确，评价客观，反馈及时，建议有效
		[4.2.2]体系运行 分析	
	[4.3]改进	[4.3.1]纠正和 预防	纠正和预防措施切实有效、落实到位，持续改进的效果显著
		[4.3.2]持续改进	

7.3 新生态教学质量评价模式

7.3.1 教学质量评价的历史演变

从本质上说，教学质量评价是一种价值判断活动，是对客体满足主体需要程度的判断，主要是为学校的教育教学提供有效的诊断和反馈，进而促进学生、教师以及学校更好地进步和发展。人们常常混用教育质量评价、课程评价和教学评价三个术语。教育质量评价的核心是教学质量评价。通常，人们把教学质量评价看作依据一定标准，运用可操作的科学手段，通过系统地收集有关教学信息，对教师教学工作和学生学习质量进行价值判断的过程①。不同的学者依据自己的标准，对教学质量评价有着不同的划分和见解。比较有代表性的是美国评价专家古巴和林肯（E. G. Guba & Y. S. Lincoln）对教学质量评价历史发展的划分。

1. 测验和测量时期

19世纪末到20世纪30年代是第一代评价时期。这一时期对教育测量的研究取得了一系列的成果，在考试的定量化、客观化与标准化方面取得了重要进展，强调以量化的方法对学生学习状况进行测量。然而，当时的考试与测验只要求学生记诵教材的知识内容，较为片面，无法真正反映学生的学习过程。其基本特点是，认为评价就是测量，评价者的工作就是选择测量工具、组织测量、提供测量数据。因此，这一时期也被称为"测验"和"测量"时期，有学者称之为"心理测验时期"。

2. 描述时期

20世纪30年代到50年代是第二代评价时期。这一代评价认为，从本质上说"评价"是"描述"（description），即描述教育结果与教育目标相一致的程度。这一时期以泰勒提出的"以教育目标为核心"的教育评价原理即泰勒原理为代表。在西方，人们一般都把泰勒称为"教育评价之父"。泰勒明确提出了"教育评价"（Education Evaluation）的概念，从而把教育评价与教育测量区分开来。其基本特点是，认为评价过程是将教育结果与预定教育目标相对照的过程，是根据预定教育目标对教育结果进行客观描述的过程；评价的关键是确定清晰的、可操作的行为目标；评价含有考试和测验，但不等于考试和测验。也有人把该时期称为"目标中心时期"。第二

---

① 黄甫全. 现代课程与教学论学程（下）[M]. 北京：人民教育出版社，2006：431.

代评价与第一代评价相比明显走上了科学化的历程。

3. 判断时期

从 20 世纪 60 年代开始，一直持续到 70 年代，是第三代评价时期。这一代评价认为，评价在本质上是判断。这一时期以斯塔弗尔比姆（D. L. Stufflebeam）、斯克里文（M. Scriven）、斯太克（R. E. Stake）等为代表，他们批判了泰勒的评价模式，提出了新的评价模式。其基本特点是，把评价视为价值判断的过程，评价不止是根据预定教育目标对结果的描述，预定教育目标本身也需要进行价值判断；既然目标并非评价的固定不变的铁定标准，那么评价就应当走出预定教育目标的限制，过程本身的价值也应当是评价的有机构成。第三代评价以强调"判断"为标志，确认了评价的过程性与价值性，走出了第二代评价"价值中立性"的误区。

4. 建构时期

20 世纪 70 年代以后，教育评价进入了第四代评价时期。这一代评价认为，评价的意义在于服务。评价者首先要关心服务对象所关注的问题、兴趣和焦点，以"回应"服务对象为起点；关注评价过程，强调评价过程中给予个体更多被认可的可能。这一时期的代表人物即是第四代评价的积极倡导者古巴和林肯。其基本特点是，把评价视为评价者和被评价者进行"协商"的共同心理建构过程；评价受"多元主义"价值观的支配；评价是一种民主协商、主体参与的过程，而非评价者对被评价者的控制过程，学生（被评价者）也是评价过程的参与者、评价的主体；评价的基本方法是质性研究方法。由于这一时期非常重视评价对个体发展的建构作用，因此，有学者称之为"个体化评价时期"。

7.3.2　教学质量评价的基本模式[①]

1. 目标达成模式

目标达成模式（Goal Attainment Model）由泰勒在"八年研究"的基础上提出，是围绕目标达成而建构起的一种评价模式。泰勒认为，教育的根本宗旨是使学生的行为发生变化，评价就是来判定学生的这些行为变化实际发生的程度，应通过预先明确并设定行为目标来设计课程、评价课程。

这一评价模式的基本程序包括如下步骤：① 确定教育教学计划的总体目的和具体目标；② 将目标加以细化分类；③ 用行为动词界定并表述目标；④ 确定学生能表现目标达成程度的具体场景；⑤ 选择和编制相应的评

---

① 刘欣，孙泽文，严权. 课程与教学新论 ［M］. 北京：中国人民大学出版社，2014：242-244.

价工具或技术；⑥ 收集有关学生行为表现或变化的信息；⑦ 将收集到的信息与行为目标进行比较。

目标达成模式的实质是判定教学计划实施后，学生的学习在多大程度上达到了预定的目标，其目的是判断课程与教学计划的优劣，评价的标准就是预定的目标。其优点是通过对目标的细化和行为化的表述，使得评价者能够清晰而较为准确地判断目标达成的情况，因而具有很强的可操作性且容易见效。目标达成模式曾在很长一段时间里在课程领域中占主导地位。这一模式的最大缺陷在于它只关注预期的目标，而忽视了目标以外的个体发展因素。

2. "背景—输入—过程—结果"模式

"背景—输入—过程—结果"（Context-Input-Process-Product）模式又称 CIPP 模式，即由背景评价、输入评价、过程评价和结果评价这四种评价名称的英文第一个字母组成的缩略语，它是美国教育评价学家斯塔弗尔比姆倡导的教学评价模式。斯塔弗尔比姆认为，评价不应局限在判定目标达成的程度，而应当是一个为教学决策提供资料和信息的连续过程。这一模式强调通过描述所需要收集的资料、获取资料以及将资料提供给相关的当事人这三个步骤，为教学决策提供有用的信息，进而实现促进教学改革的目的。与之决策类型相对应的则是背景、输入、过程、结果这四种类型的评价。

（1）背景评价。背景评价是指对方案提出的背景及方案目标的依据的评价。即要明确评价对象及其相关的环境情况；了解特定情境对象的需求，明确满足需求的机会，诊断满足这些需求存在的困难；确定一般的和具体的目标，并判断这些目标反映需求的程度等。背景评价采用的主要方法包括系统分析、调查、文献评论、听证会、访谈及诊断性测验等。

（2）输入评价。输入评价是指提供信息并决定如何利用资源实现目标的评价。这里的资源包括人力、物力、程序、方法、环境、时间等。这一阶段应当回答下列问题：目标陈述恰当与否；教学目标与教育目标是否一致；教学内容与教学目标是否一致；使用的策略是否有助于达成目标；能成功达到目标的理由是什么；等等。输入评价采用的方法是文献调研、访谈、试点实验等。

（3）过程评价。过程评价是指通过描述教学实施情况，并以此判断教学计划与实际活动是否一致的评价。其评价范围包括实施步骤、教学方法和学生活动等。过程评价包括三个策略：首先，探究或预测课程设计或教学实施过程中可能出现的疏漏；第二，为决策者提供信息；第三，坚持记录各实施阶段的情况。通过这种评价，能使项目决策者获得自己期望获得的信息、克服困难并做出相应的决策。

（4）结果评价。结果评价是指通过收集数据来评判教学最终获得的成效是否符合评价者的期望，并且判断在多大程度上使目标获得了实现。结果评价所提供的信息能够帮助教学决策者对课程或教学计划做出继续、中止或修订的决定，并且使决策者能够把试验阶段的行动与整个教学改革的其他阶段联系起来。

CIPP 模式是一个摆脱了传统的但仍局限于目标的评价模式，其基本特征是改良取向，重点是为决策者提供信息，其目的或首要任务不在证明而在改良，以更好地反映社会对评价的要求，使评价过程变得温和、有人情味，再加上它的系统性强、比较全面，因而在实践中弥补了其他模式的不足。但这种模式的操作过程比较复杂。

3. 应答模式

应答模式（Responsive Model）由斯太克首先提出，经古巴、林肯等人进一步研究发展而成。斯太克认为教学评价可以有不同的方法，没有哪一种方法是绝对正确的。但要使评价产生好的效果，就要充分了解评价者所关心的问题和关注的焦点。应答模式强调，评价应当从关注所有人的需要出发，并通过对方案的调整和修改，对大多数人的愿望做出反应。

在斯太克看来，如果一项评价具备了牺牲某些测量上的准确性以换取对评价听取人的有用性，更关心方案的活动而不是方案的意图，更关注反映与方案有关的各方面人的意志而不仅是一部分人的意志等特点，那么，这种评价就是应答模式。

应答模式在实施评价时，通常有以下步骤：

① 评价者和一切与评价对象（如课程方案）有关的人接触，获取他们对评价对象的看法；

② 根据获取的信息，确定评价范围；

③ 评价者对方案的实施做实地观察；

④ 通过观察，评价者将方案希望达到的目标与实际成果进行比较；

⑤ 评价者对评价应回应的问题进行理论上的修正；

⑥ 在此基础上，评价者设计评价方案；

⑦ 根据不同的要求，选择不同的搜集信息的方法；

⑧ 对搜集来的信息资料进行加工处理；

⑨ 将处理过的信息按需要回答的问题进行分类；

⑩ 把分类评价结果写成正式报告并分发给有关人员；

⑪ 在分类评价报告的基础上对方案做出全面判断。

应答模式最大的优点在于，它是从关心评价结果的各听取人的需要出发，而不是单纯从理论出发，在评价中关注听取人的问题，重视他们的价值观，让他们参与评价的过程，甚至报告形式也考虑了他们的需要。同时，这一模式回答了所有其他模式希望回答的如目标达成、教学决策、价值判断等一系列的问题，因而较好地适应了多元、繁杂的社会现实以及具有不同观点的评价听取人的需求。此外，评价的结果还具有相当的弹性。因此，应答模式评价不仅受到了人们的欢迎和好评，而且它还代表了评价模式的发展方向。

7.3.3　教学质量评价的发展取向

综观当前世界各国课程改革的发展趋势，可以看出，教学质量评价改革与发展表现出一些新的特点和趋势，这对于应用型本科教学质量评价体系的构建具有一定的参考价值。

1. 在评价内容上，注重综合评价，关注个体差异

学生是有个体差异的，每个学生都有其潜在的和已发展的优势，评价不应只采取整齐划一的标准，评价的内容应依据学生的特点设定。另外，每个教师都有其各自的教学风格，在评价时同样要关注教师自身的个体差异。

2. 在评价功能上，突出评价的改进和发展功能

通过教学质量评价，发现被评价者在教学实践活动中的不足，提出改进计划，促进被评价者的发展，如促进学生各方面的成长与进步，促进教师的专业发展，促进学校的发展。这在当前已经成为教学质量评价改革的热点。

3. 在评价方法上，强调质性评价和量化评价相结合

质性评价和量化评价各有优势，在评价上发挥的作用不同。科学实证的研究范式和人文理解的研究范式正走向融合，教学质量评价也应采用多样的评价方法，注重质性评价与量化评价的结合，更加关注学生求知、成长、就业、体验等多元化的需求，建立起以学生学习成效为核心的质量评价体系。

4. 在评价过程上，强调终结性评价和形成性评价相结合

由终结性评价为主转向与形成性评价相结合，建立全周期、全过程、全要素的学习评价机制，已成为教学评价的重要转向。这种评价包括建立全方位的学生学习立体档案、成长过程记录和全程反馈系统，以数据和事

实描述学生的特点、特长和能力，为学生提供全面的学习档案和能力清单，有利于实现对学生因材施教的个性化培养，并为学生就业与发展提供科学依据。

7.3.4　发展性教学评价探索

发展性教学评价起源于 20 世纪 80 年代中期英国的发展性教师评价，是相对于传统的奖惩性评价而言，旨在促进教师未来专业发展的一种新型评价制度。它的最大特点是以人为本，面向教师未来发展，尊重教师主体地位和人格，激发教师的主体精神，促使每个个体最大可能地实现自己的价值。其根本目的在于借助反馈调节和反思总结，更多地把评价活动过程当作是为被评价者提供的一个自我展示的平台和机会，积极引导和促进教师发展，而不是简单地进行优劣高下的区分。

发展性教学评价的实施主要包括以下四个步骤：

1. 确定评价内容，明确评价标准

发展性教学评价不再以学生的学业成绩作为评价教师水平的唯一标准，而是从当前教育改革和发展对教师自身素养和专业水平发展的要求，提出符合教育发展要求的、多元的、促进教师素质不断提高的评价体系。这种评价体系对教师的评价包括两个方面，即对教师教学的评价和对教师素质的评价。

2. 设计评价工具，选择评价方式

在对教师进行评价时，可主要依据教师教学质量和教师素质的评价内容和标准，选择和设计恰当的评价工具和评价方式，以此来收集教师教育教学中的信息和证据。如教师可通过自查量表、教学日记、周期性工作总结、自我分析表、问卷等方式进行自我评价，以了解自身的优势和不足，并以此作为全面分析自己教学状况的依据。

3. 收集分析信息，实事求是评价

收集和分析信息是发展性评价的关键环节，也只有当评价者能大量地、准确地掌握教师教育教学工作中的信息，才能够对教师的教育教学工作做出客观的、实事求是的评价，被评价的教师也才会对评价结果心悦诚服。收集的信息，既可以是口头的，也可以是书面的；既可以从课堂听课获得，也可以来自教师自评，还可以通过检查教师的相关教学资料和文件，或者听取学生和家长的反映等获得。在了解和掌握教师教育教学和素质发展状况信息后，要认真分析并找出教师发展中的优势和不足，并做出客观的、概括性的描述。

4. 明确改进要点，制订改进计划

促进教师发展是发展性教学评价的出发点和归宿。因此，对于评价的结果，要改变以往借之奖惩或评优的简单处理方式，帮助教师以开放、包容的心态面对结果。同时，评价者要和教师一起讨论并确定教学改进的要点，制订改进计划。制订改进计划时，要注意尊重教师的个人发展需求、教师个性和个人价值，要用清楚、简练、可测量的目标术语描述改进的要点，改进的目标要具体，还要指出具体的改进方法和手段。

事实上，发展性教学评价在类型、目的、指标、内容、方向、动力、过程、方法、手段以及结果等诸多方面，都与传统教学评价有很大的差异。传统的教学评价，属于行政管理与控制性评价，目的在于对教师进行考核与分等，指标是高度标准化的，内容是单维度的，只将教师看成纯粹的教育者，方向上侧重回顾与面向过去，动力主要来自外部行政压力，过程是终结性和静态性的，形式是他评式的自上而下，工具是统一步骤与统一量表，方法是量化为主，结果是概括性的，并与奖惩挂钩。而发展性教学评价，属于教育性评价，目的主要在于促进教师专业发展，指标具有层次性和区别性，内容是多维度的，把教师看成教育者、学习者和创造者，方向上注重发展与面向未来，动力依靠激励内在动机，过程是形成性的和动态性的，主体是他评与自评结合的平等对话，工具是面谈为主、相互交流与分享，手段是量化与质化结合，结果是分析性的，并用于反馈改善和促进发展。发展性教学评价与传统教学评价的比较如图 7.4 所示。

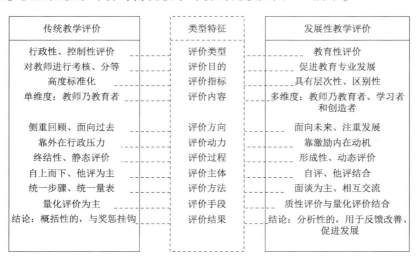

图 7.4 发展性教学评价与传统教学评价的比较

7.4 新生态教育质量提升策略

7.4.1 教育质量建设的要素特性

1. 注重办学定位的合理性

高等学校的办学定位主要包括学校在整个高等教育系统中的定位（主要体现在办学类型定位、办学层次定位和服务面向定位等方面）和学校内部各要素在学校发展中的定位（主要包括办学规模定位、人才培养定位、学科与专业定位等方面）。准确合理的办学定位是办好高质量教育的前提和基础，对学校建设与发展影响深远，是每一所高校特别是应用型本科院校必须认真思考的问题。应用型本科的立足之本是重心朝下，根植地方，主动融入地方主导行业和经济社会发展重大战略，立地（地域）顶天（行业），强化校地、校企融合，形成产学研一体化服务地方功能体系，增强服务地方核心竞争力和支撑引领力。因此，应用型本科要因地而立，办学定位突出地方导向，学科专业突出需求导向，科学研究突出服务导向，以统筹实施"服务地方行动计划"为主导战略，厘清学科专业主体结构，确立"产业链主导→专业链对接←学科链支撑"的建设思路，促进学科专业与产业结构、人才培养与行业需求紧密对接，大力优化升级传统学科专业，做强优势重点学科专业、培育新兴特色学科专业，打造"产业引领—优势突出—特色彰显"的应用型学科专业群，强化校地校企全方位、全过程深度融合协同育人机制建设，彰显根植地方的产科教协同育人特色，致力于建成服务地方、特色鲜明的新型应用型大学。目前，应用型本科大多处于由初创期外延式发展为主向成长期高质量发展的转变阶段，站在新发展阶段新的起点，如何以新发展理念引领高质量发展，以高质量发展服务新发展格局，着力攻克供需结构性短板，强化优势特色引领，推进有优势的高水平发展；着力突破资源性瓶颈，强化"学校+"集群发展，推进有特色的内涵式发展；着力破解治理性堵点，强化内外协同治理，推进有效能的高质量发展，成为应用型本科面向未来开创教育事业发展新格局的主要任务。

2. 把握质量内涵的特色性

教育质量观是人们对教育的认识观，关键是用什么标准来评价学生的质量和教育的效果。高等教育质量不是一个绝对的概念，既要遵循大学固有禀赋特性，坚持把人才培养质量放在核心位置，促进高深知识传承、生产和应用的一体化发展；又要遵循教育类型逻辑和社会需求逻辑，重在以满足社会发展需求为重要标准，促进"产业链—教育链—创新链"更高水平的链接，推动高等教育与区域经济社会的融合发展，着力提升服务新发展格局、引领高质量发展的能力和水平。在高等教育步入普及化阶段的背景下，以特色创质量，有特色才有质量，即特色化的教育质量观是应用型本科的现实选择。特色化教育质量观就是与同类学校相比较，找准自我生存与发展的生态位，形成自己的办学个性和优势，做到"人无我有、人有我优"，使本校的人才培养满足学生个性发展的需要，满足社会对人才的特殊需要。应用型本科应根据自身的发展历史及现状，并考虑外部社会大环境的影响，与传统学术型大学"错位"发展，坚持"有所为，有所不为"，发挥已有优势，创造新的优势与特色。尤其应充分利用地区优势，主动融入地方、服务地方，实现与地方互动发展，在自身所在的区域内办出特色。目前，应用型本科的产科教融合大多还处于磨合阶段，其首要任务是秉持"立地（地域）顶天（行业）"发展思路，坚持产业为先、育人为本、专精为魂，坚持融入地方主导产业体系，对接需求谋发展，对接行业创特色，对接服务上水平，注重传统专业存量升级，新兴专业增量优化，不断做大做强以行业特色为主的学科专业集群，形成特色明（主导）、主干强（高原）、优势显（高峰）、产科教同频共振的后发优势；攻坚任务是深化治理体系与治理能力建设，构建"以区域为节点、行业为支点、企业为重点"、"产业链—教育链—创新链"融合发展新生态，进一步完善校院两级治理体系，形成以产业学院为主体、产业研究院为支撑、协同育人为核心的"双学院、双平台"建设新模式，打造协同育人"示范区"和示范基地，着力在协同发展过程中实现"质""量"内涵的双重扩张，促进人才培养理念更新、体系重构、模式创新，打造高水平产学研平台，提升"人才、学科、科研"三位一体的创新发展能力，努力彰显根植地方的协同发展特色，为区域创新驱动发展提供新动能，开创融合共建大格局。

3. 认清人才培养的特殊性

"应用性"是应用型本科的教育类型特质，也是高等教育步入普及化阶段应用型本科彰显知识生产和应用功能的历史必然和核心理念。从新建大学走向新型大学，应用型本科不仅是高等教育的一种类型性存在，更应成为一种"神形兼备"的品牌化标志。应用型本科主要以培养社会急需的高素质应用型专门人才为根本任务，这类人才擅长将科学原理直接应用于生产与社会实践领域，其典型特征是能够融入行业与社会实践，真正把社会基层当作自己就业创业的人生舞台和志在高远的人生起点。围绕加快转变经济发展方式这条主线，地方政府更加注重统筹推进新型工业化、新型城镇化和农业现代化建设，促进产业集群的专业化分工与转型升级，原有岗位的技术复合性特征日益显著，人才需求的重心转向社会急需的大批技术转化型、复合应用型高素质人才，人才素质结构呈现出由单一型向复合型、由从业型向创业型、由职业型向行业型的转化特征。这就要求大学生不仅能满足单一岗位需求，更能满足复合岗位需求；不仅具有专项职业能力，更应具备综合职业素养；不仅能满足上岗要求，更应具备开创事业的能力。它要求应用型本科教育更应注重构建与产业集群相匹配的专业集群模式，更加注重应用型人才的科学素养与人文精神、专业教育与通识教育的"二大融通"，知识、能力、经验、态度的"四项整合"，实践能力、创业能力和综合职业能力"三能并举"，并构建学会认知、学会做事、学会共处、学会生存"四大支柱"，彰显合格"社会人"的完整人格和社会价值。因此，应用型本科院校应创新个性化人才培养体系与模式，实现大学教育由学校本位向社会本位、由同质化培养模式向个性化培养模式的根本转型，培养供需对接的高素质应用型人才，并增强地方经济社会发展的智力支撑力，进而赢得有力的办学支持和发展空间。

4. 强化质量体系的规范性

应把教育质量提高到法制高度来认识，树立牢固的质量意识。2015 年修订实施的《中华人民共和国高等教育法》对教育质量作出了明确规定："高等学校应当以人才培养为中心，开展教学、科学研究和社会服务，保证教育教学质量达到国家规定的标准。"作为应用型本科，从职能部门到教学院部的每位教师，从教授到教辅人员都要把教育教学质量当作重要的工作来抓。要建立和完善教育质量保障体系和评价标准，制定质量标准细则，构筑具有应用型本科特色的质量保证体系；要重视教育质量评价，既要对教学过程进行评价和监控，又要对毕业生质量进行监控，不断完善学校内部教育质量保障体系；要构建应用型本科教学质量监控机制，如建立校院两级教学质量管理体系和规章制度；要健全教学质量信息体系、教学质量督导体系、校院两级教学质量监控机制、教学质量评估考核项目及指标体系，持续推进教风学风建设，加强标准管理，严格过程考核，完善教育教学和学习过程督导、监测、评价和改进机制，强化教学质量的监控和持续改进；要加强质量文化建设，健全以"学生中心、产出导向、持续改进"为核心理念的常态监控、自我评估、院校评估、专业认证与评估等质量管理制度，以评估理念和标准引领与提升人才培养质量；要完善校内专业评估制度，做好教育质量监测国家数据平台的数据采集及分析应用、本科教学质量年度报告发布工作，加强全面质量管理建设，建立问题整改清单和工作台账，实行督查督办和问责制度。

5. 突出质量环境的育人性

良好的声誉是推动应用型本科发展的关键，而获得良好声誉的关键是教育质量的不断提高。因此，保证教育质量是应用型本科的头等大事，应该把提高教育质量作为一个系统工程，实施这项工程不仅要依靠全体教职工的努力工作，还需要营造有利于教育质量提高的育人环境，充分发挥环境的陶冶作用，营造有利于学生主动学习的良好氛围。其一，加强学风建设。学风是指一个群体在具体学习环境中的学习态度与进取程度的综合表现及所形成的群体性行为。学风是衡量一所大学教育质量的重要标准，是学生学习方面的一项基本建设。其二，强化师德师风建设。师德，即教师的职业道德；师风，即教师的教风、治学风气和工作作风。师德师风集中体现了教师的职业道德与学术治学风气，是教师德与才的统一性表现，是培养高质量人才的根本。师德师风建设是优化教育环境、改善教育风气的内在要求。其三，应强调管理文化与学术文化的耦合，加强学习型校园建设，实现"两个重心转移"。一是学校管理决策重心由行政重心移至教学和学术重心；二是管理执行重心移至各教学学院，使学校管理职能具有高专业性、高增值性和高绩效性，逐步从刚性管理走向柔性扁平管理，从集权管理走向分权管理，从计划指令管理走向目标绩效管理，增强学校管理层的专业性、服务性、效能性和创新性品质，增强学校管理文化的学习力与创造力，并切实强化行政问责制度，贯彻"以人为本"的教育理念，以廉洁高效的行政管理服务教学一线。其四，要积极发掘并充分利用一切有利于学校育人环境优化的条件，营造良好的校园环境。校园环境能体现一所学校的精神风貌、道德风尚、学术氛围、文化素养。健康向上的校园环境对于陶冶学生的情操，塑造美好心灵，激发学生开拓进取、积极上进的潜能起着重要作用，对学生素质的形成和提高起着潜移默化的作用。应用型本科院校应积极营造有利于学生健康向上，一切为了学生、一切为了教学、一切为了质量的良好氛围，形成"人人创造环境，环境创造人人"的良性循环。

7.4.2 教育质量建设的生态优化

1. 政策引导：教育质量建设保障体系的生态化

高等教育质量保障是世界高等教育研究的重要课题。随着我国走向高质量发展新阶段，高等教育普及化由初级阶段走向中高级阶段，其应有之义是借鉴国际组织经验，从整体上改善高等教育政策环境和评价方式，分类引导我国不同类型高校特色发展，整体提升高等教育质量。联合国教科文组织（UNESCO）基于高等教育质量保障的建设性概念，即"在政策和制度的支持下，高等院校用以维持和提升学生的教育质量以及教职员工研究质量的过程"①，把质量文化建设作为高等教育内部质量保障体系建设的重心，将绩效评估、外部标准、公平资源分配与各类高校教学、科研、创新、毕业生就业能力与社会贡献等一并作为高等教育质量保障目标提出，强调内外质量保障机制的统筹协作，架构内外部质量保障相结合的合理框架，即"内部质量保障体系强调自我管理和反思，外部质量保障体系强调客观评价和改进，内部质量保障是基础，外部质量保障是手段"②。然而，目前我国高等教育领域传统的"管办评"思想桎梏仍未完全破除，高校"同质化"办学模式与高等教育多样化发展要求不一致，行政支配下的高等教育质量评估体系与高校为主体的内部质量保障体系之间存在一定的错位，不仅制约高校发展独具个性、自觉自信的质量文化，而且影响不同类型高校高质量发展的内涵式建设水平。借鉴国际经验，我国在建设高等教育质量保障体系的过程中，应通过分类引导政策和程序，使内外部质量保障体系与各类高校个性化质量建设相互支持、相互促进。

2. 理念引领：教育质量建设思维方式的生态化

理念是质量文化建设的内核，决定着教育质量建设的思维方式乃至行为方式。首先，要树立"以学生为中心"的核心理念。教育是培养人的活动，"以学生为中心"强调了学生在教育中的根本地位，并成为现代高等教育与传统高等教育的重要分水岭。一切教育教学活动和质量建设成效最终都通过学生的发展反映出来，因此必须将学生的个性化成长和全面发展作为出发点和质量评价的首要标准；践行学生中心理念，就必须将其落实到教育教学的全过程，形成以学生为中心的新常态思维方式和质量评价标准。其次，要树立"产出导向"的教育理念。以"产出导向"设计教育教学活动是"学生中心"理念的具体化，也是对传统教学模式"重学轻术、知行分离"的必要矫正；以产出为导向的教育理念遵循反向设计原则，由需求决定学校人才培养目标，确立学生毕业能力指标体系，根据最终需达到的培养目标反向设计教育教学内容和活动过程，人才培养目标通过学生最终所取得的学习和发展成果来呈现，是改进教学、提高质量的有效方法论。

① 陈新忠，李保忠．比较视域下高等教育质量保障的国际经验与启示——基于 UNESCO、OECD、EU 政策文本分析［J］．现代教育管理，2021（1）：113-120.
② 同①.

最后，要树立"破五唯""立四新"的新质保理念。习近平总书记在 2018 年的全国教育大会上指出，"要扭转不科学的教育评价导向，坚决克服唯分数、唯升学、唯文凭、唯论文、唯帽子的顽瘴痼疾"。2020 年中共中央、国务院出台了《深化新时代教育评价改革总体方案》（以下简称《总体方案》），从制度设计层面明确提出"破五唯""立四新"的新举措（改进结果评价、强化过程评价、探索增值评价、健全综合评价）。作为教育评价改革的纲领性文件，《总体方案》提出的"四个评价"新举措为新时代教育评价改革"改什么""怎么改"指明了方向、提供了根本遵循依据。应用型本科教育质量建设，重在破"重理论轻实践、重知识轻能力、重结果轻过程"的不科学做法，立"立德树人"的根本标准、德智体美劳全面发展的育人要求。

3. 定位合理：教育质量建设目标体系的生态化

办学定位决定着教育质量建设的方向和路径。定位不同的高校，人才培养规格及质量标准存在差异，用"自己的尺子量自己"的量法各有不同。每一类高校都应基于分类体系、自身禀赋条件和所在区域社会发展需要，有选择地确定合理的办学定位，突出本校特点与优势，最大限度地实现特色发展，力避攀高求大、定位不清，导致质量建设目标举棋不定，指标形同虚设。质量管理生成于教育教学活动的全过程，质量标准往往会细化为具体的指标体系，通过各个环节质量标准的落实来实现，因此，质量目标、质量标准、指标体系的一致性，为质量评价的价值判断提供了基本依据。如果学校定位不"学"无"术"、目标错位，必然会使质量标准模糊，办学行为紊乱，目标达成流于形式。应用型本科质量标准应学术兼备，符合产教融合特点，在"产业链—人才链—创新链"链接等方面达到较高水准，其质量内涵建设的核心是遵循应用型教育类型逻辑和社会需求逻辑，确立立足地方、服务地方的人才培养目标，加强通专融合、产教融合，培养供需耦合的应用型高级专门人才，并主动融入地方经济社会发展，以学科专业群对接区域产业群为基本原则，以科技研究成果的转化率、对产业行业和地方经济社会高质量发展的参与度和贡献率作为衡量质量水平的指标要求。

4. 标准建设：教育质量建设评价体系的生态化

目前，国家虽未出台关于"应用型大学建设标准"的政策文件，但在国务院办公厅发布的《关于深化产教融合的若干意见》（国办发〔2017〕95号）、教育部发布的《关于深化本科教育教学改革全面提高人才培养质量的意见》（教高〔2019〕6号）等系列文件中，均强调要"进一步深化产教融合校企合作，建成一批对区域和产业发展具有较强支撑作用的高水平应用型高等学校"。应用型本科应围绕教育类型定位，把立德树人成效作为检验学校一切工作的根本标准，以"学生中心、产出导向、持续改进"为核心理念，对标本科专业类国家标准和专业认证标准等，建立健全学校内部"标准化(红线)+类型化(共性)+特色化(个性)"质量标准体系，不断完善内部质量保障体系和机制，并将评价体系建设与学校长远规划、整体改革、可持续发展相结合，统筹全局与重点，兼顾培优与补短，制订教育评价综合改革实施方案，建立与学校办学定位、目标和职能相适应，以本科教学质量报告、学院本科教学评价、专业评价、课程评价、教师评价、学生评价为主体的全链条、多维度教育教学质量评价与保障体系，使自身在人才培养、科技研发与成果转化、文化创新、国际影响等方面的能力水平明显提升；同时，推进专业机构和社会组织等多主体参与的教育质量评价，主动面向产业经济发展重点领域，将产教融合作为质量提升的关键点和突破口，找准主攻方向，拓宽发展路径，形成产科教统筹融合、良性互动的高质量发展格局。

5. 过程管理：教育质量建设过程要素的生态化

教育质量形成于过程，重在建立全方位、全过程、全员参与的质量保障体系，而不能仅仅停留在教学管理和过程监控手段层面。"一个具有完善功能的内部质量保证体系应该具备'闭环'特征，即通过监督功能发现偏差，通过调控功能纠正这些偏差，再通过改进功能分析产生这些偏差的原因，并对系统进行改进。"[①] 外部"保障"只是手段，内部"保障"才是基石。学校是教育质量建设的直接主体，应具备"设计、施工、监理"相互制约的工程质量意识，对自身的教育教学活动过程进行控制和自我评价，不断调适学校内部的自我发展、自我约束机制，使影响质量的过程要素和关键环节都处于受控状态，并做到持续改进、跟踪反馈。例如，同济大学质量保证体系由教学质量目标和管理职责、教学资源管理、教学过程管理、教学质量监控分析和改进四个模块组成，形成了质量标准纲要、质量保证框架、质量保证流程、质量保证实施条例四个要件；同时，建立了完整的质量保证目标体系、具体的质量标准、专门的机构人员、规范的监督手段、完善的持续改进机制，从人才培养、专业建设、学科建设和课堂教学四个方面研制了一系列质量标准，把立德树人、教书育人"内化到"学校人才培养目标规格之中，"明确到"教育教学各类质量标准之中，"落实到"相关部门以及责任主体之中，"融入到"

---

① 李志义，朱泓，刘志军. 如何正确认识本科教学审核评估 [J]. 中国大学教学，2012 (10)：4-8.

全员、全过程、全方位之中，并基于教学状态数据信息加强质量常态监测，使教育教学各项工作都能做到"有标可依、有尺可量"，实现对人才培养质量的"全方位监控、多阶段跟踪、持续性改进"①。

6. 功能优化：教育质量建设跨界协同的生态化

大学与社会系统本质上是互为依存的耦合共生系统，系统共生要素是提高或改变系统生态功能的必要条件。教育质量建设不仅是一个自治的问题，而且涉及共治的问题。受市场供求关系的影响，高校必须根据产业发展需要，调整优化学科专业结构、人才类型结构和层次结构，优化人才培养方案，创新人才培养模式，使各层次、各类型的人才更好地满足社会多样化的需求。20 世纪后期，受政府、学术、市场"三角螺旋"的合力作用，现代大学"变成沟通生活各界、身兼多种功能的超级复合社会组织"②，面临从教育理念、组织形态到制度模式的深刻变革，大学成为学术组织、社会组织、科层组织、企业化组织等复杂关系体或多元化组织。应用型本科为适应内外环境变化，促进人才供需耦合，寻求专业集群与产业集群紧密对接、个性化教育与社会化需求有机结合、教育模式与产业模式一体化建设，组织形态已由内生型走向共生型、由单一型走向协同化，由封闭的专业学院建设走向与产业集群对接的专业集群建设，走向产科教实质融合的行业学院平台建设阶段，建构出更深层次的跨学科、跨业界产学研一体化协同创新体（如校企共建行业学院+产业研究院、工程中心+产业园区等），着力以产科教融合为抓手，为协同建构应用型本科教育目标体系、课程体系、管理体系、评价体系等注入协同育人新能量，增强了大学自组织性和协同共生能力。在教育变革的大潮中，应用型本科应根植于内在教育质量建设，内外协同而非外在功利地发展自我，坚守"以生为本"发展理念，强化跨界协同共生导向，建构"政—行—企—校"多主体协同育人、产科教融合的新格局，重塑基于"类型化教育"的个性化教育价值形态，促进学生个性全面优化发展和教育创生发展，逐渐成为能够为地方经济社会高质量发展提供人力、智力和科技支撑的生力军，走向更加开放化、协同化和个性化的全新时代。*

① 李亚东，朱伟文，张勤. 高校质量保证：督导与评价"双轮驱动"——同济大学特色质量保证体系的探索 [J]. 北京教育（高教版），2018（9）：53-56.

② ［美］德里克·博克. 走出象牙塔：现代大学的社会责任 [M]. 徐小洲，等译. 杭州：浙江教育出版社，2001：7.

* 荆楚理工学院留学博士刘洋老师参与了第 4 章、第 7 章资料收集及部分内容撰写，特在此致谢。

第 8 章

总结与展望

从信息化时代迈向智能化时代，新一轮科技革命和产业革命蓬勃兴起，大数据、人工智能等新技术正深刻改变着大学教育的传统业态，加速推进大学教育向智能化、个性化教育新形态新模式转型，以回应人民群众对更高质量、更加公平、更具个性化教育的迫切需求。尤其受新冠肺炎疫情、大国竞争等百年未有之大变局的影响，迈向高质量发展新阶段和高等教育普及化时代的我国应用型本科教育，面临从供给导向向需求导向、学科本位向学生本位、封闭模式向开放融合的历史转型，亟需基于产教融合根本路径的选择，聚焦应用型人才培养模式的根本转型，有效解决供需脱节、模式固化、同质化培养等传统症结性问题，促进教育特色发展和个性化发展，进而形塑我国应用型本科教育高质量发展的新范式。

"任何类型的大学都是遗传与环境的产物"①。本研究认为，着眼生态学视域，大学与社会系统本质上是互为依存的耦合共生系统，大学一方面要坚守知识活动的内在逻辑和理想价值，另一方面又要遵循知识活动的外部规律和共生路径。大学永葆活力之本，是在大学内在独立性与外在共生性之间保持必要的平衡和张力，实现学术性与社会性、独立性与共生性、价值理性与工具理性的统一互补。同时，大学通常会基于自有禀赋和生命周期的演变规律，选择趋异性生态位战略及个性化发展模式，在与外部环境的物质与能量交换中，不断提升自我生存力（生态位占有能力）、发展力（生态位适应能力）、竞争力和创新力（生态位提升能力）。本研究重点聚焦"应用型本科新生态培养模式"，一至三章紧扣应用型本科进入"转型模式破冰期"的根本性问题，明确应用型本科新生态培养模式特征和走向，突

---

① ［英］阿什比．科技发达时代的大学教育［M］．滕大春，滕大生，译．北京：人民教育出版社，1983：7.

出新生态发展理论和发展战略等学理创新价值，为形塑我国应用型本科新生态培养模式提供前瞻性研究和方法论支撑；四至七章从应用型本科个性化人才培养、新生态课程体系、建构性学习模式、质量文化建设四个主要方面，建构应用型本科从标准化走向个性化的新生态培养模式实践模型，并深入研究应用型本科新生态质量文化建设的生态意蕴、核心理念、保障体系、评价模式和质量提升策略，旨在凸显实践指导价值，推进应用型本科新生态培养模式的实践探索。

第 1 章，应用型本科新生态培养模式概论。建设高水平应用型本科，必须抓住协同育人这个核心，加大人才培养模式的系统性改革和创新。目前，应用型本科已进入模式转型、改革攻坚关键期，关键指向是深化人才供给侧结构性改革；立足之本是服务地方及行业发展；核心要义是聚焦应用型人才培养模式实质性转型；根本路径是建立产教融合育人体系，健全协同育人长效机制；根本目的是培养更能对接社会需求的应用型高级专门人才，实现人本价值和社会价值的高度统一；目标指向是促进供给导向向需求导向、学科本位向学生本位、封闭模式向开放融合转型，促进需求导向的培养模式系统性变革、以生为本的培养模式制度性重构、应用为主的培养模式结构性优化，提升人才培养、应用科研和社会服务的价值创造力；重要标志是真正走出学术型主导的传统教育模式，形塑我国应用型本科教育的新生态发展模式。但应用型本科培养模式系统性变革还处于起步阶段，总体研究还处于前科学阶段，个性化探索尚不成熟，新生态格局尚未形成，前瞻性研究亟需跟进。

第 2 章，应用型本科新生态发展理论研究。本章主要为建构应用型本科新生态培养模式提供新的分析框架和方法论支撑，着眼生态位发展理论、主体性教育思想和领域性学科建设，来审视应用型本科发展模式及其能力建设，旨在克服我国应用型本科教育偏重学科化的倾向及主体性缺失的弊端，促进教育思想和实践范式的重要转型。其实质是从大学生态系统、生命成长周期和主体性教育理念出发，着重瞄准地方经济社会发展重大战略领域，通过不断促进环境优化与资源增值，凸显专业集群、产业学院平台建设及人才与科技支撑功能等，"一体化"地将社会优质教育资源整合到以人才培养体系建设为根本任务的领域性学科专业平台上来，实现学校生态位的跃迁并最终促进人的发展。研究认为，应用型本科既应遵从大学生命周期特定阶段的生态位趋优原理，基于品牌建构的特色发展取向、和合共生的文化价值取向，进行人才培养模式的科学性建构；又应遵从生态位演化的内在逻辑，完成人才培养模式的实践性建构，以促进人的内在发展价值与学校生态化品牌价值的同步提升。

第3章，应用型本科新生态发展战略研究。本章针对高等教育传统分类存在的层次与类型混用等问题，主张完善高等教育"类型为主+层级提升"的"分类—定位"生态架构，促进高等教育错位发展和协调发展。研究认为，"高质量发展"是我国高等教育内涵式发展的系统升级和高水平发展的根本属性，应用型本科教育作为我国高等教育体系构成的一种主要类型，应基于大学分类图谱和内外环境的动态观照，建设有"战略格局"的大学、能"融入社会"的大学；应重在遵从高等教育分类发展的类型逻辑，定位新生态发展战略目标，将高质量发展作为战略性主题，以高质量发展形塑教育类型特色，紧扣人才培养本体及根本质量，寻求"共性+个性"高质量发展生态优化特有路径；应全面落实新发展理念，优化新常态质量管理，促进新生态协同发展，以高质量发展服务新发展格局，着力推进有区位格局的高质量发展、有特色优势的高质量发展、有创新行动的高质量发展、有办学效能的高质量发展，在更高水平上实现与国家区域战略的整体融合和战略同构，在服务和融入我国经济社会高质量发展中走出新路子，实现高质量发展理念、价值、目标、路径及质量效益的高度统一。

第4章，应用型本科个性化人才培养研究。本章认为，教育归根到底是基于人本价值的个性化教育。个性化教育是当代国际教育思想变革的基本宗旨，是我国人才培养模式改革的政策导向，也是大学人才培养模式改革的核心指向。信息化及智能化时代，大学个性化教育作为人本教育价值形态，正由理想走向现实，走向基于"类型化教育"的个性化教育新阶段。个性化教育是基于"共性培养+个性发展"原则，在类型化教育活动中引导个体形成自主发展优势、实现人的个性全面优化发展的教育生态系统。现阶段，我国应用型本科教育作为有别于传统学术型大学的教育类型，应以"类型化教育"分类制度为框架，凸显行业主导、应用主导、能力主导、实践主导等应用型教育类型特性，以应用型人才培养定位为基础，重塑基于"类型化教育"的个性化教育组织形态、课程形态、教学形态、评价形态和制度形态等新型教育形态，重构"应用为主"的个性化教育制度体系，完成培养体系、培养过程、质量评价"三位一体"的制度性建设，从根本上突破传统学科化教育模式的路径依赖，建构"共性培养+个性发展"的个性化教育教学模式，实现人的个性全面优化发展目标。

第5章，应用型本科新生态课程体系建构。本章认为，当代课程领域革命性的"范式转换",是实现从"课程开发"向"课程理解"、从"实体思维"向"关系思维"的根本转向。从文化层面来看,课程是一种文化性存在,其根本目的是促进科学精神与人文价值的融合;从关系层面看,课程又是一种生态化存在,其目标指向课程开发与生成过程的价值性转变;从意义层面看,课程更是一种建构性存在,其核心要义是在主客关系双重意义建构中完成主体生命价值建构的实践活动和创生过程。课程建构的主要任务是重塑知性世界、实践世界和人格世界统合的课程生成方式,促进完整的教育和尽可能完善的人与社会的全面和谐发展。应用型本科的课程建设,应基于课程与需求的系统耦合,致力于突破传统三段式课程结构,凸显课程建构的个性化特质和应用性特征,建立"产业→课程←学科"相互依存的新型生态系统,建构与应用型人才培养定位相匹配的"知行一体"应用型建构性课程体系,重构以通识教育、专业教育、个性培养等"平台+模块"课程为基础、项目化课程为支撑、网络化课程为纽带、精品在线课程为示范的新型课程体系,创设"情境为前提、任务为主导、问题为中心、活动为主线"的智慧学习环境,促进课程形态从标准化走向个性化、教学形态从工具化走向人本化、制度形态从外控化走向自主化。其要旨是优化"教程"向"学程"的转化过程,促进"以教为本"向"以学为本"的根本转型,打造有学业挑战度、有目标达成度、有个性发展度的"金课",其终极目标是建立有利于学生个性化发展的人才培养模式,整体提升学生面向未来职场的关键能力和核心素质,实现人的个性全面发展和社会协同发展的有机统一。

第 6 章,应用型本科建构性学习模式设计。本章认为,建构主义是一种反思、质疑、批判和超越客观主义的教育哲学和方法论。作为一种教育哲学和方法论,建构主义集合了激进建构主义和温和建构主义、个体建构主义和社会建构主义等多种流派的观点和学说。个体建构主义强调认识活动及知识建构的个体性,社会建构主义强调合作、交往和共享在知识形成中的作用。建构主义学习模式设计,十分注重"学为中心"的有意义学习环境设计,这种学习环境强调真实情境下的任务学习,且融合了信息技术、现代学习理论和教学策略,能"给养"或支持自主、探究和协作学习活动,并以完成知识意义和主体意义双重建构为根本目的。学习过程以问题探究为导向,是师生协同完成学习任务的高阶学习过程,学习者在问题探索过程中,运用自主学习、探究学习、协作学习等策略及工具,促进认知策略和非认知策略的交互作用,不仅能建构高阶知识,而且能增强知识弹性与迁移性，目的在于形成独立解决问题的优良品质和协作探究精神，发展有效解决问题的创新实践能力，完成主体性和社会性的双重建构；其评价取向更加重视过程性评价，更加关注学习任务的整体性评价、学习参与度及社会性评价等，注重通过学习者实际完成的真实学习任务，来检验学习结果的优劣。这种学习模式是促进应用型本科教学模式变革，适应知识时代对应用型个性化人才培养的必然要求。

第7章，应用型本科新生态质量文化建设。本章认为，大学是传承和创造人类文化、具有强烈文化理性和文化自觉的学术组织和教育机构，大学建设之要，重在涵养质量文化底蕴、学术理性和人文品格，造就崇尚真理、追求科学、务实进取的代代新人。质量文化作为实现质量目标的价值取向，始终是质量保障的重要组成部分。质量文化建设是高校内涵建设和特色发展的根本保证。高校质量文化是一所学校在长期发展中所形成的独具精神内核和学术禀性的文化积淀，包括学校独特的质量文化观念、理想信念、管理制度和行为规范等。应用型本科应围绕教育类型定位，把立德树人成效作为检验学校一切工作的根本标准，以"学生中心、产出导向、持续改进"为核心理念，对标本科专业类国家标准和专业认证标准等，建立健全学校内部"标准化（红线）+类型化（共性）+特色化（个性）"质量标准体系；更应把握教育质量建设的要素特性，更加注重塑造学校质量理念文化与质量管理文化，使之成为学校发展的灵魂和主导，着力促进教育质量保障体系的生态化、评价方式的生态化、目标体系的生态化、标准体系的生态化、过程要素的生态化、跨界协同的生态化，建立质量文化管理的责任机制和评价机制，真正形成全员共建质量文化的共识、合力和精神氛围，实现质量文化建设由软实力向硬实力的转化，在全员、全过程、全方位育人的教育职能活动中，凝聚质量文化的核心价值，提升学校的核心竞争力，形成产科教统筹融合、良性互动的高质量发展格局。

大学与社会协同培养供需耦合的高级专门人才，是大学教育恒久的研究课题。本研究重点聚焦"应用型本科新生态培养模式"，主要理论价值在于：遵从大学生命周期特定阶段的生态位趋优原理，为形塑我国应用型本科新生态培养模式提供前瞻性研究和方法论支撑；主要实践价值在于：遵从人才培养模式生态位演化的内在逻辑，为建立不同于学术型和职业型的应用型本科新生态培养模式，提供可资借鉴的研究样本、实践范式和决策参考。

目前，着眼产教融合共建人才培养模式，国内影响较广的有 CDIO 工程教育模式、专业认证模式、"新工科"培养模式等。但如何围绕知识活动方式和规律，分类建构新型适切的大学人才培养模式，以应对新工业革命的全新挑战，还面临教师专业发展、组织结构、治理体系和治理能力的系统性变革问题，应从应用型本科新生态模式建构层面，进一步深化通专融合、科教融合、产学融合、知行融合、智教融合等"融通式"人才培养模式变革，最终推进模式建构从个别探索到集群创新、从形态建构到神形兼备、从实践模式到理想范式，促进理论研究和实践探索更能开创性地融合，进而促进应用型本科新生态教育塑型，引领应用型本科教育走向更加成熟的新的发展阶段。而达到这一境界，还需要进一步深化探索，未来还有更艰辛的路要走。

参考文献

一、著作类

［1］教育部高等教育司. 深化教学改革　培养适应 21 世纪需要的高质量人才：第一次全国普通高等学校教学工作会议文件汇编［M］. 北京：高等教育出版社，1998.

［2］［美］伯顿·R. 克拉克. 高等教育系统：学术组织的跨国研究［M］. 王承绪，等译. 杭州：杭州大学出版社，1994.

［3］中华人民共和国教育部国际合作与交流司. 国外高等教育调研报告［M］. 北京：首都师范大学出版社，2001.

［4］［英］阿什比. 科技发达时代的大学教育［M］. 滕大春，滕大生，译. 北京：人民教育出版社，1983：7.

［5］联合国教科文组织国际教育发展委员会. 学会生存：教育世界的今天和明天［M］. 华东师范大学比较研究所，译. 北京：教育科学出版社，1996.

［6］金耀基. 大学之理念［M］. 北京：生活·读书·新知三联书店，2001：59.

［7］徐辉，季诚钧，等. 大学教学概论［M］. 杭州：浙江大学出版社，2004：12.

［8］中共中央马克思恩格斯列宁斯大林著作编译局. 马克思恩格斯选集：第 1 卷［M］. 北京：人民出版社，1972.

［9］［美］亨利·埃兹科维茨，［荷］劳伊特·雷德斯多夫. 大学与全球知识经济［M］. 夏道源，等译. 南昌：江西教育出版社，1999：225.

［10］Michael Gibbons，et al. The New Production of Knowledge：The dynamics of science and research in contemporary societies［M］. London：Sage Publications，1994：1-16.

［11］［美］D. E. 司托克斯. 基础科学与技术创新：巴斯德象限［M］.
周春彦，谷春立，译. 北京：科学出版社，1999：62-63.

［12］［英］约翰·齐曼. 真科学：它是什么，它指什么［M］. 曾国屏，
匡辉，张成岗，译. 上海：上海科技教育出版社，2002：85.

［13］［美］德里克·博克. 走出象牙塔：现代大学的社会责任［M］. 徐
小洲，陈军，译. 杭州：浙江教育出版社，2001.

［14］潘懋元. 新编高等教育学［M］. 北京：北京师范大学出版社，
1996：5.

［15］［美］约翰·S. 布鲁贝克. 高等教育哲学［M］. 王承绪，等译.
杭州：浙江教育出版社，2001.

［16］赵中建. 全球教育发展的研究热点：90 年代来自联合国教科文组
织的报告（修订版）［M］. 北京：教育科学出版社，2003：120.

［17］龚益鸣. 现代质量管理学［M］. 北京：清华大学出版社，
2007：21.

［18］顾明远. 教育大辞典：第 12 卷［M］. 上海：上海教育出版社，
1992：798.

［19］联合国教科文组织. 反思教育：向"全球共同利益"的理念转变？
［M］. 联合国教科文组织总部中文科，译. 北京：教育科学出版社，
2017：79.

［20］［英］杰勒德·德兰迪. 知识社会中的大学［M］. 黄建如，译.
北京：北京大学出版社，2019.

［21］［美］欧内斯特·L. 博耶. 关于美国教育改革的演讲［M］. 涂艳
国，方彤，译. 北京：教育科学出版社，2002：74-78.

［22］［美］伯顿·克拉克. 建立创业型大学：组织上转型的途径［M］.
王承绪，译. 北京：人民教育出版社，2003：2.

［23］教育：财富蕴藏其中［M］. 联合国教科文组织总部中文科，译.
北京：教育科学出版社，1996：38，41，85.

［24］吴光华. 汉英大词典（第 3 版）［M］. 上海：上海译文出版
社，2010.

［25］《中国大百科全书》编辑委员会. 中国大百科全书　教育［M］.
北京：中国大百科全书出版社，1985：289.

［26］［苏］Г·П·达维久克. 应用社会学词典［M］. 于显洋，等译.
哈尔滨：黑龙江人民出版社，1988：10.

［27］［德］马克思. 1844 年经济学哲学手稿［M］. 中共中央马克思恩格斯列宁斯大林著作编译局，译. 北京：人民出版社，2014：53.

［28］王道俊，郭文安. 主体教育论［M］. 北京：人民教育出版社，2005：367.

［29］董泽芳，陶能祥，等. 高等教育分流的理论与实践［M］. 武汉：华中师范大学出版社，2010：39.

［30］中共中央马克思恩格斯列宁斯大林著作编译局. 马克思恩格斯全集：第 1 卷［M］. 北京：人民出版社，1979：27.

［31］刘文霞. 个性教育论［M］. 呼和浩特：内蒙古大学出版社，1997：16.

［32］叶澜. 回归突破："生命·实践"教育学论纲［M］. 上海：华东师范大学出版社，2015：43-44.

［33］王天一. 苏霍姆林斯基教育理论体系［M］. 北京：人民教育出版社，1992：47.

［34］中共中央马克思恩格斯列宁斯大林著作编译局. 马克思恩格斯选集：第 1 卷［M］. 北京：人民出版社，1995：294.

［35］［英］怀特海. 教育的目的［M］. 徐汝舟，译. 北京：生活·读书·新知三联书店，2002：26.

［36］刘欣，孙泽文，严权. 课程与教学新论［M］. 北京：中国人民大学出版社，2014.

［37］［美］T. S. 库恩. 科学革命的结构［M］. 李宝恒，纪树立，译. 上海：上海科学技术出版社，1980.

［38］［古希腊］亚里士多德. 形而上学［M］. 吴寿彭，译. 北京：商务印书馆，1997：248.

［39］［英］阿尔弗雷德·诺思·怀特海. 过程与实在：宇宙论研究［M］. 杨富斌，译. 北京：中国城市出版社，2003：30.

［40］［德］胡塞尔. 欧洲科学的危机与超越论的现象学［M］. 王炳文，译. 北京：商务印书馆，2001：147.

［41］［法］皮埃尔·布迪厄，［美］华康德. 实践与反思：反思社会学导引［M］. 李猛，李康，译. 北京：中央编译出版社，1998：133.

［42］张华. 课程与教学论［M］. 上海：上海教育出版社，2000.

［43］W. F. Pinar, W. M. Reynolds, P. Slattery, et al. Understanding Curriculum［M］. New York：Peter Lang Publishing, 1995：398.

［44］褚清源，崔斌斌. 课堂策［M］. 济南：山东文艺出版社，2018：121.

［45］ W. F. Pinar. Autobiography, politics and Sexuality ［M］. New York：Peter Lang Publishing，1994：220.

［46］［苏］瓦·阿·苏霍姆林斯基. 少年的教育和自我教育［M］. 姜励群，等译. 北京：北京出版社，1984：100.

［47］［美］迈克尔·波特. 国家竞争优势［M］. 李明轩，邱如美，译. 北京：华夏出版社，2002：3.

［48］薛天祥. 高等教育学［M］. 桂林：广西师范大学出版社，2001：27.

［49］潘懋元，王伟廉. 高等教育学［M］. 福州：福建教育出版社，1995：128.

［50］［美］约翰·肖特. 社会建构论与激进建构主义的对话［M］//莱斯利·P. 斯特弗，杰里·盖尔. 教育中的建构主义［M］. 高文，等译. 上海：华东师范大学出版社，2002：32.

［51］Jonassen D，Peck K，Wilson B. Learning With Technology：A Constructivist Perspective［M］. Upper Saddle River：Prentice Hall. 1999.

［52］［美］国际教育技术协会《国家教育技术标准》项目组. 面向学生的美国国家教育技术标准——课程与技术整合［M］. 祝智庭，刘雍潜，黎加厚，译. 北京：中央广播电视大学出版社，2002.

［53］National Research Council. Inquiry and the National Science Education Standards：A guide for Teaching and Leanring［M］. Washington：National Academy Press，2000.

［54］钟启泉，崔允漷，等. 为了中华民族的复兴　为了每位学生的发展　基础教育课程改革纲要（试行）解读［M］. 上海：华东师范大学出版社，2001：261.

［55］［美］Linda Torp，［美］Sara Sage. 基于问题的学习——让学习变得轻松而有趣［M］. 刘孝群，李小平，译. 北京：中国轻工业出版社，2004：11.

［56］钟志贤. 大学教学模式革新：教学设计视域［M］. 北京：教育科学出版社，2008：46-47，64-65.

［57］［美］詹姆斯 R. 埃文斯，小詹姆斯 W. 迪安. 全方位质量管理（原书第3版）［M］. 吴蓉，译. 北京：机械工业出版社，2004：2.

［58］［英］A. 麦肯齐，A. S. 鲍尔，等. 生态学（中译本第2版）［M］. 孙儒泳，等译. 北京：科学出版社，2004：1.

［59］张公绪. 新编质量管理学 ［M］. 北京：高等教育出版社，1998：6-11.

［60］黄甫全. 现代课程与教学论学程（下）［M］. 北京：人民教育出版社，2006：431.

二、论文类

［1］文育林. 改革人才培养模式，按学科设置专业 ［J］. 高等教育研究，1983（2）：22-26，17.

［2］龚怡祖，谢凌凌. 生态位战略：新建本科院校发展战略新选择 ［J］. 高教探索，2011（6）：10-15，26.

［3］刘欣，付华军. 生态位视域下应用型本科人才培养新生态模式 ［J］. 教育与职业，2019（7）：25-31.

［4］刘欣. 人才培养模式转型：应用型本科转型发展的核心聚焦 ［J］. 现代教育科学，2017（11）：102-107，112.

［5］潘懋元. 我看应用型本科院校定位问题 ［J］. 教育发展研究，2007（13）：34-36.

［6］陈锋. 关于部分普通本科高校转型发展的若干问题思考 ［J］. 中国高等教育，2014（12）：16-20.

［7］刘欣，喻永庆，等. 国际视野下的专业应用型本科教育发展模式 ［J］. 荆门职业技术学院学报，2007（10）：32-37.

［8］马陆亭. 德国学术性人才和应用性人才并行培养体系的启示 ［J］. 中国高教研究，2003（3）：72-73.

［9］戴继强. 德国高等专业学院的情况介绍 ［J］. 世界教育信息，2004（3）：54-55.

［10］张建同. 法国高等教育的特点及其启示 ［J］. 高等工程教育研究，2002（6）：64-67.

［11］张玉琴，张贵琴. 日本高等专门学校的优势特征分析 ［J］. 外国教育研究，2006，33（12）：50-53.

［12］刘智运. 改革人才培养模式，培养创新型人才 ［J］. 教学研究，2010，33（6）：1-6，17.

［13］董泽芳. 高校人才培养模式的概念界定与要素解析 ［J］. 大学教育科学，2012（3）：30-36.

［14］龚怡祖. 略论大学培养模式［J］. 高等教育研究，1998（1）：86-87.

［15］杨杏芳. 高校人才培养模式的多样化及其最优化［J］. 教育与现代化，2000（3）：18-23.

［16］阴天榜，张建华. 论培养模式［J］. 中国高教研究，1998（4）：46-47.

［17］林玲. 高等院校"人才培养模式"研究述论［J］. 四川师范大学学报（社会科学版），2008，35（4）：110-117.

［18］郑群. 关于人才培养模式的概念与构成［J］. 河南师范大学学报（哲学社会科学版），2004，31（1）：187-188.

［19］毛锦茹，杨高峰，李淑敏. 试论人才培养模式的"三个层次"与"四个维度"［J］. 教学研究，2011，34（2）：11-15.

［20］刘欣. 我国应用型本科教育学科建构的基本理论探讨［J］. 理工高教研究，2010，29（4）：8-14.

［21］吴爱华，侯永峰，杨秋波，等. 加快发展和建设新工科 主动适应和引领新经济［J］. 高等工程教育研究，2017（1）：1-9.

［22］龚怡祖，谢凌凌. 生态位战略：新建本科院校发展战略新选择［J］. 高教探索，2011（6）：11-15，26.

［23］刘欣，付华军. 生态位视域下应用型本科人才培养新生态模式［J］. 教育与职业，2019（7）：25-31.

［24］刘欣. 地方本科院校品牌建构的文化价值取向［J］. 高教探索，2010（1）：42-46.

［25］胡建华. 高等教育价值观视野下的高等教育质量［J］. 高等教育研究，2005，26（11）：5-9.

［26］唐琼一. 高等教育哲学视野下的普通教育与专业教育［J］. 复旦教育论坛，2007，5（3）：22-25，30.

［27］冯建军. 主体教育研究40年：中国特色教育学建设的案例与经验［J］. 中国教育科学（中英文），2021，4（4）：8-19.

［28］刘风华，刘欣. 主体性教育思想的价值走向及其意义［J］. 教学与管理，2013（06）：11-14.

［29］朱宝信，肖新生. 简论主体性与主观性的三个区别［J］. 广东社会科学，1994（2）：48-52.

［30］郭湛. 论主体间性或交互主体性［J］. 中国人民大学学报，2001（3）：32-38.

［31］冯建军. 主体教育理论：从主体性到主体间性［J］. 华中师范大学学报（人文社会科学版），2006，45（1）：115-121.

［32］黄崴. 主体性教育理论：时代的教育哲学［J］. 教育研究，2002，23（4）：74-77.

［33］刘欣. 地方大学领域性学科建设：内涵、路径与模式［J］. 大学（学术版），2014（1）：21-28.

［34］谢维和. 谈学科的道理［J］. 中国大学教学，2012（7）：4-6.

［35］潘懋元. 关于现代教育与教育现代化问题［J］. 高等工程教育研究，1987（4）：1-10.

［36］潘懋元，车如山. 特色型大学在高等教育中的地位与作用［J］. 大学教育科学，2008（2）：11-14.

［37］颜悦南. 大学学科建设现状的生态位思考［J］. 环球市场信息导报，2011（6）：16-17.

［38］潘懋元，陈厚丰. 高等教育分类的方法论问题［J］. 高等教育研究，2006，27（3）：8-13.

［39］薛天祥. 科学方法论与《高等教育学》理论体系［J］. 江苏高教，2002（2）：8-12.

［40］刘欣. 新时期高校战略规划研制：分类视域与定位研判［J］. 现代教育科学，2021（6）：1-7，14.

［41］［美］马丁·特罗. 从精英向大众高等教育转变中的问题［J］. 外国高等教育资料，1999（1）：4.

［42］王建华. 大学理想与精英教育［J］. 清华大学教育研究，2010，3（4）：1-7.

［43］吴岩，刘永武，李政，等. 建构中国高等教育区域发展新理论［J］. 中国高教研究，2010（2）：1-5.

［44］刘国瑞. 国家重大战略转换期高等教育现代化的定位与思路［J］. 高等教育研究，2020，41（5）：1-9.

［45］别敦荣. 大学战略规划的若干基本问题［J］. 河北师范大学学报（教育科学版），2020，22（1）：1-11.

［46］潘懋元. 新时期中国高等教育的质量战略［J］. 中国大学教学，2004（1）：4-8.

［47］钟晓敏. 新时代高等教育高质量发展论析［J］. 中国高教研究，2020（5）：90-94.

［48］胡钦晓. 何谓学术资本：一个多视角的分析［J］. 教育研究, 2017, 38 (3)：67-74.

［49］张应强, 姜远谋. 创业型大学兴起与现代大学制度建设［J］. 教育研究, 2021, 42 (4)：103-117.

［50］胡文龙, 李忠红. 论新时代高校高质量发展的"内涵扩张型"模式［J］. 高等工程教育研究, 2019 (4)：133-138.

［51］胡天佑. 建设"应用型大学"的逻辑与问题［J］. 中国高教研究, 2013 (5)：26-31.

［52］刘振天. 学术主导还是取法市场：应用型高校建设中的进退与摇摆［J］. 高等教育研究, 2019, 40 (10)：21-28.

［53］史秋衡, 康敏. 精准寻位与创新推进：应用型高校的中坚之路［J］. 高等工程教育研究, 2018 (5)：96-101.

［54］王建华. 高等教育的应用性［J］. 教育研究, 2013 (4)：51-57.

［55］蔡文伯, 赵志强. "学术漂移"对应用型本科院校的影响机理与路径选择［J］. 江苏高教, 2021 (5)：34-40.

［56］付八军, 王佳桐. 论创业型大学在中国实践的三个阶段［J］. 现代教育管理, 2020 (12)：49-55.

［57］王建华. 大学的范式危机与转变：创新创业的视角［J］. 中国高教研究, 2020 (1)：70-77.

［58］顾永安. 中国新型大学的新特质与新样态［J］. 中国高等教育评论, 2018 (1)：129-143.

［59］刘欣. 应用型大学的高质量发展：类型逻辑与生态走向［J］. 国家教育行政学院学报, 2021, 285 (9)：67-77.

［60］周进. 世界一流大学个性化教育行动要素及其启示［J］. 高等工程教育研究, 2017 (5)：96-101, 124.

［61］刘洋. 新时代大学"个性化教育"的走向与内涵辨析［J］. 现代教育科学, 2020 (6)：20-25.

［62］王伟廉. 人才培养模式：教育质量的首要问题［J］. 中国高等教育, 2009 (8)：24-26.

［63］刘献君. 高等学校个性化教育探索［J］. 高等教育研究, 2011, 32 (3)：1-9.

［64］顾明远. 个性化教育与人才培养模式创新［J］. 中国教育学刊, 2011 (10)：5-8.

［65］冯建军. 论个性化教育的理念 ［J］. 教育科学，2004，20（2）：11-14.

［66］周进. 大数据时代的高校个性化教育：一种过程支持框架 ［J］. 高教探索，2016（5）：11-15，20.

［67］赵月水. 刍议个性化教育的理论与实践模式 ［J］. 临沂大学学报，2017，39（2）：119-127.

［68］祝洪章. 对高校"大类培养"模式下"个性化"人才培养问题的思考 ［J］. 教育探索，2015（3）：54-56.

［69］陈娜，郝晶晶，王滨，等. 基于个性化教育的高校多元化人才培养路径探析 ［J］. 广西科技师范学院学报，2018，33（4）：78-80，100.

［70］吴刚. 大数据时代的个性化教育：策略与实践 ［J］. 南京社会科学，2015（7）：104-110.

［71］丁建洋. 应用型大学类型化的逻辑意蕴、建构机理与价值旨趣 ［J］. 高校教育管理，2019，13（4）：99-107.

［72］刘献君. 个性化教育模式探索 ［J］. 高等教育研究，2020，41（1）：1-8.

［73］祝智庭，贺斌. 智慧教育：教育信息化的新境界 ［J］. 电化教育研究，2012（12）：5-13.

［74］付华军，刘欣. 应用型大学个性化教育：理念、取向与制度设计 ［J］. 教育学术月刊，2021（6）：54-60.

［75］施晓秋. "产学三级联动"工程能力分级培养模式的构建与实践 ［J］. 高等工程教育研究，2017（5）：66-71.

［76］杨宗凯. 高校"互联网+教育"的推进路径与实践探索 ［J］. 中国大学教学，2018（12）：13-16.

［77］刘欣. 范式转换：课程开发走向课程理解的实质与关系辨析 ［J］. 教育研究与实验，2014（1）：52-57.

［78］裴娣娜. 现代教学论生成发展之思——怀特海过程哲学的方法论启示 ［J］. 教育学报，2005（3）：3-7.

［79］潘懋元，周群英. 从高校分类的视角看应用型本科课程建设 ［J］. 中国大学教学，2009（3）：4-7.

［80］姜大源. 关于工作过程系统化课程结构的理论基础 ［J］. 职教通讯，2006（1）：7-9.

［81］刘洋，刘欣. 个性化教育：应用型大学的价值诉求与形态重塑 ［J］. 教育导刊，2020（19）：5-10.

［82］李立国. 现代大学治理形态及其变革趋势［J］. 高等教育研究，2018，39（7）：9-16.

［83］刘欣. 走向工业4.0时代的大学人才培养耦合机制［J］. 国家教育行政学院学报，2017（7）：39-44.

［84］Karl E. Weick. Educational organizations as loosely coupled systems ［J］. Administrative Science Quarterly，1976，21（1）：1-19.

［85］张应强. 把大学作为学术组织来建设和管理［J］. 中国高等教育，2006（19）：16-18.

［86］余胜泉，王阿习. "互联网+教育"的变革路径［J］. 中国电化教育，2016（10）：1-9.

［87］钟志贤. 建构主义学习理论与教学设计［J］. 电化教育研究，2006（5）：10-16.

［88］何克抗. 建构主义：革新传统教学的理论基础（上）［J］. 电化教育研究，1997，18（3）：2-9.

［89］高文. 教育中的若干建构主义范型［J］. 全球教育展望，2001（10）：3.

［90］何克抗. 新型建构主义理论——中国学者对西方建构主义的批判吸收与创新发展［J］. 中国教育科学（中英文），2021，4（1）：14-29.

［91］［美］David H. Jonassen. 基于良构和劣构问题求解的教学设计模式（上）［J］. 钟志贤，谢榕琴，编译. 电化教育研究，2003（10）：33-39.

［92］王建华. 高等教育质量管理：文化的视角［J］. 教育研究，2010，31（2）：57-62.

［93］蒋冀骋. 论高等教育质量的内涵［J］. 湖南师范大学教育科学学报，2004（6）：67-70.

［94］别敦荣，易梦春. 高等教育质量文化及其建设策略［J］. 高等教育研究，2021，42（3）：7-16.

［95］李志义. 新一轮审核评估方案设计与实施要点［J］. 高等工程教育研究，2021（3）：9-15.

［96］陈新忠，李保忠. 比较视域下高等教育质量保障的国际经验与启示——基于UNESCO、OECD、EU政策文本分析［J］. 现代教育管理，2021（1）：113-120.

［97］李志义，朱泓，刘志军. 如何正确认识本科教学审核评估［J］. 中国大学教学，2012（10）：4-8.

［98］李亚东，朱伟文，张勤. 高校质量保证：督导与评价"双轮驱动"——同济大学特色质量保证体系的探索［J］. 北京教育（高教版），2018（9）：53-56.

三、其他类

［1］国务院关于印发国家教育事业发展"十三五"规划的通知（国发〔2017〕4号）［EB/OL］. 中国政府网，2017-01-10.

［2］汪晓东，周小苑，钱一彬. 必须把发展质量问题摆在更为突出的位置——习近平总书记关于推动高质量发展重要论述综述［N］. 人民日报，2020-12-17.

［3］教育部关于"十三五"时期高等学校设置工作的意见（教发〔2017〕3号）［EB/OL］.［2017-02-04］. http：//www. moe. gov. cn/srcsite/A03/s181/201702/t20170217_ 296529. html.

［4］联合国教科文组织统计研究所. 国际教育标准分类法（2011版）［R］. 2011：11-15.

［5］对标一流金融教育　建应用型品牌大学［N］. 南方日报，2018-06-24（A05）.

［6］江作军. 应用型大学在特色发展中树品牌［N］. 中国教育报，2017-12-11（5）.

［7］刘文霞. 个性教育论［D］. 南京：南京师范大学. 1997：56，60.

［8］欧阳文. 大学课程的建构性研究［D］. 武汉：华中科技大学，2006：121-122.

［9］祝智庭. "后慕课"时期的在线学习新样式［N］. 中国教育报，2014-5-21（11）.

［10］陈宝生. 掀起一场高等教育"质量革命　助力打造"质量中国"［OE/OL］. 中国教育新闻网，2019-04-29.

［11］《荆楚理工学院教育教学质量保障体系》.

后　记

"学问之道无他，求其放心而已矣。"（《孟子·告子章句上》）明德致道，斯为大学；志以弘道，方为师者。孟子告诉我们，治学之道，上下求索，不过是找回失去的本心而已；大学之道呢，格物致知，明德至善，本真是造就崇尚真理、涵养人格、不忘初心的杰出人才。大学的根基是学养育人，大学的灵魂是厚德载物，大学的精神是培根铸魂，大学的使命是心怀"国之大者"，着力培养担当民族复兴大任的时代新人。习近平总书记强调，"建设一流大学，关键是要不断提高人才培养质量"；"抛弃根本，就等于割断了自己的精神命脉"。大学不能身陷"一流浮躁"，或沦于"学术江湖"，追逐失去灵魂的卓越，忘却教育的初心和根本。不忘初心，方得始终；牢记根本，方能致远。大学理应秉承精英气质，弘扬大学精神，但同时应有"为天地立心，为生民立命，为往圣继绝学，为万世开太平"的境界和抱负，能够在知识传承、生产与应用活动中，引领时代并成就自我。"故为山者，基于一篑之土，以成千丈之岭；凿井者，起于三寸之坎，以就万仞之深。"（北朝齐刘昼《刘子·崇学》）应用型大学更应筑牢根基，"不求最大，但求最优，但求适应社会需要"，重在突破传统路径依赖，牢牢抓住协同育人这个根本，聚焦人才培养的高质量来形塑教育类型特色，以"地方性"为立型之本，大力推进有坐标的高水平发展；以"应用型"为塑型之魂，大力推进有特色的内涵式发展；以"开放性"为强型之路，大力推进有优势的高质量发展，在扎根中国大地中不断彰显独特优势，在服务和支撑地方高质量发展上走出新路子。此为研究初衷。

回首来处，山高水长有时尽，唯有师恩日月长。感恩我国教育学泰斗、高等教育学科的奠基人和开拓者潘懋元先生。先生在我校升本前后，曾两次亲临学校调研把脉和专题讲学，并吸纳我及同仁作为先生主持的国家社会科学基金重大课题组主要成员，引领我们在高端学术前沿登堂入室，并两次为我们的学术著作题词作序，深情勉励我们"围绕地方和基层需要来办学"；先生更对我本人教勉有加，以"板凳甘坐十年冷，文章不写半句空"的人生信条，适时鞭策和激励我在治学之路不懈前行。先生百岁高龄仍"人不下鞍，马不停蹄"，持续关注应用型大学发展，那"谦谦为师，厚德泽人"的大师风范和至善品格，成为永远滋养我辈最珍贵的精神瑰宝。谨在本书付梓之际，特表达我对先生最崇高的敬意和深深的祝福。

借此机会，对多年来一直佑助本人学养俱进和学校发展的华中师范大学教育学院董泽芳教授、王坤庆教授，厦门大学教育研究院别敦荣教授，浙江大学"求是特聘教授"张应强教授，华中科技大学教育科学研究院陈廷柱教授，中国地质大学（武汉）教育研究院李祖超教授，湖北省教育研究院李友玉研究员，常熟理工学院顾永安教授等所有师长和朋友，表达深深的感激；对教育部人文社会科学规划基金的专项支持和荆楚理工学院的配套资助，表示诚挚的谢意；对为本书出版付出辛勤劳动的江苏大学出版社的领导、编审，表达由衷的谢忱；对为课题研究提供平台支持并做出积极贡献的荆楚理工学院领导和同仁，致以衷心的感谢。

张爱玲曾言，"人的一生注定会遇到两个人，一个惊艳了时光，一个温柔了岁月。"再回首时，那惊艳了时光的人，可能已为青山万里的追忆；而那温柔了岁月的你，则必定缱绻旖旎到白头。人生最大的确幸，是在最美的时节，遇见了对的你，成就了你我一生的执手相依、岁月静美；当然，还应感谢你，从你摇摇晃晃的童年走向而立之年，从牙牙学语到攻读博士，人生路上有太多磕磕绊绊，但成长的真谛本就是破茧成蝶、负重前行；知易行难，且多珍惜！

限于研究者的学识，本书难免有些不足，恳望学者、专家不吝赐教。

磨笔半世图破壁，沧海一笑渡秋风。"此心光明，亦复何言"。

刘　欣

二〇二一年六月于荆楚理工馨园居